中国高等职业教育面向2035系列丛书

高职创新发展在行动

《高等职业教育创新发展行动计划（2015—2018年）》

专家系列解读

主编　张启明　龚小涛　郭庆志

高等教育出版社·北京

内容简介

本书是“中国高等职业教育面向2035系列丛书”之一。

本书将省级教育行政部门、行业职业教育教学指导委员会、高职院校的相关专家围绕《高等职业教育创新发展行动计划（2015—2018年）》，在各类媒体上发表的系列解读文章汇编成册，集中展示了各地在深化职业教育改革发展过程中的谋篇布局；介绍了行业职业教育教学指导委员会发挥指导作用，积极推进校企深度合作的典型做法；呈现了各高职院校服务区域经济发展、提升内涵建设水平的实践成果。本书生动展示了我国高等职业教育战线积极向上、中国特色、地方特点的精神面貌，充分体现了高等职业教育战线将思想和行动统一到党中央、国务院决策部署上，推动职业教育改革不断深化的使命担当。

本书可供教育行政部门领导和工作人员，职业院校领导、中层干部、专业负责人、骨干教师，以及职业教育研究学者、关心职业教育的行业企业人士等借鉴和参考。

图书在版编目（CIP）数据

高职创新发展在行动：《高等职业教育创新发展行动计划（2015—2018年）》专家系列解读 / 张启明，龚小涛，郭庆志主编. -- 北京：高等教育出版社，2019.11

（中国高等职业教育面向2035系列丛书）

ISBN 978-7-04-052855-8

Ⅰ. ①高… Ⅱ. ①张… ②龚… ③郭… Ⅲ. ①高等职业教育－教育改革－研究－中国 Ⅳ. ①G719.21

中国版本图书馆CIP数据核字（2019）第227718号

GAOZHI CHUANGXIN FAZHAN ZAIXINGDONG
——《GAODENG ZHIYE JIAOYU CHUANGXIN FAZHAN XINGDONG JIHUA(2015—2018 NIAN)》
ZHUANJIA XILIE JIEDU

策划编辑 叶 波　　责任编辑 桑 丽　　封面设计 姜 磊　　版式设计 张 杰
责任校对 陈 杨　　责任印制 赵义民

出版发行	高等教育出版社	网　址	http://www.hep.edu.cn
社　址	北京市西城区德外大街4号		http://www.hep.com.cn
邮政编码	100120	网上订购	http://www.hepmall.com.cn
印　刷	北京中科印刷有限公司		http://www.hepmall.com
开　本	787mm×1092mm 1/16		http://www.hepmall.cn
印　张	14.75		
字　数	320千字	版　次	2019年11月第1版
购书热线	010-58581118	印　次	2019年11月第1次印刷
咨询电话	400-810-0598	定　价	39.00元

本书如有缺页、倒页、脱页等质量问题，请到所购图书销售部门联系调换

物 料 号　52855-00

“中国高等职业教育面向 2035 系列丛书”编委会

《高等职业教育创新发展行动计划（2015—2018年）》绩效评价课题组名单

策　划：林　宇　任占营

组　长：童卫军

成　员（按姓氏笔画排序）：

马和平　王　博　王如荣　牛晓艳　方灿林　石范锋
庄榕霞　刘　阳　刘引涛　刘任熊　刘其兵　池云霞
孙　辉　孙凯瑞　李　礼　李忠华　李俊雅　李晓秋
吴升刚　张启明　张啸宇　张崇生　张淑艳　陈　鹏
陈　潇　尚维来　周　俊　贺建锋　郭庆志　唐振华
黄慧婷　龚小涛　韩　昱　谢　园

前　言

党的十八大以来，以习近平同志为核心的党中央把职业教育摆在前所未有的突出位置。李克强总理就深化职业教育改革做出重要批示，提出明确要求。2019 年 1 月，国务院印发《国家职业教育改革实施方案》（国发〔2019〕4 号，以下简称“职教 20 条”），明确职业教育与普通教育是两种不同教育类型，具有同等重要地位。教育战线要切实把思想和行动统一到党中央、国务院决策部署上来，推动职业教育改革不断深化。

2015 年 10 月，教育部印发《高等职业教育创新发展行动计划（2015—2018 年）》（教职成〔2015〕9 号，以下简称《行动计划》），作为教育部第一个专门针对高等职业教育全面系统规划改革发展的指导文件，聚焦整体提升高等职业教育实力，顶层设计了落实现代职业教育体系的多项举措。

在落实《行动计划》任务过程中，各地勇于承担高职教育发展主体责任，在调整院校专业布局、服务区域经济发展、应对生源多样变化、深化多元主体办学等方面整体谋划，体现了加快推进高职教育创新发展的决心。各行指委积极发挥指导作用，重点关注“推进产教融合、校企合作”“促进职业教育更好服务产业发展”等方面，积极推进校企深度合作。各高职院校以优质校和骨干专业（群）建设为核心，重点围绕服务区域经济发展、提升内涵建设水平、建立现代治理体系、培养高质量人才等方面，深化产教融合、加强“双师”队伍建设、服务“走出去”战略、利用信息技术推进教育教学改革、提升协同创新能力，涌现了一批各具特色的典型代表。各参与主体和职业教育专家在《光明日报》《中国教育报》《中国职业技术教育》等报纸和期刊杂志上发表政策解读、观点表达和介绍行动落实的系列文章，充分展示了积极向上、中国特色、地方特点的高等职业教育战线精神面貌。

在《行动计划》收官之际，在教育部职业教育与成人教育司指导下，《行动计划》绩效评价课题组将各类媒体正式刊发的相关文章收集汇编成册，作为“中国高等职业教育面向 2035 系列丛书”之一。

“职教 20 条”把奋力办好新时代职业教育细化为若干具体行动，提出了一系列解决长期制约职业教育发展的体制机制难题的政策措施。职业教育战线要以深化改革和狠抓落实为重点，在完善现代职业教育体系、提升技术技能人才培养质量、实施好 1+X 证书制度试点工作、完善有利于职业教育发展的相关配套政策、厚植各方支持职业教育的良好环境等方面，逐项落实“职教 20 条”提出的各项任务。值此职业教育发展进入新时代之际，本书汇编内容具有较强的指导、借鉴和学习意义，可作为高等职业教育战线工作者的参考文集和工具书。

全书分成七个部分：第一篇，确定方向，明确路径；第二篇，地方主责，百花齐放；第三篇，把握内涵，高质培养；第四篇，夯实基础，强化保障；第五篇，现代治理，引领发展；第六篇，根植区域，服务地方；第七篇，稳步推进，成效明显。由宁波职业技术学院张启明副研究员主编第一至第三篇，西安航空职业技术学院龚小涛副教授主编第四、第五篇，日照职业技术学院郭庆志副教授主编第六、第七篇。

在本书编辑过程中，教育部有关司局、相关教育行政主管部门、行业职业教育教学指导委员会、有关高职院校给予了大力的支持和帮助，各位作者给予了无私的奉献和指导，高等教育出版社给予了出版工作的支持，在此一并表示感谢。

由于本书涉及面广、内容丰富、观点鲜明，汇编难度较大，不妥与疏漏之处敬请读者批评指正。

课题组

2019年7月

目　录

第一篇　确定方向，明确路径

第二篇　地方主责，百花齐放

第三篇　把握内涵，高质培养

第四篇　夯实基础，强化保障

第五篇　现代治理，引领发展

第六篇 根植区域，服务地方

第七篇 稳步推进，成效明显

第一篇

确定方向，明确路径

2015 年，对于高等职业教育来说是一个大年，这一年是贯彻落实 2014 年全国职业教育工作会议精神的开局之年，是落实全国人大常委会职业教育法执法检查的行动之年，是“国家示范性高等职业院校建设计划”的收官之年，也是《高等职业教育创新发展行动计划（2015—2018 年）》（以下简称《行动计划》）的启航之年。

该《行动计划》，是教育部主动适应国家重大战略对高等职业教育提出的新要求，以 2010 年以来涉及高等职业教育内容的重要文件为基础，经过融合发掘完善而形成的，建构完整、以专科高职为主体的高等职业教育发展设计。《行动计划》，成为引导和推动高职院校制定和执行“十三五”规划的重要行动指南，有力地提升了项目院校的办学实力、管理水平和人才培养质量，为高等职业教育创新发展发挥了示范引领作用。

本篇收录了高志研及其他多位职业教育专家的文章，从不同角度，分析了职业教育发展遇到的问题和困难，构思了如何创新发展高职教育的设想，讲述了《行动计划》出台前后的来龙去脉，描绘了开启高职教育创新发展的新时代，提出了落细落小落实《行动计划》的合理建议。本篇汇编的 9 篇文章，对院校发展由政府主导向院校自主转变、从规模扩张向内涵建设转变、从相对封闭办学向全面开放转变、从服务学校发展为主向服务区域经济发展转变，起到了指导发展方向和辅助学校建设规划的重要作用。

高职教育：如何创新发展？

教育部职业教育与成人教育司　高志研

编者按：终于，教育部正式发布了《高等职业教育创新发展行动计划（2015—2018年）》（以下简称《行动计划》），这是今后一个时期，高等职业教育界发展的路线图。对于贯彻2014年全国职业教育工作会议精神、落实全国人大常委会职业教育法执法检查有关要求、深入推进改革发展，意义重大。今天，我们编发此稿，就是希望激发高职教育领域的思考、认识和行动，理解和实施《行动计划》，为高职教育的创新发展发出先声。

日前出台的《高等职业教育创新发展行动计划（2015—2018年）》（以下简称《行动计划》），紧扣目前高职教育的时代使命，坚持问题导向，直面困难挑战，规划设计了一系列政策制度和任务项目，从战略高度来理解，可以归纳为三个关键词：挑战、行动、跨越。

机遇与挑战并存

当前，高等职业教育正处于最好的发展机遇期。然而，机遇与挑战并存，高职发展至少面临八个方面的现实挑战。

顶层设计初具雏形，如何落细落小落实。2014年以来，职业教育发展的顶层设计已初具雏形。要切实推动全国职业教育工作会议精神和《国务院关于加快发展现代职业教育的决定》（国发〔2014〕19号，以下简称《决定》）规定的各项政策、标准、任务在高等职业教育领域落地生根、发挥作用，建章立制、制定标准、完善政策必须转入落细落小落实的新阶段。

规模扩张已达极限，如何强化内涵建设。1999年第三次全国教育工作会议做出大力发展高等职业教育的决定后，高等职业教育蓬勃发展，已经成为中国高等教育的半壁江山。2010年以来，高等职业教育规模基本稳定，年招生数在320万人、在校生数在980万人、校均规模在6 000人左右窄幅震荡。高等职业教育已经跨过规模扩张的历史阶段，开启了以强化内涵建设为主要任务的新征程。

考试招生不断变革，如何应对生源多样。据统计，2014年高等职业教育分类考试招生人数达到151万，占高职招生计划总量的45%。《国务院关于深化考试招生制度改革的实施意见》（国发〔2014〕35号）明确提出，2015年通过分类考试录取的学生占高职院校招生总数的一半左右，2017年成为主渠道。考试招生制度改革导致高职院校生源类型呈现多样化、多元化趋势，高职院校必须积极应对这一挑战。

自主办学逐步扩大，如何强化科学管理。《决定》明确要扩大职业院校在专业设置和调整、人事管理、教师评聘、收入分配等方面的办学自主权，推行管办评分离、强化督导评估。这是一种“政府指路学校走”的新模式。高职院校要用好办学自主权，迎接新型管理模式挑战，必须强调规范化、科学化、精细化管理。

校际竞争日益激烈，如何突出质量特色。高职院校需要着眼服务经济社会发展全局，立足自身发展的新阶段、新特征，切实提高人才培养质量、着力特色化发展，在校企合作、集团化办学、应用技术协同创新等领域打造“人无我有”办学特色。高等职业教育已经进入必须突出质量和以特色求生存、谋发展的新阶段。

信息技术飞速发展，如何应对形势变化。信息技术快速发展，在提供了先进教育教学手段的同时，也促使教与学的方式发生了翻天覆地的变化。高职院校要有效应对，确立学生在学习中的主体地位，以学生为中心，推进教与学的双重改革。

多元主体参与办学，如何深化多方合作。在推进多元主体参与职业教育办学，深化多方合作方面仍存在一些问题。例如，政府的主导作用发挥还不够充分；行业参与职业教育的机制建设还不成熟；企业参与积极性不高、主动性不强等。各方共同参与的职业教育合作运行机制需要进一步探索。

财税体制深化改革，如何强化省级统筹。省级政府承担统筹高等职业教育改革发展的重要职责，如何准确定位中央与省级职责分工，切实发挥省级统筹作用，如何引导已拨付的中央财政资金的使用方向，使全国高等职业教育协调、全面发展，已成为我们必须直面并要切实解决的重要课题。

关键要落实行动

坚持问题导向，《行动计划》可分为“扩大优质教育资源”“增强院校办学活力”“加强技术技能积累”“完善质量保障机制”“提升思想政治教育质量”等5部分32条。为有效推动落实落地，文本后附加“任务、项目一览表”，将主要内容细化为65项任务和22个项目，各地可结合实际需要“认领”不同的任务和项目。教育部将本着“有预算支持的优先、实施方案可操作性强的优先、预期成果量化程度高的优先”原则，在总体规模内择优安排各地承担任务与项目，并通过信息化平台进行项目过程管理、监控与绩效评价。

《行动计划》指出了未来一段时间从教育部、教育厅到院校整个高职战线的重点工作任务。主要包括以下十个方面。

打造优质高职院校和骨干专业。一是以优势学校建设引领高职教育整体发展。优势学校与已经建设的示范（骨干）校相比要求更高，要求办学定位准确、专业特色鲜明、社会服务能力强，在技术创新、杰出人才培养、国际合作交流等方面处于领先水平，具有较强的影响力和综合实力。二是以骨干专业（群）建设推动院校内涵发展。国家级的骨干专业建设将优先在紧贴产业发展、校企深度合作、社会认可度高的专业中遴选，引导高职院校整体提升专业水平，服务国家重点发展产业，提升技术协同创新水平。

做大优质教学资源。顺应“互联网 +”的发展趋势，《行动计划》主要通过职业教育专业教学资源库和国家精品在线开放课程两个国家级项目带动和构建国家、省、学校三级数字教育资源共建共享体系。力争经过三年建设，为实现《决定》“所有专业的优质数字教育资源全覆盖”的目标奠定坚实基础。到 2018 年，规划在建及验收国家级项目达到 100 个左右，并带动不少于 200 个省级资源库和数百个校级资源库建设，基本形成三级资源库建设体系。

完善高职教育结构。目前，高等职业教育结构的国家层面设计基本成形。在这一框架体系下，《行动计划》强调：一是推进高等学校分类管理，系统构建专科、本科、专业学位研究生培养体系；二是持续缩减本科高校举办就业率（不含升学）低的高职教育规模，鼓励各有所专、错位发展，保留专科高职发展空间；三是开展设立专科高等职业教育学位的可行性研究。《行动计划》提出了“接续培养制度”概念——职业教育体系内部，应届毕业生升入高一级学校继续学习的制度，并从标准体系制定、专业设置与目录管理、人才培养方案及教学内容设计等方面，对完善接续培养制度提出具体要求。

探索混合所有制办学。一是通过探索高职院校股份制、混合所有制办学，进一步深化职业教育办学体制改革，激发办学活力；二是为各种所有制资本参与职业教育办学提供更多机会，优势互补、汇集资源；三是优化公办职业教育资源、增强公办高职院校的带动力和影响力。而作为职业教育的新鲜事物，“混合所有制”需要整个高职教育界在现有政策框架内不断探索，以成功经验带动整体发展。

健全质量保证体系。《行动计划》明确了三个方面内容：一是修订《高等职业院校专业目录》和《高等职业院校专业设置管理办法》，促进高职专业设置与经济社会发展、区域产业发展、职业变化更加吻合。二是建立人才培养工作诊断改进制度。三是完善质量年度报告制度。在实事求是、客观真实的前提下，逐步提高质量年度报告的量化程度、可比性和可读性。

提升院校治理能力。《行动计划》以高职院校章程建设为统领，明确要建立健全依法自主管理、民主监督、社会参与的高职院校治理结构。而着力点有三：深化学校内部管理制度改革，落实学校办学自主权；建立学校、行业、企业、社区等共同参与的学校理事会和董事会，发挥咨询、协商、审议与监督作用；发挥学术委员会的重要作用。

提高资源保障水平。鉴于部分地区特别是地市主办的高职院校经费保障水平仍然较低，《行动计划》进一步强调“各地应引导激励行政区域内各地市级政府（单位）建立完善以改革和绩效为导向的专科高等职业院校生均拨款制度”“生均拨款制度要覆盖所有独立设置的公办高等职业院校”；而兼职教师应以专业技术人员和高技能人才为主，并主要承担专业课程教学和实践教学任务；同时，《行动计划》强调完善分级管理、地方为主、政府统筹、社会参与的管理体制，形成组织保障合力，落实相关主体共同参与高等职业教育创新发展的责任。

推进国际交流合作。《行动计划》要求高职院校主动服务国家外交战略要求，助力优质产能走出去，增强中国影响和彰显职业教育的中国特色；广泛参与国际职业教育合作与发展，发出职业教育的“中国声音”；吸收和借鉴发达国家的成功经验，学习和引进国际先进成熟适用的职业标准、专业课程、教材体系和数字化教育资源。

促进区域协调发展。当前，全国高等职业教育发展面临诸多薄弱环节和难点，尤其是农村地区、民族地区和贫困地区高等职业教育基础能力薄弱，东西部高等职业教育发展不平衡。《行动计划》强调以“科学规划”“立足当地”“对口支援”“综合改革”支援困难地区高职院校提升办学能力和培养水平。

增强技术服务能力。高职院校发挥自身优势，提高社会服务的技术附加值，对改善高等职业教育弱势地位、提升社会影响、促进社会发展具有积极意义。2014年，高职院校科研和技术服务收入达26亿元，校均210万元，其中超过1 000万元的有近60所学校。《行动计划》提出，要将高等职业院校建设成为区域内技术技能积累的重要资源集聚地，配合“中国制造2025”，主动适应新一代信息技术产业、高档数控机床和机器人等产业发展，调整专业结构，提供坚实人才保障。

实现全新的跨越

《行动计划》描绘了今后三年我国高等职业教育的发展蓝图，需要高职界凝聚共识，积极行动，形成创新高等职业教育发展的巨大合力。未来几年，高等职业教育战线要以贯彻落实《行动计划》要求为工作主线，切实推动高等职业教育在发展动力、发展模式、办学状态、评价内容、教师队伍、社会服务等方面实现重大转变，呈现全新发展面貌，实现全新的跨越。

发展动力：由政府主导转向院校自主。《行动计划》贯彻落实国家教育体制综合改革要求，明确了诸多保障院校自主权的政策举措。各项任务和项目并不强制承担，而是由地方和学校根据实际需要自愿提出自主安排。广大高职院校应该充分发挥主观能动性，主动适应形势变化，切实体现改革创新的主体作用，实现发展动力由政府主导向院校自主的转变。

发展模式：从规模扩张转向内涵建设。随着《行动计划》实施，高职院校应准确把握发展模式的变化，在稳定规模的基础上，以人才培养为中心，以提高质量为核心，把资源配置和工作重心转移到教育教学改革和技术技能人才培养上来，向内挖潜，整合资源，优化结构，夯实基础，练好内功，实现发展模式的转变。

办学状态：从相对封闭转向全面开放。《行动计划》要求高等职业教育继续坚持开放办学的理念，面向社会构建开放的办学体系，面向行业企业建立开放合作的机制，面向多样化生源实行开放性教学，面向终身学习需求建立开放性的学分积累、认定与转换机制，通过开放办学及对区域产业发展需求，增强服务地方经济发展能力，实现可持续发展。

评价内容：从硬件指标转向内涵指标。评估评价是教育发展的指挥棒。《行动计划》从关注硬指标的显性增长转向关注软实力的内在提升，重在引导高职院校办出特色、办出水平。高职院校要健全内部质量评价保证机制，实施对教学基本状态的常态监测，实现自我及时诊断、随时改进。

教师队伍：从学历职称转向双师结构。《行动计划》提出了加强高职双师队伍建设的系列措施，支持高职院校聘用实践经验丰富的企业工程技术人员、高技能人才担任专兼职教师，推进校企共建“双师型”教师培养培训基地，鼓励高职教师到企业实践锻炼，提升双师素质，优化专兼职教师结构。

社会服务：从教学培训为主转向教学培训与应用研发并重。目前，高职院校获取的技术服务性收入超过26亿元，但主要停留于教学培训层面。《行动计划》强调院校要做到教学培训与技术研发并重，建立技术技能积累创新的机制，通过技术研发服务产业的转型升级，提升社会服务的层次。而各行业企业要成为学生教学和训练的主要场所、教师双师素质锻造和科研的平台、校企合作和生产服务的基地，成为教师在技术研发方面进行社会服务的重要窗口。

当前，我国高等职业教育已经步入更高起点的发展新阶段，随着《行动计划》的深入实施，高等职业教育必将进一步夯实发展基础，激发发展活动，提高发展质量，为实现“两个一百年”奋斗目标和中华民族伟大复兴的中国梦提供坚实人才保障。

来源：《光明日报》2015年11月24日第14版

高职创新发展还需落实行动力

教育部职业教育与成人教育司　高志研

编者按：教育部印发《高等职业教育创新发展行动计划（2015—2018年）》（以下简称《行动计划》）一年以来，全国范围内高等职业教育行动积极、顺利开局。目前，高职院校改革发展已经进入深水区，落实《行动计划》进入全面攻坚克难期，抓统筹、抓落实的任务更加艰巨。今天编发此文，即为梳理一年来的具体情况和问题，希望推进国内各地抓住机遇，实现高职院校创新发展。

近期，教育部通报了《高等职业教育创新发展行动计划（2015—2018年）（以下简称《行动计划》）的执行情况：截至2016年，《行动计划》涉及各方承接任务的启动率80%；实际项目布点启动率达到87%；28个省份和25个行业职业教育教学指导委员会（以下简称行指委）投入专项资金47亿元，实现良好开局。这既彰显出高等职业教育全面精准发力，也展示出高职界不断提高的执行力。而同时，一些关键问题在一些区域仍然存在，考验着各方的落实力。

落实省级统筹，仍需积极主动作为

《行动计划》落实过程中，省级教育行政主管部门积极履行主体责任，主动作为，压实任务，力促建设取得实效。

2016年，只有一个省级行政部门尚未启动《行动计划》承接任务，其他省级行政部门实际启动任务1 158项，项目330个，项目布点11 344个，分别占到启动总量的87%、66%、92%；除河北、安徽、江西尚未投入省级专项资金外，其他28个省级行政部门财政安排专项经费45.198 2亿元，占到本年度投入经费总量的96%。充分发挥了省级部门对职业教育发展的统筹协调作用，充分展现了省级部门落实《行动计划》的主体责任。

进入2016年度，有关省级行政部门启动了承接任务，其中云南、上海、广西、河南、湖北、江苏、陕西、福建、河北、湖南10个省区市超额启动承接项目布点数量。28个省级行政部门省均投入财政专项资金1.614 2亿元；云南、辽宁、福建、吉林、上海、天津6个省市2016年省级投入财政专项经费占到该省预估总经费的50%以上，其中云南省级投入财政专项经费超过预估投入总经费，有力地推动了承接任务（项目）的落实。

为确保《行动计划》全面落实，省级行政管理部门不断完善机制，从制度、人员、经费等方面予以保障。承接任务的全部地方和行指委均编制了地方版《行动计划》实施方案，与此同时，地方和行指委积极引导和推动职业院校承接《行动计划》任务（项目），层层传导压力，任务件件落实，其中河北、陕西、青海 3 个省级行政部门印发文件明确本省《行动计划》的承接院校及其任务。

高职服务发展，支撑国家战略

地方和行指委在推进《行动计划》落实过程中，打造服务平台，优化专业结构，推进高职“走出去”，突出服务发展，在支撑“中国制造 2025”“脱贫攻坚”等国家战略中不断发力。

打造服务平台。地方和行指委着力打造服务平台，提升应用技术研发能力和社会服务水平，形成院校与行业企业共同推进技术技能积累的创新机制。23 个省级行政部门启动应用技术协同创新中心建设，其中 10 个省级行政部门投入省级财政资金 1.150 8 亿元，支持 362 个应用技术协同创新中心建设，诸如江苏农牧科技职业学院的“水禽基因库”和“姜曲海猪保种场”、铜仁职业技术学院的“民族中兽药分离纯化技术”等一批“国字号”研发机构和工程研究中心脱颖而出，在服务三农、“脱贫攻坚”中贡献职教力量。

优化专业结构。各省级行政部门不断优化专业结构，调整专业方向，对接国家战略，提高了高职院校服务国家社会发展的能力。其中，24 个省级行政部门进行了专业结构调整，22 个省级行政部门建立了产业结构调整驱动专业设置与改革、产业技术进步驱动课程改革的机制，26 个省级行政部门启动建设了 525 个与“中国制造 2025”相关的生产性服务业专业建设，25 个省级行政部门新建与“十大支柱产业”相关专业 727 个，改造专业 658 个，不断满足社会建设和社会管理人才需求。

推进高等职业教育“走出去”。各地积极配合国家“一带一路”倡议，助力优质产能走出去，扩大与“一带一路”沿线国家的职业教育合作，服务“走出去”企业需要。2016 年，23 个省级行政部门开展中外合作办学 295 所，其中办学地点在国外的 69 所。一批院校配合“走出去”企业，面向当地员工开展技术技能培训和学历职业教育，既为中国企业培养了具有国际视野、通晓国际规则的技术技能人才，也培养了中国企业海外生产经营需要的当地人才。

完善质量体系，提升发展质量

在推动高等职业教育创新发展过程中，各地将“提高高等职业教育发展质量”作为落实《行动计划》的主攻方向，不断加大信息化技术应用，打造“双师型”教师队伍建设，完善质量保证体系，不断提升发展质量。

各方以推动教育信息化为抓手，积极促进信息技术与教育的融合创新发展，努力构建网络化、数字化、个性化、终身化的教育体系，推动在线开放资源平台建设和移动教育应用软件研发。360 个省级高等职业教育专业教学资源库、2 343 门省级精品在线开放课程、595 个虚拟仿真实训中心启动建设。同时，452 所高职院校将信息技术应用能力作为教师评聘的重要依据，力促教学信息化新突破，形成信息技术与教育融合创新发展的新局面。

目前，全国 22 个省级行政部门启动了“双师型”教师培养培训基地建设。其中 11 个省级行政部门投入省级财政专项资金 5 042 万元，支持 641 个“双师型”教师培养培训基地建设，147 所国家示范（骨干）高等职业院校制定“双师型”教师标准，重点提升教师的“双师素质”。

更重要的是，各地不断完善质量保证体系建设，推进职业院校教学工作诊断与改进制度建设。除两个省级行政部门外，21 个省级行政部门印发了指导方案，9 个省级行政部门编制了指导方案；32 个省级行政部门全部发布了省级高等职业教育质量年度报告。其中，陕西、甘肃、宁夏、新疆 4 个省区的质量年度报告经过厅务会讨论；1 298 所院校发布了校级年报；29 个省级行政部门的 282 所高职院校联系 428 家企业发布了企业参与高等职业教育人才培养年度报告；高等职业院校人才培养工作状态数据采集与管理工作得到加强，1 303 所院校填报了状态数据，数据准确性不断提高。

清醒面对难题，提高督察实效

2016 年《行动计划》实现了良好开局，建设成效初步凸显，与此同时，部分地方和行指委经费投入还需进一步落实，承接任务（项目）启动需要扎实推进，督察实效有待进一步加强。

承诺经费投入还需进一步落实。28 个省级行政部门财政合计安排专项经费 45.198 2 亿元，占到预估投入总经费的 22%，启动省份中河北、安徽、江西 3 个省级行政部门尚未安排省级财政专项经费，省级财政资金需要进一步到位；25 个行指委合计安排专项经费 1.857 9 亿元，占到预估投入总经费的 8%，而餐饮、船舶工业、电子商务、工业和信息化、广播影视、环境保护、粮食、煤炭、农业、轻工、食品工业、水利、文化艺术、新闻出版、验光与配镜、外语类 16 个行指委未安排专项经费，行指委承诺投入经费亟待落实。

承接任务（项目）不能打折扣。省级项目开局良好，但部分省级行政部门承接任务需要加快落实，内蒙古自治区就尚未启动所有任务；相比而言，行指委总体落实情况更有待加快推进，公安、食品药品、外经贸 3 个行指委尚未启动所有承接的任务（项目）；测绘、环境保护、粮食 3 个行指委未启动承接任务；电子商务、轻工、食品工业、文化艺术 4 个行指委未启动承接项目和项目布点。

督察实效有待进一步加强。当前，《行动计划》进展总体顺利，重要领域和关键环节有序推进，但是部分省级行政部门还存在落实不力、推动不实的问题。比如，“将企业举办的公办性质高等职业院校与其他公办院校同等对待”“探索政府通过‘以奖代补’、购买服务等方式支持民办高等职业教育发展和鼓励社会力量参与高等职业教育办学的方法”两项需要省级统筹的任务，未启动省级行政部门占承接省级行政部门的比例达75%和53%，明显需要强化督察、确保落实。同时，各方应该建立过程督察机制，做到《行动计划》落实到哪里，督察就要跟进到哪里，不断提高督察实效，更好发挥其打通关节、疏通堵点的作用，确保《行动计划》确定的改革方向不偏离、高职创新发展的改革任务不落空。

随着《行动计划》崭新开局，高职创新发展已进入全面落实的“施工高峰期”，更需要在抓落实上投入更多的精力，承接任务（项目）的各地方和各行指委需要继续落实落细《行动计划》，不断提升发展质量、服务能力和现代化水平，为高职院校高质量发展提供积极而坚实的保障。

来源：《光明日报》2017年08月17日14版

准确把握和落实高等职业教育创新发展行动计划

教育部职业教育与成人教育司 林宇

2015年10月，教育部印发《高等职业教育创新发展行动计划（2015—2018年）》（以下简称《行动计划》），这是高等职业教育战线深入总结“十二五”发展经验，面向“十三五”布局改革任务，引导和推动高职院校制定和执行好“十三五”规划的重要行动指南，也是迄今为止，教育部第一个专门针对高等职业教育全面系统规划改革发展的指导文件。

《行动计划》定位为2014年《国务院关于加快发展现代职业教育的决定》（以下简称《决定》）的配套文件和对全国人大职教法执法检查的积极回应，重在落实《决定》和教育部等六部门联合印发的《现代职业教育体系建设规划（2014—2020年）》（以下简称《体系规划》），不搞新的政策突破，而是在任务设计中贯彻创新发展的要求。《行动计划》以2010年以来教育部已经出台和即将出台的涉及高等职业教育内容的重要文件为基础，经过融合发掘完善，努力建构一个完整的、以专科高职为主体的高等职业教育下一阶段的发展设计。

一、结构设计与调整

《行动计划》的结构设计，反映了今后一个时期教育部发展高等职业教育的工作思路。其本身也经历了一个从重视实操到精炼提升再部署的演变过程。

1. 初稿设计

为方便院校落实和各地组织实施，《行动计划》初稿从院校工作的视角规划设计了12个子计划，分为3类：一是全局性综合性任务4个，“现代职业教育质量提升助推计划、现代职业教育体系建设推进计划、支撑产业发展能力提升计划、产教融合发展创新计划”；二是推进教育教学重点环节改革任务3个，“‘双师型’教师队伍能力提升计划、现代信息技术应用能力提高计划、德育工作质量提升计划”；三是涉及办学层面任务5个，“社会力量兴办高等职业教育支持计划、高等职业院校治理能力提升计划、高等职业教育质量评价制度建设计划、高等职业教育国际交流合作促进计划、社区教育和终身学习服务助推计划”。缺点是：各子计划为追求完整都强调了工学结合、校企合作、加强技术技能积累的基本思路，重复较多。

2. 结构调整与完善

在充分听取各方意见基础上，教育部决定把“提高高职教育发展质量”作为贯穿始终的主线，按照下一阶段的工作思路，将《行动计划》主要内容重新梳理为 5 个部分 32 条。同时，出于提高可执行性的考虑，按照可量化程度的不同将《行动计划》内容进一步细化为 65 项任务和 22 个项目。

因此，《行动计划》最核心的 5 个内容实际指明了教育部推进高职教育下一步改革发展的 5 个方向和各自目标——扩大优质教育资源，要以专业建设为核心，提高优质资源的覆盖面，提高省域内高职教育发展的协调性。增强院校办学活力，要尊重和激发基层的首创精神，提高院校对市场的适应能力和自主发展能力。加强技术技能积累，要紧密结合培养杰出人才和加强教师队伍建设，提高高职院校技术服务的附加值。完善质量保障机制，要形成教育内部保证和教育外部评价协调配套的共同保障质量局面。提升思想政治教育质量，要落实李克强总理关于“把提高职业技能和培养职业精神高度融合”的要求，培养合格的社会主义事业接班人。

“发展质量”“区域协调”“自主发展”“提高技术服务附加值”“内部保证和外部评估协调配套”等提法均有新意，体现了设计落实既定政策过程中的创新。

二、转换角度再认识

《行动计划》发布已经两个多月，各地和大多数行业职业教育教学指导委员会（以下简称行指委）都在分头制定实施方案，贯彻执行还有很多事情要做。能否准确把握要义，将直接影响实施工作的效果。因此，深入学习领会尤为重要。重读《行动计划》，可以从研究角度归纳出 5 个“更加强调”。

1. 更加强调发展质量

规模、结构、质量、效益是传统衡量教育发展成效的主要方面，高等职业教育多年来突出强调了人才培养质量，《行动计划》提出“发展质量持续提升”，指的是高等职业教育事业发展的质量，是系统质量、大质量的概念。

一是构建结构完整、运行顺畅的职教体系。《决定》已经明确描述了现代职业教育体系的构成，关键是构建过程中要避免“拉郎配”，真正做到分类管理，按照同一类型人才成长的规律实施培养过程。“接续培养”绝不是简单从校门到校门的接力，而是要在应用型人才培养模式改革的总框架下，以教学内容改革为基础，培养方案系统设计而又相对独立的分层培养，强调培养模式改革方向上的一致性。同时提出，专科层次高职院校探索发展本科层次职业教育专业应主要围绕培养“中国制造 2025”所需要的人才。

二是继续支持建设一批优质学校。领头羊的影响从来不可忽视，扶优扶强的政策需要延续。2006 年以来实施的国家高职示范（骨干）校项目非常成功，几乎成为高职院校深化改革和高质量发展的代名词，成为高等职业教育的名片。但院校发展从来不是齐步走，保持和激发改革发展动力，曾经的先进不一定是永远的先进，要让有作为的学校都有进入第一方阵的机会。示范校建设使得高职院校人才培养模式改革更加定型，骨干校建设推动了促进工学结合、校企合作的体制机制创新，优质校建设则应力争在培养杰出人才、强化技术技能积累和实质推进国际交流合作（不仅仅是引进优质资源）方面有所突破。

三是提升专业办学质量、优化区域内专业结构。专业是社会人才结构和教育培养结构的分类基础，是职业院校与社会需求的接口，也是各种教学改革的载体。某种意义上，专业质量代表了教育质量，也决定了学校特色。设置和举办专业应该有明确的服务对象、专业方向，校企合作培养人才。要立足于不断改善专业教学条件而加大教学投入。地方教育行政部门对区域内的专业结构负有责任，要有调控手段，提高专业设置的有效性。

四是促进区域高等职业教育协调发展。如果说优质学校建设可以为高等职业教育发展拓展空间树立示范，区域协调则能够有效抬升高等职业教育的保底水平。学校布局与调整是各地的职责，如何构建起利益相关方共同决定的学校设置调整机制，解决设学校和管学校“两张皮”的问题，值得地方教育行政部门思考。“探索基于增强发展能力的东中西部合作机制”，实施造血式的“扶贫”不仅应该成为全国范围内跨省的做法，也应该成为省内推进高职院校协调发展的手段。

五是强化服务国家战略的意识和能力。中国职业教育的价值，一在服务人的全面发展，二在满足国家发展需要。当前，教育行政部门和实际办学者都应该仔细研究、积极应对、努力满足“中国制造2025”“互联网+”“精准扶贫”等国家战略和“一带一路”倡议的实施，对人才供给提出的新需求，提高高等职业教育服务国家战略的水平，提高人才供给的针对性，同时，也为学生就业提供更多机会，拓展更广阔空间。

2. 更加强调综合改革

随着高等教育发展进入新的阶段，综合改革成为保持和挖掘发展动力的抓手。综合改革的目的是要保证教育领域各项改革方向一致，相互配合产生叠加效应，形成1+1＞2的效果。高等职业教育也不例外。

一是正确把握和推进分类考试招生改革。2013年《教育部关于积极推进高等职业教育考试招生制度改革的指导意见》规定了高职院校分类考试招生的6种方式和各自对应的生源或专业条件；2014年《国务院关于深化考试招生制度改革的实施意见》要求2017年分类考试招生成为高职院校招生的主渠道。实施分类考试招生是为解决统一高考解决不了的不同类型生源进入高职院校学习的问题，一种方式对应解决一类问题，必须严格遵守规定的条件。如果选择性地执行政策，将上述方式用于解决因自身培养质量、社会声誉等导致招生困难的中、高职学校面临的招生问题，则违背了制度设计的初衷，不及时纠正必将累及整个高等职业教育的声誉。

二是推动建立学分积累转换制度。学分是学习经历与成果的记录，应该跟随学习者终生；学分认定体现不同教育机构之间学习经历和学习要求的差异；学分转换则是新的教育机构对新进入的学习者学习基础的确认。认定不等于转换。《行动计划》提出在构建职教体系与学科型教育体系沟通机制的时候，不以牺牲入门质量作为代价，而是建立基于学分积累转换制度的“学力补充”机制，“缺什么补什么”，正视培养类型不同导致的学习基础差异。如果说接续培养是为了保证职教体系内不同层级教育培养目标和模式的一致性，学历补充则是在保证体系培养目标和质量的基础上，实现学习者跨体系的有序流动。

三是推动高等职业教育更好地“走出去”。此前，高等职业教育“走出去”的目的地主要是职业教育发达国家，形式主要是引进优质教育资源。但应该看到，经过多年快速发展，我国高等职业教育相对其他更多国家已经具有较大的比较优势，对外交流合作可以有更大作为。《行动计划》提出了发掘和满足“走出去”企业需要，培养支撑企业在当地生产运营需要的技术技能人才；探索对发展中国家职业教育援助；为周边国家培养既熟悉和认可中华文化，又为当地经济社会发展所需要的技术技能人才等实质性“走出去”的形式。

四是重视和推动应用技术研发。产学研结合一直是我国教育发展的基本指导思想，但在以教学型和研究型划分学校的时候，高等职业教育名义上被剥夺了研究职能，是《决定》将技术技能积累使命重新赋予了职业教育。因此，如何实现应用技术的传承、应用与创新成为高职院校必须面对和解决的课题。高职院校的应用研究必须与杰出人才培养相结合、与教学团队建设相结合，坚持教授上讲台；以解决实际生产运营问题为目标，提高学校社会服务的附加值和校企合作中的话语权。

五是重视学生的人文素养和职业精神培育。高等职业教育是高等教育的重要组成部分，作为接受过高等教育的高职毕业生，应该具备基本的人文素养，这在学校安排教学计划、组织社团活动时必须充分考虑。作为职业人，职业精神和职业技能缺一不可，起码的职业操守和能够胜任岗位的技术技能，是对高等职业教育质量的最好衡量。高等职业教育培养的不是简单工具，而是国家和社会需要的合格公民、技术技能人才。做到这一点，需要学校行政、教学、学生等方方面面的综合协调和共同努力。

3. 更加强调创新发展

创新是发展的倍增器。方向一旦确定，方式方法创新就成为展现战线智慧、激发改革活力的重要方面。创新没有一定之法。如何把握实质、发挥基层首创作用，是实现高等职业教育创新发展的重要内容。

一是丰富集团化办学的实现形式。《教育部关于深入推进职业教育集团化办学的意见》，明确了多元主体组建职业教育集团的工作思路。《行动计划》从易于实质运转和有利拓展优质资源覆盖面的角度，提出“支持有特色的专科高等职业院校以输出品牌、资源和管理的方式成立连锁型职业教育集团”的新选项。可以预见的是，这对帮扶改造薄弱院校，促进中高职衔接、提高高职院校多样化生源的质量，将会起到积极作用。

二是鼓励开展现代学徒制培养。以“兼具学生与员工身份，校企双主体培养”为核心特征的现代学徒制，是职业教育“工学结合、校企合作、顶岗实习”人才培养模式发展的最新阶段，也是落实《决定》确定的企业办学主体责任的有效举措。《行动计划》提出以特色学院的形式实施现代学徒制培养，就是要运用制度优势在高职院校推广这一创新做法。对学校来说，更多聚集优质资源，改善和提高输送人才的适用性；对合作企业来说，变雷锋式的帮助学校培养人为自己培养人，打消投入职业教育的顾虑。

三是推动具有混合所有制特征的办学实践。混合所有制办学是《决定》对职业教育提出的新的实践方向。党的十八届三中全会《关于全面深化改革若干重大问题的决定》明确，混合所有制“有利于国有资本放大功能、保值增值、提高竞争力”，这也应成为教育领域实践混合所有制的基本要求。就教育来说，混合是为了汇聚资源、增强能力、提高学校人才培养工作对市场变化的敏感度和反应速度。基于混合所有制办学适用政策尚不明确、党委领导下校长负责制是在高职院校坚持党的领导的根本制度的现实，《行动计划》提出“鼓励企业和公办高等职业院校合作举办适用公办学校政策、具有混合所有制特征的二级学院”。

四是深化高职院校创新创业教育改革。“双创”是本届政府首提的国家战略，高职院校如何落实好《国务院办公厅关于深化高等学校创新创业教育改革的实施意见》，是今后相当一个时期的重要工作。结合教育教学内容与方法改革培养学生的创新意识、结合提升专业教育质量赋予学生创新的本领、结合社团活动与实践教学提供学生创新创业的机会与条件，应当成为高职院校关注和努力的方向。

五是推进职业教育信息化。近年来，职业教育信息化动作不断，建设精品资源共享课、举办职业院校信息化教学大赛、颁布《职业院校数字校园建设规范》、资源库建设，从最初的改善条件、充实资源、提升管理，发展到了健全标准、消除孤岛、改进教学的新阶段。但这仍然不够，新时期，职业教育信息化更重要的意义在于通过应用推动“教”与“学”的方式方法甚至形态的变革创新，使其更加适合当下学生的学习习惯和认知规律，从根本上改善学习效果。

4. 更加强调保障体系

这里是指对整个高等职业教育全方位的保障，而不限于直接保障教学质量，包括制度、标准、措施等一系列内容。

一是保障专兼职教师队伍质量。《行动计划》专门用了两个条目对教师队伍建设与管理提出要求，强调：兼职教师应以专业技术人员和高技能人才为主，并主要承担专业课程和实践教学任务；按每学年160学时为单位工作量计算兼职教师数，保证兼职教师发挥实际作用；专任专业教师每5年企业实践时间累计不少于6个月，方便学校安排教学任务和教师在企业深入实践；鼓励有条件的地方单独组织高职教师职称评审，保证教师发展方向；鼓励学校制定高于教育部要求的“双师”标准，提高“双师型”教师质量。

二是有质量地落实高职生均经费政策。中央财政以各省范围内高职的生均经费水平，参考地方财力情况，确定对地方的拨款标准奖补。换句话说，央财的高职生均奖补是面向全省高职院校的奖补，不仅对省属高职院校。虽然不要求平均分配，但一些地方实际上以“谁的孩子谁抱走”的做法落实两部生均经费政策有失公允，存在“劫贫济富”的嫌疑。另一方面，高职生均经费是指“地方财政通过一般公共预算安排用于支持高职院校发展的经费”，不包含按照收支两条线要求上缴后返还学校的学费，这一点不容混淆。

三是明确了院校治理的途径和要求。“依法制定章程，完善治理结构，提升治理能力”是《行动计划》提出的实现院校治理的路径。这其中，章程建设是根本、是统领。无论是董事会、理事会、学术委员会等学校治理形式，还是落实学校办学自主权，都必须以章程作为基础，否则就都成了空中楼阁，于法无据。2014 年教育部提出“所有高校应于 2015 年前完成章程制定”的要求，但目前各地高职院校的章程建设工作进展差异巨大，必须引起有关地方和学校的重视。

四是提高高等职业教育质量年度报告的质量。高等职业教育率先落实《国家中长期教育改革和发展规划纲要（2010—2020 年）》（以下简称《规划纲要》）关于“建立高等学校质量年度报告发布制度”的要求，国家、省、学校三级质量年度报告已经连续发布 4 年，在各级各类教育中独树一帜。下一步将根据每年教育部对年报的具体要求，加强对报送工作和年报合规性的监督通报，进一步提高年度质量报告的量化程度、可比性和可读性。

五是建立高职院校教学工作诊断与改进制度。《行动计划》首先提出要形成“教育内部保证与教育外部评价协调配套的现代职业教育质量保障机制”，新意在于建立诊断改进机制。学校是诊改工作的主体，教育部发布指导方案，省级教育行政部门组织抽样复核。诊改是管办评分离后，落实学校人才培养质量主体责任、加强教育行政部门事中事后监管的制度设计，与管办评分离后的评估互不矛盾、互为补充。管办评分离的评估是教育之外的第三方对教育质量进行价值判断，不反映办学者和管理者意愿。诊改则是学校自主保证质量的举措，是教育行政部门履责监管办学者质量保证能力的手段。

5. 更加强调省级统筹

职业教育“在国务院领导下，分级管理、地方为主、政府统筹、社会参与”的管理体制和《规划纲要》关于“加强省级政府教育统筹”的规定，都要求高等职业教育以省级统筹为主。

一是增强省级统筹的能力和责任。根据中央深化财税体制改革的要求，今后一个时期，中央财政主要按照因素分配法核定对各省的资金投入，实施目标管理，不再直接确定具体项目与资金额度。2014 年起，中央财政已经开始根据各地生均拨款制度的建立完善情况、事业改革发展绩效、经费投入和管理情况等因素给予高等职业教育综合奖补，分为拨款标准奖补和改革绩效奖补两部分，由地方统筹用于高等职业教育改革发展，即中央财政对高职院校的投入主要以一般性转移支付的方式下达给了省级政府。因此，省级政府今后对域内高职教育事业的发展负有更重要的责任。

二是《行动计划》落实工作以省（区、市）为主。《行动计划》既是高等职业教育事业改革发展的路线图，也是引导中央财政一般性转移支付下达到地方后资金投向的指南针。附表所列的任务（项目）由各地（行指委）根据实际条件和需要自主提出承担意愿、自行落实保障措施，在此基础上编制总体落实方案，纳入教育部统一管理后实施。凡教育部同意安排的任务（项目）每年都要在规定的时间、按照《行动计划》管理平台的要求报告进度。各地（行指委）也可在《行动计划》规划的任务（项目）之外安排需要的工作，《行动计划》管理平台可应省里的要求开通省级任务（项目）管理专区。

三、效果预期与不足

《行动计划》的设计与实施，既是客观因素相互作用的结果，也是新形势下转变政府职能的必然。《行动计划》贴近实际的内容设计和平台化的项目管理，方便地方和学校落实，也有利于将来对于执行绩效的统计分析。由于执行效果将被纳入中央财政对地方改革绩效奖补分配因素中的“事业改革发展绩效”范围，实际的执行效果应该值得期待。

不足之处在于执行期限较短。《决定》和《体系规划》的有效期都远超3年，作为两个文件的落实计划，《行动计划》定期3年显然不合理。而《行动计划》的实际内容相对3年时间来说也过于丰富，全部做完难度很大。好在很多学校已把《行动计划》内容作为制定学校发展“十三五规划”的重要依据，这将赋予《行动计划》新的生命力，也算是《行动计划》从“生不逢时”到“正当其时”的意外收获。

来源：《中国职业技术教育》2016年第4期

职业教育发展的潜力与阻力

全国高职高专校长联席会议　董刚

编者按：职业教育作为国家教育体系的重要组成部分，与基础教育、普通高等教育一样，在经济社会发展中发挥着重要的不可替代的作用。现代职业教育的提出，进一步凸显了职业教育的类型特点和客观价值取向，在目前新的经济发展形势下有着巨大的发展潜力。同时，发展至今，中国职业教育仍然面临重重困难和阻力。我们编发此文，就是希望在发展职业教育的大好形势下，鼓励大家清醒地认识到这整个过程中的潜力与阻力，为中国职业教育的突破发展打下基础。

潜力无限：职教迎来最佳发展时机

职业教育已经是中国教育的重要组成部分，占据了“半壁江山”。而随着中国当前经济社会发展走向深入，我们越来越感受到：职业教育的潜力正在被触发，职教最佳发展期已经来到。

潜力 1：构建中的现代职教体系激发内在支撑

党的十八届三中全会作出了“加快现代职业教育体系建设”的战略部署，2014 年国家又相继出台《关于加快发展现代职业教育的决定》《现代职业教育体系建设规划（2014—2020 年）》，明确了我国现代职业教育体系的建设方针、时间表、路线图，这无疑为职业教育的科学发展再次注入了磅礴动力。

构建现代职业教育体系可以解决三个问题：一是为国家产业转型升级提供人才支撑；二是实现职业教育的科学发展；三是解决人才培养立交桥问题。

通过构建现代职业教育体系，在纵向上可实现两个方面的贯通，即学历教育的纵向贯通和职业资格培训与鉴定体系的纵向贯通；横向上，可实现基础教育、普通高等教育和职业培训与鉴定体系的横向融通，以及全日制和非全日制教育学历和非学历教育相结合。随着现代职业教育体系的完善，逐步为受教育者打通从中职、高职、本科到专业学位研究生的人才成长通道；搭建起普教与职教间共联、互通的立交桥；拓宽劳动者接受继续教育、参与培训鉴定、实现终身学习的成长空间，职业教育将会受到越来越多企业和学子的青睐，职业教育服务经济社会发展和支撑国家现代产业体系建设的能力也随之全面提升。

潜力 2：新常态下人才新需求产生强大市场推动

培养外向型技术技能人才。“走出去”战略与“一带一路”倡议为人才培养提供了新思路。职业教育要重视服务国家“一带一路”倡议的人力资源开发建设，加快培育具有宽广的国际化视野、熟练掌握本专业国际化知识结构与技术标准，具有较强跨文化沟通能力与国际合作能力，适应开放型经济新体制，促进技术技能及人文交流的外向型人才，积极培养企业所需要的属地化员工，不断提升我国职业教育的国际影响力。

培养创新创业型人才。国家创新驱动发展战略、促进经济提质增效升级需要加强技术技能人才的创新创业教育。创新创业教育包含两大内容，一是创业素质，能够直接开拓事业，将知识和技术转化为社会生产力；二是在岗位上具有创新精神和创业技能。以高等职业教育为例，2014年高职毕业生毕业半年后的自主创业比例达到3.8%，在高等教育里处于较高水平，且增幅明显，体现了高职毕业生的创业热情。职业教育在创业教育、创业服务与创业孵化方面有更多的提升空间。创新型技术技能人才的培养将积极推动“中国制造”向“中国创造”转变。

加大培养制造业技术技能人才。制造业是国民经济的主体。“中国制造2025”是全球制造业格局面临重大调整背景下，我国实施制造强国战略第一个十年的行动纲领。其中，加大培养制造业技术技能人才是“中国制造2025”实施的五大基本方针之一。当前职业教育专业结构与产业结构还存在较大差距，专业设置聚集第三产业的比例过大，而第二产业人才培养则严重不足。职业院校应根据产业发展的新形势，制定有针对性的专业布局和建设规划与评估系统，调整结构性过剩专业，建设特色优势专业，加大制造业技术技能人才及相关紧缺型人才的培养，在服务制造业人才建设中发挥积极作用。

潜力 3：服务中小微企业提升技术研发能力

在我国，中小微企业在获取科技服务方面一直处于劣势，缺少资金和资源、缺少技术和人才，而中小微企业又占相当大比例。由于这些中小微企业不可能都保有自己较为完整的科研团队或人员，他们需要从社会和科研单位获得科技帮扶，但这种需求因其市场需求量和企业投入资金不足，得不到大的科研机构和院所青睐，成为中小微企业发展的瓶颈之一。职业院校尤其是高职院校在“十三五”期间应树立起“科研强校”的发展理念，找准科研定位，在以研促教的基础上，大力推进以研致用。重点面向中小微企业技术发展的需求，为该类企业提供包括技术服务、工艺改进和新产品开发等在内的多种科研帮助，找到适合企业科技需要、适合区域产业发展需要的契合点，发挥职业教育的科研潜力，解决中小微企业的技术难题，不断提高职业院校的科研能力和科研成果的转化率。

职业教育进入发展机遇期，在拥有发展潜力、获得信心的同时，各种牵制其发展的因素，也日益显现。这些不利因素，也许不能短时间彻底消除，但必须勇敢正视。

阻力 1：深度校企合作缺少保障

校企合作是职业教育的基础，也是职业院校服务企业的纽带。目前，职业教育校企合作主要依靠政策文件来指引，立法层面的指导主要是《中华人民共和国职业教育法》，该法对校企合作规定："职业学校、职业培训机构实施职业教育应当实行产教结合，为本地区经济建设服务，与企业密切联系，培养实用人才和熟练劳动者。职业学校、职业培训机构可以举办与职业教育有关的企业或者实习场所。"其他法律如《中华人民共和国教育法》《中华人民共和国高等教育法》《中华人民共和国就业促进法》等法律中，也有若干条款涉及校企合作，但目前尚无专门指导校企合作的法律文件。这些与校企合作相关的现有法律，对校企合作中政府、企业、学校权利、义务规定多是原则性、概括性规定，缺乏具体可操作性，支持、激励措施也不明确，缺乏完善的法律保障。

由于校企合作是在政策文件指导下依靠学校与企业自发进行，合作缺乏有效的制度保障，缺少相应的法律规范，加上企业追求利润的本质，使许多企业在这种合作中不愿过多投入，其中很大比例仅是浅层次的校企合作，职业院校积极寻求开展校企合作，而企业对于校企合作缺乏积极性，造成校企合作无法持续、深入发展。

阻力 2：地方本科转型冲击高职既有领域

当前社会将学历作为选拔、使用和评估人才的普遍评价标准，在择业、升学、报考公务员等方面对职业教育存在诸多政策限制。在这种现实形势下，低学历层次致使职业教育沦为"二流教育"，使得职业教育的吸引力不足。目前，硕士、博士高学历人才培养完全归属于普通高等教育，与职业技术教育无缘，本科层次的职业教育规模较小，远远不能满足社会及公众的需求，这使得职业技术教育缺乏吸引力的问题更加凸显。当前，部分新本科院校进行转型发展，必将对高等职业教育产生影响和冲击。高等职业教育因其天然的学历层次劣势，必然会使其毕业生在与高层次应用技术本科毕业生的就业竞争中失去比较优势；同时由于生源日益减少和本科院校日渐增强的吸附作用，专科层次的高职院校势必会遇到越来越强的生源危机和生存挑战。

阻力 3：生均经费不足绑住前进脚步

以高等职业教育为例，2014 年财政部、教育部出台《关于建立和完善以改革和绩效为导向的生均拨款制度加快发展现代高等职业教育的意见》，明确规定2017年各地高职院校年生均财政拨款水平应当不低于12 000元。目前，全国共有23个省级行政部门制定了高职生均经费拨款标准，但仍有1/3的省级行政部门未出台相关政策，已经出台生均经费拨款标准的省级行政部门也存在标准偏低、拨付不到位等问题，缺乏稳定增长机制。高职院校生均财政经费支出有增长，但与本科院校相比仍有较大差距。《中国教育经费统计年鉴2014》数据显示，2013年，全国各地高职高专学校生均公共财政预算教育经费支出为9 976.97元，全国有20个地区在这一水平线之上，而地方普通高等本科学校生均公共财政预算教育经费支出为16 388.57元，是地方高职高专学校的1.64倍。有的中部或西部地区的同一城市，地级市举办的职业院校生均财政经费不足2 000元，是同处该市的省属职业院校财政经费的五分之一。而在东部地区同一省级行政部门，不同发展水平地级市的职业院校生均财政投入水平差异最高超过了8倍。生均拨款经费的不均衡和总体偏低，制约了职业教育的均衡发展和技术技能人才培养质量的提升。

来源：《光明日报》2015年12月01日15版

高职创新发展再开新局

教育部职业教育与成人教育司　高志研

编者按：《高等职业教育创新发展行动计划（2015—2018年）》（以下简称《行动计划》）发布后，各省级教育行政部门和行业职业教育教学指导委员会（以下简称行指委）积极响应、制定实施方案、主动承接各项建设任务。日前，教育部又印发了《关于确定〈高等职业教育创新发展行动计划（2015—2018年）〉任务（项目）承接单位的通知》，明确了31个省（区、市）、新疆生产建设兵团及46个行指委的具体任务数量及分布，预估经费和各实施方案也同期发布。高职创新发展由此进入实际落实状态。今天刊发此文，就是详尽解读此次《行动计划》，为已然开工的高职创新发展，凝神聚气。

准确全面理解《行动计划》和各自任务，有利于高等职业教育界内各方准确结合各自职业教育办学实际，科学设定行动目标、精准描绘发展蓝图、主动规划建设内涵、从实设计任务举措，切实推动高等职业教育更加健全发展。着眼于此，对于此次《行动计划》的理解和落实，要着力抓好几个明显特点。

省级统筹主体意识明显强化

责任主体作用突出。《行动计划》所列87个任务和项目中，由省级政府牵头落实或参与落实的有71项，占到81.61%，顺应政府职能转变和国家财税体制改革要求，充分体现省级政府作为实施《行动计划》责任主体，积极发挥统筹和保障作用。

主动建设积极性高。各地承接任务1 306项、项目12 272个，预估投入经费204.12亿元；平均承接54.22项；承接的项目总数达到原定计划数的1.5倍；同时各地还根据区域高等职业教育现状和发展需求创新设立了符合区域特色的任务和项目。

统筹反馈机制完善。各地明确由省教育厅负责落实所承担的《行动计划》任务、项目的日常管理，指导和推进高等职业教育创新发展。各有关高职院校明确由校（院）长担任负责人，明确路线图、时间表，做到组织到位、责任到位，确保落到实处。同时，还建立评估检查和信息反馈制度，定期组织对实施情况进行调研和评价，将各地的完成情况作为省级财政资金支持和中央财政改革绩效奖补的重要依据。

资金保障以改革和绩效为导向

建立与完善生均拨款制度。各地建立完善以改革和绩效为导向的专科高等职业院校生均拨款制度，向改革力度大、办学效益好、就业质量高、校企合作紧密的学校倾斜，向管理水平高的学校倾斜，向紧贴产业转型升级急需的专业以及农林水地矿油等艰苦行业专业倾斜。各地均明确落实生均拨款政策，到 2017 年，专科高等职业院校年生均财政拨款平均水平不低于 12 000 元。

建立政府投资稳定增长机制。各地预估投入经费省均达到 6.38 亿元，其中安徽、广西、广东、北京、山东等地超过 10 亿元；但也应该清醒地看到少部分地区对于高等职业教育发展投入力度还不够，其中甘肃、辽宁、吉林等地预估校均支持经费不足 400 万元；还需进一步拓展资金来源。

内涵建设质量是重中之重

紧紧抓住提升质量这个根本。《行动计划》提出“发展质量持续提升”，指出高等职业教育事业发展的质量是系统质量、大质量的概念。各地高度重视以内涵建设为抓手提升高职院校发展质量，围绕培养“中国制造 2025”所需要的人才，提高服务“互联网 +”“精准扶贫”等国家战略水平及“一带一路”倡议的开展建设，着力构建职教体系、建设优质学校、提升专业办学质量、促进区域协调发展。

内涵建设重点瞄准桩基性项目。各地在优质学校、骨干专业及生产性实训基地建设方面积极性高，预估投资总额超过 162.42 亿元。其中骨干专业建设 3 770 个，投入 67.81 亿元；优质专科高等职业院校建设 313 所，投入 63.65 亿元；校企共建的生产性实训基地 1 653 个，投入 30.96 亿元。

教育信息化重在提升学习成效。各地在信息化建设上投入预估支持金额达 12.27 亿元，其中建设省级高等职业教育专业教学资源库 297 个，投入 4.39 亿元；省级高等职业教育精品在线开放课程 3 332 个，投入 4.83 亿元；建设职业能力培养虚拟仿真实训中心 192 个，投入 3.04 亿元。顺应“互联网 +”的发展趋势，通过各类资源网、数字图书馆、智慧校园、云服务等信息资源和平台的建设，构建并逐步形成国家、省、学校三级数字教育资源共建共享体系；通过应用推进教与学的双重改革，使其更加适合当下学生的学习习惯和认知规律，从根本上改善学习效果。

提升行指委指导推进积极性

行业指导优势进一步发挥。行指委在现代职业教育体系建设和职业教育改革发展中的指导作用越来越显著，参与的积极性也很高，从公开的信息来看，46 个行指委共承接任务

324 项、项目 1 774 个，预估投入经费 23.12 亿元。

校企合作向纵深发展。从行指委承接的任务看，关注的重点放在推进校企深度合作、促进职业教育更好地服务产业发展等方面，其中重点支持紧贴产业发展、校企深度合作、社会认可度高的骨干专业建设 543 个，投入 7.55 亿元；指导技术先进、管理规范、社会责任感强的规模以上企业与专科高等职业院校共建生产性实训基地开展深度合作项目 281 个，投入 5.04 亿元；以提升专业教学能力和实践动手能力为目的推进校企共建“双师型”教师培养培训基地 226 个，投入 1.78 亿元；应用信息技术改造传统教学建设职业能力培养虚拟仿真实训中心 99 个，投入 2.68 亿元；引导和扶持企业与高等职业院校联合开展“现代学徒制”培养试点 166 个，投入 1.28 亿元，以市场为导向多方共建应用技术协同创新中心 134 个，投入 2.69 亿元，推动专科高等职业院校与当地企业合作办学、合作育人、合作发展。

共建共享向标准化迈进。通过行指委开展相关工作可以更好地实现资源跨区域共建共享、实现资源行业企业共建共享，通过修订职业教育专业教学标准和实验实训装备技术标准，深入产教融合、校企联动更好地实现人才培养模式创新发展。

创新发展行动效果可期

高等职业教育质量保障机制基本完善。各地全面推进高等职业教育质量年度报告制度，强化对报告发布情况和撰写质量的监督管理；鼓励社会力量参与职业教育办学、管理和评价，以行业企业用人标准为依据，设计诊断项目，通过反馈诊断报告和改进建议等方式，反映专业机构和社会组织对高职院校专业教学质量的认可程度，建立高等职业教育教学工作诊断与改进制度，如通过开展高校教学巡查诊断、抽样复核、建立诊改档案等方式落实学校人才培养质量主体责任、加强教育行政部门事中事后监管的制度设计，形成学校自主保证质量的举措，教育行政部门履责监管办学者质量保证能力的建设。

高等职业教育国际化发展水平稳步提升。此前，高等职业教育“走出去”的目的地主要是职业教育发达国家，形式主要是引进优质教育资源，学习和引进国际先进成熟适用的职业标准、专业课程、教材体系和数字化教育资源。此次，多地《行动计划》实施方案中提出在引进来的同时，助力优质产能走出去，如在境外建设“鲁班工坊”培养支撑企业在当地生产运营需要的技术技能人才；通过职教援外培训基地、海外职业教育培训中心、招收外国留学生等方式探索对发展中国家职业教育援助；为周边国家培养既熟悉和认可中华文化，又为当地经济社会发展所需要的技术技能人才。这些都是实质性“走出去”的形式。

中国特色职业教育发展道路已基本形成，我国高等职业教育步入更高起点的发展新阶段。未来几年，高等职业教育战线将以贯彻落实《行动计划》要求为工作主线，深入实施《行动计划》，凝聚共识，积极行动，形成创新高等职业教育发展的巨大合力，对接“中国制造 2025”等战略，切实推动高职教育与经济社会同步发展，促进发展动力由政府主导向院校自主转变、发展模式从规模扩张向内涵建设转变、办学状态从相对封闭向全面开放转变、评价内容从硬件指标向内涵指标转变、教师队伍建设从学历职称向“双师型”结构转变、社会服务从技术培训向应用研发转变，呈现全新发展面貌，实现全新跨越，为实现“两个一百年”奋斗目标和中华民族伟大复兴的中国梦提供坚实人才保障。

来源：《光明日报》2016年04月12日15版

行动计划开启高职教育发展新时代

上海教育科学研究院　马树超

"创新发展高等职业教育"是国务院《关于加快发展现代职业教育的决定》对高等职业教育发展的新期待、新要求。教育部日前发布《高等职业教育创新发展行动计划（2015—2018年）》（以下简称《行动计划》），明确提出"扩大优质教育资源、增强院校办学活力、加强技术技能积累、完善质量保障机制、提升思想政治教育质量"等五大行动，强化内涵发展、特色发展和创新发展，开启了我国高等职业教育整体质量提升的新时代。

行动基础：示范校建设形成创新发展共识

过去10年，是国家示范性高职院校建设计划引领高等职业教育改革发展的10年，是奠定高等职业教育创新发展重要基础的10年。2005年国务院提出重点建设100所国家示范性高等职业院校，提升这些学校培养高素质技能型人才的能力，促进其在深化改革、创新体制和机制中发挥示范作用，带动全国职业院校办出特色，提高水平。2006年教育部、财政部《关于实施国家示范性高等职业院校建设计划加快高等职业教育改革与发展的意见》和教育部《关于全面提高高等职业教育教学质量的意见》联袂发布，明确要求示范项目建设院校在办学实力、教学质量、管理水平、办学效益和辐射能力等方面有较大提高，特别是在深化教育教学改革、创新人才培养模式、建设高水平专兼结合专业教学团队、提高社会服务能力和创建办学特色等方面取得明显进展。

注重建设、注重改革、注重行动、注重绩效，是国家示范性高等职业院校建设计划的重要经验。2010年启动的第二批国家示范性高职院校（即国家骨干高职院校）建设项目，更是将示范项目建设中发现的体制机制、环境政策、教师资源和服务能力等制约因素作为新一轮改革的重要方面，丰富了示范建设项目的内涵，增强了引领和辐射功能。国家示范性高等职业院校建设项目的实施，明确了方向，凝聚了共识，强化了政策导向，助推一批优秀高职院校成为"改革的示范、发展的示范和管理的示范"，显示出空前活力和勃勃生机。

示范高职项目建设10年已经过去，面对新时期新要求，《行动计划》将"高等职业教育整体实力显著增强，人才培养的结构更加合理、质量持续提高”作为行动方向，要求以示范引领整体发展，持续深化教育教学改革，大幅提升技术创新服务能力，实质性扩大国际交流合作，提升学校对地方和产业发展的贡献度。

行动方向：立德树人，服务发展，促进就业

《行动计划》提出高等职业教育创新发展要坚持“以立德树人为根本，以服务发展为宗旨，以促进就业为导向”，开展优质学校建设。

这一重要行动，将在10个方面突显优质：一是优质的毕业生竞争力，这是高职院校促进学生可持续发展的核心指标，《行动计划》强调要加强以职业道德培养和职业素质养成为特点的高等职业教育学生思想政治教育工作，着力培养既掌握熟练技术，又坚守职业精神的技术技能人才，提高毕业生发展竞争力；二是优质的科研成果转化能力，反映高等职业教育的产学研合作水平，更好地适应社会发展需要；三是优质的服务地方和服务行业的能力，体现高等职业教育服务发展的办学方向，也是高等职业教育具有不可替代性的标志；四是优质的办学和教学资源条件，直接展示高职院校的教育教学实力，也是服务发展、促进就业的基础条件；五是优质的“双师型”教师队伍，包括专任教师的双师素质和教学团队的双师结构，这次《行动计划》将“改进高职教师管理”作为完善质量保障机制的重要行动，鼓励高职院校制定和执行反映自身发展水平的“双师型”教师标准，将“一批国家示范（骨干）高等职业院校制定执行反映自身发展水平、不低于国家规定标准的双师型教师标准”作为第55项任务，就是明确的指向；六是优质的学生个性化发展，这是让学生都有人生出彩机会的前提，是将“立德树人”理念落地的重要行动；七是优质的校企合作、协同育人水平，以体现《行动计划》将“发挥企业办学主体作用”作为增强院校办学活力的重要指标，提高满足市场需求和企业需求的能力；八是优质的协同创新能力，重点面向区域需要和行业企业发展需要，《行动计划》要求建立“以市场为导向多方共建500个左右应用技术协同创新中心”，构建创新发展的平台；九是优质的国际交流与合作，面对国家实施“一带一路”倡议，将不再局限于引进和借鉴国外经验，更注重在服务我国企业“走出去”中发挥重要作用；十是优质的社会认可水平，基于职业教育的跨界特征，高职院校整体发展更需要得到政府、社会、行业企业和学生家长的认可。

行动举措：高职质量整体提升阶段的新任务

面对未来，《行动计划》将高等职业教育“服务‘中国制造2025’的能力和服务经济社会发展的水平显著提升，促使高等教育结构优化成效更加明显，推动现代职业教育体系日臻完善”作为我国高等职业教育创新发展的主要目标，提出了65个工作任务和22个建设项目，为推动高等职业教育“十三五”期间的改革发展和提升整体质量明确了工作重点、

明确了责任单位、明确了时间节点，既有感召力，又有可操作和可监测性，形成一系列亮点，使高等职业教育更具特色。

《行动计划》强调整体提升，将提高区域高等职业教育的均衡度作为扩大优质教育资源的重要落脚点，强化院校布局优势，提高服务区域发展能力；利用信息化提升，将“构建国家、省、学校三级数字教育资源共建共享体系”作为高职教育顺应“互联网 +”发展趋势的重要行动；在开放合作中提升，将持续推进与“一带一路”沿线国家的职业教育合作作为高等职业教育国际交流的重要任务；重视社会形象提升，将完善质量年度报告制度作为“完善质量保障制度”行动的重要举措；强化举办方责任，将建立诊断改进机制作为完善质量保障制度的重中之重。

全国职业教育工作会议对加快发展现代职业教育做出明确部署，《行动计划》则是指导和推进高等职业教育“十三五”开启新行程的路线图。“一分部署、九分落实”，三年行动仅仅是个开始。我们期待下一步任务和项目能够得到有序、协调地推进，高等职业教育结构更加合理，服务发展的能力进一步增强，可持续发展的机制更加完善，高等职业教育发展质量得到整体提升。

来源：《中国教育报》2015 年 11 月 12 日第 9 版

产业升级需要高职教育的创新发展

中国职业技术教育学会　俞仲文

如果说国务院《关于加快发展现代职业教育的决定》是新时代我国职教改革发展的动员令和设计总图，那么《高等职业教育创新发展行动计划（2015—2018年）》（以下简称《行动计划》）则是贯彻落实国务院决定的具体工作部署和施工总图。这是横跨三年的第一仗，具有重大的现实意义。

《行动计划》部署了65项任务和22个具体项目。透过这些任务和项目，传递了一个强烈而清晰的信号，那就是伴随着产业的升级，我国的高等职业教育要全面打造创新发展的升级版，实现华丽转身。这种华丽转身具体体现在以下八个方面。

在发展目标上实现华丽转身。发展与技术进步相适应的高等职业教育，《行动计划》将高等职业教育目标与当今的技术水平和技术进步的大背景紧密结合起来的表述是前所未有的，预示着要加大技术教育的分量，不仅要使学生适应今天的岗位、工种或职业所包含的技术要求，而且还要让他们适应未来技术发展的趋势，用明天的技术来武装今天的劳动者，使得这些90后的年轻人能够满足我国新型工业化、信息化、城镇化和农业现代化的"新四化"要求。当前高职院校专业建设与上述目标相比差距还很大，专业教学大体上还停留在低水平重复、简单化操作、浅内涵发展的阶段。伴随着中国制造要从合格制造向精品制造、优质制造的转变，中国的高等职业教育也必须完成从粗放、低端向精品高职和优质高职的上升过程，这是实现高等职业教育转型升级、整体上水平的重要指标。

在培养规格上实现华丽转身。《行动计划》提出培养数以亿计的高素质劳动者和技术技能人才，与过去单纯强调培养高素质技能型人才有了明显的区别，这既是高等职业教育转型升级的核心指标，也是中、高职既相互区别、又相互衔接的核心指标，预示着职业技术教育将回归其本位。中职和高职虽然培养的都是技术技能人才，但是侧重点不一样。中职院校主要培养操作技能型人才，即以熟练的动作技能培养为主要标志；而高职院校主要培养技术技能型人才，即以具有一定的技术应用能力和管理能力的培养为主要标志。如何使学生既具有熟练的技能，又具备技术应用、技术改良和技术革新的能力，将对现今各高职院校的培养方案提出前所未有的挑战。

在服务面向上实现华丽转身。《行动计划》提出在服务我国的区域经济和地方经济的同时，服务"一带一路"经济带的发展，这是新时代对高等职业教育提出的新任务，预示着今后高职院校，尤其是优质的高职院校，要同时面对两种需求，即国内的需求和“一带一路”沿线国的需求；要培养既熟悉国内环境，又熟悉国际标准和国际规则的两用人才。这对现有职业院校的课程体系和课程内容提出了极大的挑战。

在体系建设上实现华丽转身。在相当长的一段时间里，高等职业教育实际上只是高等教育专科层次的代名词，而不是高等教育的一种类型。《行动计划》将创新现代职教体系作为一项重要任务，宣告我国的现代职业教育体系包括了中职、专科、本科、研究生在内的完整板块，预示着中国高等教育版图重构工程再度启动。《行动计划》部署了中国职教从局部发展到整体发展、从个别成长到系统成长、从中低端形态向高端形态上升的工作路径，这是高等职业教育作为一种高等教育类型由不完整向完整转型升级的重要方面。

在高职院校体制机制改革创新上实现华丽转身。《行动计划》倡导打开闸门，采取混合所有制方式兴办职教，让更多社会资源向职业教育汇聚。预示着举办者主体多元化了，可以以独资、合资、合作形式来举办职业教育。由于高等职业教育一头连着教育，一头连着产业；一头连着岗位，一头连着技术，因此产业或企业究竟是以主角还是配角的身份、以主动还是被动的姿态进入职教，既决定了职教的品质，又决定着职教的兴衰。实践证明，纯公活不起来，纯民大不起来，只有与企业行业“混”起来，才能使高等职业教育真正“火”起来。同时，办学者主体也多元化了，办学者可以以知识、技术、管理等要素作为投入，享有与举办者同等的权利。《行动计划》使得高职院校在体制机制上有了脱胎换骨的深刻变化，一批行业企业将作为举办者，实行真正意义上的“双主体办学”，将产业的要素深入到高职院校骨髓里；一批高等职业教育的行家、专家将作为办学者，实行真正意义上的职业教育家办学。这是高等职业教育在体制机制上转型升级的重要成果。

在引入创新教育方面实现华丽转身。“大众创业、万众创新”呼唤并倒逼着高等职业教育新一轮人才培养模式的改革。《行动计划》的落实意味着创新教育将全面引入高等职业教育的每个专业、每门课程和每个项目。高等职业教育培养的是能将工程图纸转化为实物的“灰领人才”，在新时期，这种转化不仅需要合格转化，而且需要优质转化和精细转化，更加需要创新转化。今天，创新教育不再只是一门课，也不是可实行、可不实行的一种教学模式，而是高职院校必备的生存方式和发展方式。

在提升学生应用技术创新服务能力方面实现华丽转身。在新时期，高职院校的重要历史使命是必须培养出千千万万个像20世纪五六十年代那样的大批技术革新能手。这就需要正确处理好“三大关系”，即理论适用为度和适当强化技术基础的关系；以工作过程为导向和以技术活动全过程为导向的关系；面向现实的实务教育和面向未来的创新教育的关系。这是新形势下全面提高教学质量、适应产业转型升级的重中之重。

在“互联网+”的背景下，实现专业建设和课程体系的华丽转身。当前，大数据时代除了对传统的学习方式产生巨大冲击之外，对在这一大背景下的高职院校专业建设和课程体系也产生了巨大的冲击。高职院校要顺应“互联网+”的发展趋势，自觉地将“互联网+产业”的产业发展思路，转变成“互联网+专业”的专业建设思路。落实“互联网+专业”

的理念将开辟高职院校专业建设和课程体系开发的新篇章，是贯彻《行动计划》的具体举措，也是新时代高等职业教育创新发展的重要指标。

来源：《中国教育报》2016年1月19日第4版

创新发展重建设，行动方案抓落实

上海师范大学　李进

教育部日前出台《高等职业教育创新发展行动计划（2015—2018 年）》（以下简称《行动计划》），推动高等职业教育与经济社会同步发展，提高教育质量和治理水平，增强引领作用。对于《行动计划》，我们可以从建设高度、核心要素、实施节点三个方面深入理解和贯彻实施。

高职教育创新发展的建设高度

高等职业教育的创新发展，是提升现代职教体系建设水平，落实职教战略地位，提高人才培养质量的重要举措。《行动计划》充分体现了遵循职业教育规律、深入实施综合改革、全面服务国家战略的建设高度。

首先，从《行动计划》的目标看，有四个重要指向，即体系结构更加合理、服务发展能力进一步增强、可持续发展机制更加完善、教育发展质量持续提升。通过几年建设，在国内教育舞台上，高等职业教育在现代职业教育体系中的引领地位将更加凸显，整体实力显著增强，院校治理能力明显改善，产教融合成效更加明显，国家标准体系更加完善，技术技能积累机制初步形成，服务经济社会发展能力显著提升。在国际教育舞台上，国际先进水平的机制基本形成，对周边国家经济社会的影响持续扩大，国际话语权不断增强。

其次，从《行动计划》的任务看，五项任务既有中国特色，又具国际视野，其中有许多提法值得特别关注，比如：在“扩大教育优质资源”任务中提到，要构建顺应“互联网 +”发展趋势的国家、省、学校三级数字教育资源共建共享体系；在“增强院校办学活力”任务中提到，鼓励企业和公办高等职业院校合作举办适用公办学校政策、具有混合所有制特征的二级学院；在“加强技术技能积累”任务中提出，将高职院校建设成为区域内技术技能积累的重要资源集聚地，培养具有国际视野、通晓国际规则的技术技能人才和中国企业海外生产经营需要的本土人才；在“完善质量保障机制”的任务中提到，以高职院校人才培养工作状态数据为基础，开展教学诊断和改进工作；在“提升思想政治教育质量”的任务中提到，创新网络思想政治教育方式方法等。

再次，从《行动计划》的保障措施看，既充分体现了国家意志、制度保障和社会责任，又充分体现了现代职业教育的治理理念和治理举措；既强调制定国家层面的政策、制度和标准，并逐级落实责任，又强调将制度的建设与落实内化为责任主体的主动思维方式和行为准则，体现出治理现代化的较高境界。

高职教育创新发展的核心要素

目标和任务明确后，高等职业教育创新发展是否取得成效的关键在于组织实施。《行动计划》提出了“四个结合”的基本原则，即坚持政府推动与引导社会力量参与相结合，坚持顶层设计与支持地方先行先试相结合，坚持扶优扶强与提升整体保障水平相结合，坚持教学改革与提升院校治理能力相结合，涵盖了高等职业教育创新发展的五个基本要素——教育定位、培养模式、教学条件、治理水平、政策环境，核心是协同创新和机制突破。

一要明确创新发展的目标。《行动计划》的总目标是建设现代职业教育体系和整体提升职业教育办学水平，形成职业教育服务地方经济的合理版图，与技术进步、生产方式变革以及社会公共服务相适应，与现代产业发展新体系有机融合并协同发展，主动面向区域支柱产业、重点产业和特色产业培养技术技能人才。

二要明确创新发展的内涵。要在《行动计划》的实践中，形成先进的职业教育理念和改革创新的经验。职业教育是教育的一种类型，高等职业教育作为高层次的职业教育，必须以提高质量为核心，深化专业内涵、课程体系、教学模式改革，开展与人才培养和教师能力提升相结合的应用技术研发，注重校企合作、工学结合的育人机制创新，完善现代职业学校制度，提升高职院校治理能力。

三要明确创新发展的路径。校企合作、工学结合是职业教育的根本特征，也是职业教育创新发展的根本路径。高等职业教育创新发展要列入区域经济社会的整体发展规划中，融入区域经济社会改革发展的整体步骤中，教育与社会各界形成推进创新发展的共同主体。政府依法统筹发展，院校依法自主办学，社会力量主动参与。同时，坚持高职院校示范引领的发展路径，形成部分普通本科高等学校转型发展、优势专科高等职业院校创新发展、职业院校骨干专业特色发展、中高职和中本贯通试点发展的格局，推进职业教育整体办学水平的提升。

四要明确创新发展的本质。教育的本质是促进人的可持续发展，高等职业教育创新发展也要落实到人，人才培养规模和层次要与经济社会发展更加匹配，满足人民群众接受高质量、高层次职业教育的需求。高等职业教育要以立德树人为根本，加强以职业道德培养和职业素质养成为核心的德育工作，形成融人文素养、职业精神、职业技能为一体的育人文化，实现这一类型人才的全面发展。

高职教育创新发展的实施节点

如何将建设现代职业教育体系的战略意图转换为具有中国特色的高等职业教育创新发展模式，转换为高职院校的教育教学实践，还需要教育行政部门、社会各界及第一线的教育管理者与教师去实践探索，《行动计划》是指导和推进高等职业教育下一阶段创新发展的路线图。

首先，要加强战略定力。《行动计划》是一个完整的阶段工作，蕴含着国家战略、区域战略、集团战略、企业战略、学校战略等，并以共同的战略目标作为统领。在落实过程中，追求战略目标的坚定、实施战略任务的坚决和选择战略路径的坚持必须贯穿始终。

其次，要加强治理能力。《行动计划》列出了具体工作任务与实施项目细化一览表，共65项工作任务与22个实施项目，从工作任务、负责单位及协调配合部门、时间进度三个维度进行了分解落实。这一行动方式，以目标引领和精神感召协调各方力量，汇聚多元主体进行顶层设计，明确任务，先行先试，调动各方积极性逐项落实到位，形成高等职业教育创新发展的新格局，体现出高职教育治理的现代化。

再次，要加强协同合力。《行动计划》以指导思想的价值目标和《行动计划》的成效目标，展现出职业教育不可替代的历史作用和高等职业教育示范引领的拉动作用，必将唤起全社会对职业教育的热情和对高等职业教育创新发展的期盼，进而形成强烈的历史使命感和社会责任感，进一步解放思想、协同创新，突破部门利益分割的体制性障碍和机制性短缺，形成发展动力，共同完成高等职业教育创新发展的建设任务。

来源：《中国教育报》2015年12月3日第9版

落细落小落实，实现创新发展

——职教界解读《高等职业教育创新发展行动计划（2015—2018年）》

中国职业技术教育　刘红

近日，教育部印发了《高等职业教育创新发展行动计划（2015—2018年）》（以下简称《行动计划》）。《行动计划》的核心目标是要实现高等职业教育创新发展，明确了未来三年高等职业教育创新发展的六个方面：一是实现发展动力由政府主导向院校自主的转变，二是要求高职院校实现发展模式从规模扩张向内涵建设转变，三是办学状态从相对封闭向全面开放转变，四是评价体系从硬件指标为主向内涵指标为主转变，五是教师队伍从注重高学历高职称向注重双师结构转变，六是社会服务从由教学培训为主向教学培训与应用研发并重转变。

《行动计划》秉持"天下大事必作于细"的工作理念，创新工作方式，发布了高等职业教育创新发展的65个任务和22个工作项目，分解到部门、地方、行业协会、行业职业教育教学指导委员会和高职院校，明确各方的职责和时限要求，将难以量化执行的归类为任务，将可以量化执行的细化为项目。

根据《行动计划》，未来三年，我国高等职业教育将面临扩大优质教育资源、增强院校办学活力、加强技术技能积累、完善质量保障机制、提升思想政治教育质量等主要任务。通过支持"骨干专业建设"、建设一批"优质专科高等职业院校"、引进境外优质资源、加强"双师型"教师队伍建设、推进信息技术应用、推进职业教育集团化发展等举措，实现职教服务发展能力进一步增强、发展质量持续提升的目标。通过健全"职业教育接续培养制度"、探索以学分转换和学力补充为核心的职普互通机制、推进分类考试招生、推进高等学校分类管理等，实现体系结构更加合理，人才培养的层次、规模与经济社会发展更加匹配的目标。通过提高经费保障水平、完善院校治理结构、完善质量年度报告制度和建立诊断改进机制等措施，保障高职院校可持续发展。

《行动计划》是高等职业教育战线贯彻2014年全国职业教育工作会议精神和落实全国人大常委会职业教育法执法检查有关要求，深入推进改革发展的路线图，引发高等职业教育界的大讨论，一批专家学者、院校长及院校的管理人员结合工作对《行动计划》进行了解读。

提升专业建设水平。《行动计划》提出，“加强专科高等职业院校的专业建设，凝练专业方向、改善实训条件、深化教学改革，整体提升专业发展水平。支持紧贴产业发展、校企深度合作、社会认可度高的骨干专业建设”。

南京工业职业技术学院王博认为，高职专业建设应以《行动计划》为指引，着力使专业的动态调整成为常态，开展集群式的专业人才培养模式，打造矩阵式的教学团队，积极探索联盟制的校企合作机制、双轨制的实训实习体系和双循环的质量评价方法。

目前，从国家层面上看，高职专业管理与建设的制度、标准和手段不断完善，引导高职院校专业建设贴近经济社会发展和学生发展需求。专业设置管理渐趋规范，专业调整机制逐步形成，专业教学质量整体提升，骨干专业规模不断扩大。从院校层面上看，高职专业建设还存在专业发展整体规划不够，专业结构与学校办学服务面向契合度不高，专业动态调整机制不健全，专业特色不鲜明等问题。

落实《行动计划》，要做好以下六个方面：一是常态化的专业动态调整机制。高职院校要坚持“有所为，有所不为”“差异化发展”“错位竞争”的理念，紧贴市场、紧贴产业、紧贴职业，紧紧跟上产业振兴、调整、升级、发展的步伐，构建常态化的专业跟随产业发展调整机制，集中力量办好当地需要的特色优势专业（群），使学校专业与区域产业良性互动、同步发展。二是集群式的专业人才培养模式。高职专业群一般是指围绕某一技术领域或服务领域，依据自身独特的办学优势与服务面向，以学校优势或特色专业为核心，按行业基础、技术基础相同或相近原则，充分融合相关专业而形成的专业集合。三是矩阵式的教学团队建设。高职院校可以建立基于技术团队的矩阵式专业团队，代替传统的专业教学部（教研室），各技术部构成矩阵的行（其成员可看作行元素），各专业团队构成矩阵的列（其成员可看作列元素），使教师更加贴近技术发展和市场变化的前沿。四是联盟制的校企合作机制。针对过去企业参与职业教育意愿不强、动力不足、深度不够、渠道单一等问题，可以采取联盟制的校企合作机制，形成企业深度参与的长效机制。五是双轨制的实训实习体系。高职院校应以满足专业发展和教学要求为原则，通过经营主体多元化和经营方式市场化手段，建立校内实训基地建设和校外实训基地建设互为补充、相对完备的实训体系。六是双循环的质量评价方法。内部质量保证体系是基础，外部质量评价体系是动力，共同构成双循环的质量保障机制。

推进信息技术应用。《行动计划》指出，顺应“互联网+”的发展趋势，构建国家、省、学校三级数字教育资源共建共享体系；应用信息技术改造传统教学，促进泛在、移动、个性化学习方式的形成。

长沙民政职业技术学院校长刘晓认为，《行动计划》将推进信息技术应用作为高等职业教育创新发展的主要举措之一，是互联网发展新趋势下切实提升高等职业教育内涵的必然选择，具有深远的意义；《行动计划》明确了新时期高职院校推进信息技术应用的新要求和新趋势，为高等职业教育的改革发展提供更加广阔的创新空间和更加多样的实现路径。

高等职业教育推进信息化技术应用要落到实处。首先要积极参与三级数字教育资源共建共享体系的建设与应用。一是要主动参与，做好省级以上优质数字教育资源的建设和推广应用；二是要全面动员，做好校本优质数字资源的建设和提升应用。

其次要积极探索建立资源开发、应用、共享模式和运作机制。一是选好平台，选择能保证师生的互动交流不受时间和空间的限制，能够满足资源上传、个性化学习、扁平化管理等各种需求的平台；二是创新机制，各级政府要以更加开放的视野，努力实现“互联网商业模式”与“教育需求和行政推动”相结合，“社会信息化”与“教育信息化”相结合，“企业专门技术队伍”与“学校专业教师队伍”相结合，实现教育信息化发展理念的转变、发展重心的转移和发展方式的转型；三是深度融合，运用“互联网+”的思维方式，实现网络全面覆盖，打造人人建设、人人使用的泛在、互动平台，保证教育、教学、管理的各个方面和各个环节都能使用互联网。

第三是深入推进泛在、移动、个性化学习方式的形成和应用。要充分认识信息技术引发的教育变革意义，信息技术引发的教育变革必将汇集成与传统教育完全不同的潮流——开放的教育、共享的教育、自主的教育、终身的教育，这种潮流不可阻挡，也不会逆转；充分利用信息技术的新发展、新成果进行教与学方式的变革，高职院校要充分利用互联网信息技术的新发展和新成果，深入推进泛在、移动、个性化学习方式的形成和应用。

推进信息技术的关键在应用，应用应该是在每一个师生和他们的互联网终端。互联网信息技术将会给高职院校的教育、教学与管理带来革命性影响和变革，同时，也将为高等职业教育的改革发展提供更加广阔的创新空间，为每一个来自普通百姓家庭的孩子们公平享受更好的教学资源、接受更好的职业教育、快乐地学习、健康地成长提供更加多样的实现路径。

推动职业教育集团化发展。《行动计划》指出，“推动职业教育集团化发展”“鼓励中央企业和行业龙头企业、行业部门、高等职业院校等，围绕区域经济发展对人才的需求，牵头组建职业教育集团”。

顺德职业技术学院副院长徐刚认为，集团化发展已经成为新形势下职业教育创新发展的必然要求，已经成为职业院校进一步提高办学水平和服务经济社会发展能力的必然选择。

集团化发展有利于形成校企利益共同体，促进“产教融合”。只有通过集团化发展，让学校和行业企业成为“得失相关、荣辱与共”的利益共同体，充分发挥行业企业的主体责任，让行业企业获得参与办学和人才培养的应得利益，才能最终实现“你中有我、我中有你”的融合。

集团化发展有利于构建现代职教体系，促进“内部衔接”。将同一地区的职业院校和相关行业企业按照集团化发展的思路组织起来，通过统一的组织、协调，按照区域技术技能人才需求的变化及人才培养和成长的规律统一制定人才培养方案，实施分级分段培养，不仅实现了专业标准、人才标准、教学内容的对接，而且还避免了重复和遗漏。

集团化发展有利于降低教学成本，促进“资源共享”。通过集团化发展，同一地区的职业院校之间可以实现设备和师资的共建共享，充分利用现有资源，而且由于企业成为办学主体和利益相关者，也会发挥主人翁的作用，在设施设备的使用和兼职教师的聘任方面肯定会更加积极主动地有所作为。

集团化发展有利于加强跨区域合作，促进院校“取长补短”。只有在政府引导下，通过跨区域集团化发展，帮助发达地区和欠发达地区建立起集团利益关系，如产业发达地区与人力资源丰富地区通过品牌输出、资源互换建立起有利于人才培养与流动的集团关系，建立优势互补、互利互惠的利益共享机制，才能促进跨地区院校之间取长补短、共同提高，从而实现职业教育的均衡发展。

集团化发展有利于实现错位发展，避免“无序竞争”。通过建立区域行业企业学校共同参与的集团化组织，根据区域经济社会发展对人才的需求，及时收集、反馈、分析人才市场供求关系的变化，适时调整专业设置及人才培养的数量和质量，不同学校可以根据自身条件，发挥自身优势，扬长避短，错位发展。

推进分类考试招生。《行动计划》指出，“根据不同生源特点和培养需要，规范实施专科高等职业院校以高考为基础的考试招生、单独考试招生、综合评价招生、面向中职毕业生的技能考试招生、中高职贯通招生、技能拔尖人才免试招生”。2016 年通过分类考试录取的学生占高等职业院校招生总数的一半左右，2017 年成为主渠道。

常州信息职业技术学院邓志良认为，要做好这项工作，需要着重把握好六个方面。

巩固普通招生，筑牢招生基础。一是应对好专业优先的志愿填报和录取方式，专业建设与区域产业、行业发展相结合，精心谋划专业发展，用热门专业、品牌特色专业作为吸引考生填报的金名片；二是探索、践行、深化全院、全员、全年招生工作协同机制，打造好集线上线下于一体的招生服务平台，强化对考生的宣传服务，提高招生工作的主动性、针对性、时效性和实效性；三是要做好考生的录取工作，保障好择优、公平招录，服务好考生在录取后学习咨询、学前适应、报到服务等工作。

推行单独招生，保持学生来源多样化。一是要把学校有一定社会影响的品牌特色专业拿出来，增加学生吸引力；二是要充分考虑参加自主招生考试学生文化基础相对偏弱、偏科情况严重等特点，提供一些职业意向较为明晰、认可度相对较高的专业；三是要体现高等职业教育培养技术技能人才的特点，提供一些对实践能力要求相对较高的专业供学生自主选择。除此之外，扩大生源范围，逐步扩大在职人员招生比例。

优化免试生推荐，选拔技能拔尖人才。一是要建章立制，加强制度约束，完善校长推荐生、科技特长生面试考评方法等，做到各项工作有章可依；二是要明确责任，细化招生工作流程，强化推荐中学的资质审核、优化申报程序，强化生源管控和招生制度约束，与有免试推荐入学资格的校长签诚信协议，进一步规范中学免试推荐工作；三是要强化监督，学校的纪检监察部门要做好自主招生考试的督查工作，对招生录取的各个环节进行评估，提出工作建议，会同相关部门制定工作纪律。

完善考核体系，推进综合评价招生。建立一套完善的综合评价招生考核体系，就是要将高中学业水平考核和综合素质测评有机结合，制定科学合理的考核大纲。考核内容上，除了考核考生的文化基础，还要考查考生的专业能力和职业发展潜质，对考生职业能力和综合素质进行评价。

推行对口单招，接收中职毕业生。一是中高职院校要共同参与研究制定专业技能考试标准和专业综合理论考试大纲，形成与职业资格鉴定相结合的标准化试题库，引导中高职教育在技能培养方向和培养标准上的前后衔接、上下贯通。二要将综合评价招生形式有机融入，将文化课笔试、职业技能素质考核、面试结合进行，加大技能素质考核的权重，既考验考生的文化综合素质，更考核技术技能实践水平。

落实“3+3”培养，中高职贯通招生。中高职贯通招生，重在按需发展，强强联合，分段培养。按需发展，是根据区域产业发展对技术技能型人才的需求，确定贯通衔接的专业，选拔培养人才；强强联合，是推动以高水平示范性职业学校、高水平现代化职业学校建设单位为代表的中职校与高职院校合作开展建设；分段培养，是密切联合行业企业，认真研究确定人才培养总体目标和分阶段目标，统筹制定对口专业中高职理论知识课程和技能训练衔接课程并贯通教学，探索形成系统的技术技能型人才培养体系。

鼓励行业参与职业教育，发挥企业办学主体作用。《行动计划》指出，支持企业发挥资源技术优势举办高等职业院校；支持企业建设兼具生产与教学功能的公共实训基地；对企业因接收实习生所实际发生的与取得收入有关的合理支出，按现行税收法律规定在计算应纳税所得额时扣除；将企业开展职业教育的情况纳入企业社会责任报告；研制职业教育校企合作促进办法。

新道科技股份有限公司总裁郭延生认为，产教融合是高等职业教育创新发展必由之路。

高等职业教育创新发展需跨界融合，校企携手势在必行。在产教融合的过程中，企业不是作为乙方来参与，而是要校企协同共建，发挥各自主体优势。企业把产业发展趋势和前沿技术拓展到高等职业教育教学应用中，把岗位需求和能力模型融入高等职业教育人才培养方案，把企业真实场景、业务流程、岗位工作和案例数据引入高等职业教育课程改革，搭建校企合作实践教学的经验交流分享平台，校企携手共同推进高等职业教育创新发展。

高等职业教育创新发展需强化特色教改，校企共建实践育人基地是通路。推行实践导向的特色专业教学改革与创新，是高等职业教育创新的一个重要内容，可通过构建体现职业岗位核心能力和职业素质的专业课程体系及人才培养体系，通过校企共建实践育人基地来实现，更多实践教学环境代替传统教室已成为不争的事实。

高等职业教育创新发展需深化“双创”，校企共建创新创业学院是着力点。在新常态下，校企需要协同发力，共同推进创新创业教育，尤其是创新创业基础教育。在这个过程中，校企可发挥各自的强项进行持续经营，通过校企协同来支持创业者。例如：院校最强的是文化根植能力和环境资源，可进行场地、经费的适度资助；企业可做创新和创业意识激发及能力训练支持，把实际项目引入学校，并做投资引领、孵化服务。

高等职业教育创新发展需培养“双师”，校企联合开展师资研修是核心。在师资培养中要做到帮老师走进企业，校企联合制定体系化的培养方案。

高等职业教育创新发展需动员企业力量参与，构建产教融合新格局。为夯实产教融合，让学校不再“剃头挑子一头热”，应将企业开展职业教育的情况纳入企业社会责任报告，同时通过实施“教育型企业建设计划”，遴选、鼓励一批教育型企业并支持其发展，打造企业深度参与高等职业教育的范本标杆，探索完善企业参与政策的试验试点。对积极参与校企合作的企业给予财政支持、政策倾斜、资金补贴、表彰奖励等，带动更多的企业愿意支持、兴办、服务高等职业教育。

深化校企合作发展。《行动计划》指出，推动专科高等职业院校与当地企业合作办学、合作育人、合作发展，鼓励校企共建以现代学徒制培养为主的特色学院。

哈尔滨职业技术学院王长文认为，职业院校要通过产教融合、协同育人，提升服务产业发展能力。一是创新体制机制，深化产教融合，增强办学活力。建立由职业院校、行业、企业、科研机构、社会组织等多元主体共同组成的职业教育集团，推进集团化办学，促进人才培养链与产业链的有机融合。探索基于产权制度和利益共享机制的职业教育集团的治理结构和运行机制，真正落实和发挥职业教育集团的功能，实现参与主体利益多赢的目的。二是注重协同育人，深化教学改革，提高人才培养质量。政府、行业和企业都应该纳入整个职业教育体系中，形成“政行企校四方联动、产学研用立体推进”的办学模式，目标是培养复合式、创新性、高素质、高技能人才，难点是突破体制机制的障碍，重点是搭建立体化推进的协同育人平台和多样化的协同育人路径。三是加强技术技能积累，提升服务能力，支持产业发展。根据区域发展规划和区域内产业转型升级需要，主动整合优质资源和优化专业结构，促进高等职业教育建立产业结构调整驱动专业设置与改革、产业技术进步驱动课程改革的机制，紧跟和引领产业发展，打造区域内技术技能积累的重要资源集聚地。

新疆农业职业技术学院杨靖认为，《行动计划》对产教融合、校企合作做出全面部署和系统安排，进一步细化了产教融合、校企合作的方法与路径，提出要优化产教融合政策环境，创新产教融合的实现形式，推进校企合作制度化。《行动计划》从五方面提出了具体措施：一是出台职业教育校企合作促进办法；二是发挥企业办学主体作用；三是鼓励行业参与职业教育；四是推动职业教育集团化发展；五是开展现代学徒制培养。

完善质量保障机制。《行动计划》提出，“逐步形成政府依法履职、院校自主保证、社会广泛参与，教育内部保证与教育外部评价协调配套的现代职业教育质量保障机制”。

日照职业技术学院郭庆志认为，《行动计划》是对新时期高等职业教育质量保障制度建设的顶层设计，系统规划了以质量为核心管办评分离、多元主体参与、内外部协调的质量保障新格局。新形势下，国家对高等职业教育质量保障制度建设提出了新要求，可以归纳为“一二三四”的制度设计。

用好一个平台：高等职业院校人才培养工作状态数据管理系统。2008 年，“高等职业院校人才培养工作状态数据采集与管理平台”上线。平台数据涵盖了高职院校人才培养工作的关键指标，能够比较客观地反映高职院校办学情况，成为评估的基本依据和教育行政部门了解高职院校的重要信息窗口。要构建与大数据时代相适应的质量保障制度，进一步拓展状态数据平台的功能，做好数据的整理、分析和挖掘。一是为高职院校提供管理服务；二是为省级教育行政部门提供监测服务；三是为国家教育行政部门和有关研究机构提供数据服务；四是为社会提供信息服务。

形成两种机制：内部质量保证机制和外部质量评价机制。内部保证机制是学校自行建立的对办学质量的保证机制，包括质量管理、质量监督、自我评价等，内部质量保证是质量保障的基础和根本。外部质量评价机制是政府、社会对学校进行的质量检查与评价，外部评价主要是事中与事后评价，外部评价为质量保障提供引导和激励。内部与外部质量保障机制并不是割裂的，而是围绕质量保证这个中心，各有侧重，协调配合，形成合力。

发挥三方作用。一是发挥院校主体作用。高职院校要自觉担当起质量保证的主体责任。二是发挥市场引导作用。在高职领域市场发挥三方面引导作用：引导观念，促进高等职业教育遵循市场规律，强化服务意识，面向社会办学，服务企业技术研发和产品升级，服务全民学习、终身学习；引导资源，引导社会力量参与办学，扩大优质教育资源，资本、知识、技术、管理等要素都参与办学，实现资源配置实现效益最大化和效率最优化；引导行动，激发学校发展活力，促进职业教育与社会需求紧密对接，推动职业教育与经济社会同步发展。三是发挥政府指导作用，逐步形成政府宏观调控管理、院校自主办学、社会广泛参与、职能边界清晰、多元主体“共治”的职业教育质量保障新格局。

做好四项工作。一是修订《高等职业院校专业目录》和《高等职业院校专业设置管理办法》，引导高职院校坚持“有所为，有所不为”的专业发展理念，健全专业随产业发展动态调整的机制。二是健全高等职业教育督导评估制度，通过督导评估，更好地落实政府发展高等职业教育的职责。三是建立教学工作诊断与改进制度。四是完善质量年度报告制度。

促进职业技能培养与职业精神养成相融合。《行动计划》指出，“加强文化素质教育，坚持知识学习、技能培养与品德修养相统一，将人文素养和职业素质教育纳入人才培养方案，加强文化艺术类课程建设，完善人格修养，培育学生诚实守信、崇尚科学、追求真理的思想观念”。

武汉职业技术学院院长李洪渠认为，《行动计划》对新形势下技术技能人才培养提出了新的、更高要求，需要高等职业教育培养人才要“求全”补齐学生职业精神培养缺失短板，进一步转变人才培养观念，既体现生存、实用、职业的特性，又关注学生的生活、发展方向。

高职院校促进职业技能与职业精神融合需多渠道形成合力，充分整合各种资源，发挥好各类教育资源的协调育人作用，创新搭建一个“全员”参与、“全程”渗透、“全面”影响、“全景”熏陶、“全体”受益的人才培养模式，形成多渠道育人合力，为学生圆梦出彩人生助力、护航。首先，要将职业精神培养纳入学校人才培养计划和方案。高职院校只有在顶层设计上将职业精神培养纳入学校人才培养计划和方案，具体教育教学上才可能有职业精神培养的位置，课程设置、教材编写、课堂教学才会有保证。其次，要充分发挥专业课堂主渠道作用，促进职业技能和职业精神的融合。高职院校的教师必须改进教育教学策略，摒弃传统的“以我为主”的教学方式，采取符合职业化人才成长规律，符合学生专业技能和职业素养培养规律的教学方法。再次，充分利用第二课堂培养学生职业精神，其中，校园文化活动是培养学生职业精神的重要阵地。社会实践活动是培养学生职业精神的重要途径，顶岗实习或仿真实训是培养学生职业精神的有效途径。

发挥地方统筹作用。教育部相关领导在解读《行动计划》时指出，《行动计划》实施方式是教育部顺应政府职能转变和国家财税体制改革要求，改革高等职业教育管理办法的新尝试，旨在加快形成“教育部规划管理、省级统筹保障、院校自主实施”的高等职业教育管理新模式。通过制定《行动计划》，明确改革发展任务、加强事中事后监管、引导地方经费用向。省级政府是实施《行动计划》责任主体，充分发挥统筹和保障作用，所列 87 个任务和项目中，由省级政府牵头落实或参与落实的有 71 项，占到 81.6%。

四川省作为全国职教大省，根据本省高等职业教育实际情况，对《行动计划》进行了解读。

一是挑战治理能力：统筹规划与注入活力并行。“增强办学活力”是《行动计划》的核心内容之一，此项内容不仅是《行动计划》的创新所在，更是对政府主管部门治理能力的重要挑战。“一抓就死，一放就乱”是政府主管部门在管理过程中面临的两难境地，而《行动计划》对“增强办学活力”的要求，强调“尊重和激发基层首创精神”，这也是《行动计划》得以落实的关键。政府主管部门如何科学合理地处理“有所为而有所不为”的关系，与《行动计划》的实施成果密切相关。四川省将科学论证在增强办学活力的举措方面，哪些须政府统筹，哪些须放手区域与院校，以切实落实“尊重和激发基层首创精神”。

二是放眼国际视野：国际影响与民族发展并进。四川省将充分论证本省职业教育的比较优势，以专业优势，特别是民族文化优势，走一条“国际化与民族化”并重的特色发展道路。

三是坚持质量为本：建立具有“职教属性”的质量保障体系，既要分类管理，更要分类保障质量，避免层次提升过程中的类型抹杀。在“十三五”期间，将四川省现代职教体系的建设纳入四川省深化教育体制改革重点项目，专项推进；把国家、省级示范校建设与整体提升四川省高职院校办学水平相结合，重点在补齐短板上下功夫；以推进现代学徒制试点工作和启动院校专业诊断和改进工作为抓手，建立四川省专业建设指导委员会平台，坚持服务国家战略调整和四川省产业转型升级、服务区域社会发展，系统推进四川省的专业结构和布局优化、培养模式优化、课程体系建设、课程资源共享、信息化水平提升等，重点培育和打造一批能够发挥引领和辐射作用的省级示范专业，省级创新创业示范点，使四川省高等职业教育在重点项目上有所突破。

四是着眼统筹协调：明确责任与通力合作并举。四川省将借《行动计划》颁布和贯彻之势，大力推进高等职业教育综合改革和创新发展，推动高职院校加强内涵建设，提高人才培养质量，显著提升高职院校办学水平和服务四川省经济社会发展能力。一是强化政府和部门职责的落实。完善分级管理、地方为主、政府统筹、社会参与的管理体制，落实相关部门共同参与高等职业教育创新发展的责任。二是强化高等职业教育办学经费的投入。

服务社区教育和终身学习。《行动计划》指出，学历教育与非学历培训并举、全日制与非全日制并重，发展多样化的职业继续教育，为劳动者终身学习提供更多机会。

黑龙江建筑职业技术学院教学副院长孔祥华认为，《行动计划》确立了适应需求、面向人人的指导思想，明确了提升专业建设水平、服务社会教育和终身学习、开展现代学徒制试点、完善院校治理结构等多项任务和举措。

高职院校实现面向人人职业教育的路径选择。首先，新形势下，端正现代职业院校办学定位。职业教育的办学定位，应该是学历教育、企业服务、终身学习等非学历教育三足鼎立的格局，明确了这个办学定位，将对高职院校产生重大影响。

其次，树立现代职业教育理念，以服务学生发展为根本，切实提升高等职业教育人才培养质量。作为教学系统来讲，一是要求单班教学，关注每一位学生的学习情况，这是我们提高教学质量的前提。二是要实行分层、分类教学，对同一班级不同学情的学生，也要制定不同的教学目标。三是改革教学模式和方法，要从技能训练入手，让学生有真实的直观感受，遵循“技术技能训练＋相关理论知识＋技术技能训练＋相关理论知识”螺旋上升的技术路线，多用演示、视频、动画等直观、通俗的方式，做中学、做中教，达到深入浅出的效果。

第三，构建中职、高职专科、高职本科系统衔接的培养体系，增强职教吸引力。一是要坚持就业导向的培养目标不能变。二是明确定位、内容对接。

第四，创新高职院校体制机制建设，推动产教融合，为学生提供优质教育资源。要解决高职院校办学资源紧缺问题，一方面，各级政府要加大支持力度，为高职发展创造良好环境。另一方面，高职院校要创新体制机制，推进产教融合。一是要积极开展现代学徒制试点，二是开展多元投资主体依法共建职业教育集团，三是探索发展股份制、混合所有制高职院校，鼓励社会力量以资本、知识、技术、管理等要素参与职业院校改革。

第五，构建高职院校内部治理结构，为面向人人职业教育提供有效机制保障。要建立董（理）事会。董（理）事会是职业院校的最高决策机构，决定职业院校的办学定位、发展规划等大政方针。建立学校学术委员会工作机制。建立新型二级学院党政联席会议制度。

来源：《中国职业技术教育》2016年第1期

第二篇

地方主责，百花齐放

《行动计划》落实过程中，各地积极履行主体责任，主动作为，压实任务，力促建设取得实效，各行业职业教育教学指导委员会（以下简称行指委）积极发挥了对职业教育发展的指导和协调作用。

为确保《行动计划》全面落实，各地不断完善机制，从制度、人员、经费等方面予以保障。承接任务的各地和行指委均编制了地方版和行业版的《行动计划》实施方案，与此同时，各地和行指委积极引导和推动职业院校承接《行动计划》相关任务和项目，层层传导压力，任务件件落实。各地和行指委在推进《行动计划》落实过程中，主动打造服务平台，引导优化专业结构，鼓励高等职业教育“走出去”，强化服务发展能力，在支撑智能制造、服务脱贫攻坚等国家战略中不断发力。

本篇选编了 6 篇省级教育行政部门和 2 篇行指委介绍规划落实《行动计划》的文章，从科学设定发展目标、从实设计发展任务、完善方案实施保障等方面，根据区域经济发展“转方式、调结构、促升级”的要求，瞄准地区发展特色，着重不同建设内容，引导与支持高职院校对接行业产业办学，突出地方或者行业特色，以期形成错位发展、百花齐放的发展态势，构建主体多元、结构合理、形式多样，具有时代特征、中国特色、地方特点，开放和有国际影响的职业教育新格局。

实现从“高原”向“高峰”的跨越

江苏省教育厅　丁晓昌

江苏省是我国经济社会最为发达、最具活力的地区之一，以1%的国土面积承载着全国6%的人口，创造了10%的经济总量，连续7年蝉联“全国创新能力最强地区”。多年来，江苏省高等职业教育在“服务全局、就业导向，育人为本、多元办学”思想引领下，在服务经济建设和社会发展中探索、转型、跨越、提升，与区域经济社会融合发展、共生共长，为支撑中国制造、成就精彩人生做出了积极贡献。

《高等职业教育创新发展行动计划（2015—2018年）》（以下简称《行动计划》）是引导高等职业教育转型提升、创新发展政策举措的系统集成，为高职院校“后示范”建设明确了方向标、时间表和路线图。实施《行动计划》，江苏省高等职业教育将立足服务国家“四个全面”的战略布局，贯彻“创新、协调、绿色、开放、共享”五大发展理念，加快从规模向内涵、局部向整体、个别向系统、自发向自觉的转型提升，形成主体多元、结构合理、形式多样，具有时代特征、中国特色、江苏特点，开放和有国际影响的新格局，凸显在现代职业教育体系中的引领作用。

加强高等职业教育能力建设。江苏省现有独立设置的高职高专院校85所，其中，国家示范、骨干校15所，省级示范校28所，省级示范以上院校占全省高职院校总数的50%。高职院校数量多，优质资源丰富，形成了特有的“高原”现象。实施《行动计划》，江苏省将以骨干示范院校、品牌特色专业、产教深度融合实训基地、优质数字教育资源库等项目建设为载体，努力扩大优质资源总量和覆盖面，促进高职教育全面、均衡、协调发展。同时，打造一批业界一流、国际水准、国内领先的优质院校，实现从“高原”向“高峰”的跨越。未来3年，全省重点建设20所国家优质高职院校、300个国家骨干专业和100个产教深度融合实训基地，立项建设20个省级专业教学资源库和100门精品在线开放课程，建成10个左右省级职业能力培养虚拟仿真实训中心。

服务国家“走出去”战略。江苏省抓住建设“一带一路”和长江经济带、新一轮“走出去”等重大机遇，大力推进企业、城市、人才“三个国际化”。高等职业教育放眼世界舞台，积极参与国际教育分工、合作和竞争，助力优质产能走出去。全省高职院校有中外合作办学机构和项目195个，占全国总量的22%，“十二五”以来培养了2万多名国际化专门人才；高职院校占全省招收外国留学生高校总数的33%，成为实施“留学江苏行动”的新兴力量。实施《行动计划》，江苏省高职教育要加大经验和品牌输出，不断扩大与“一带一路”沿线国家的职业教育合作，服务“走出去”企业需求，培养具有国际视野、通晓国际规则的技术技能人才和中国企业海外生产经营需要的本土人才；配合“走出去”企业，面向当地员工开展技术技能培训和学历职业教育。鼓励高职院校与国外学校或承揽海外大型工程的企业合作建立国际化人才培养基地，未来三年，每所高职院校都要与国外一所较知名院校建立稳定的合作关系，立项建设30个高职层次中外合作办学示范专业，建设一批示范课程，高职院校20%的专业课程与“国际通用职业资格证书”衔接，20%左右的专业教师具有国外学习培训经历，2%左右的学生具有境外学习实习经历。

加快发展方式转型。对接现代产业体系，以现代职教体系建设为载体，系统设计江苏省高等职业教育的体系框架、结构布局和运行机制，推动制度创新和结构调整，走开放融合、系统培养、协同育人的特色之路。江苏省将系统构建专科、本科、专业学位研究生培养体系，探索本科层次职业教育，引导一批普通本科高校特别是独立学院向应用技术型高校转型，专业和课程设置由学科定位向职业岗位分类转变。开展专业学位研究生教育试点，扩大专业学位研究生招收比例，招生计划向应用技术型本科高校倾斜。到2018年，建成一批国内一流的应用技术型本科高校，试点建设一批适应社会需求、培养模式有特色、专业与职业资格相对接的专业硕士学位点。建立健全高等职业教育学制体系和职业教育各层次协调发展保障体系。对接现代产业体系，加快完善政行企校四方合作机制，拓展多元投入渠道，支持高职院校与技术先进、管理规范、社会责任感强的规模企业深度合作。完善职教集团发展机制，扩大各类职业院校参与率。支持有特色的高职院校以输出品牌、资源和管理方式成立连锁型职教集团。到2018年，建成8个左右全国性职教集团，职业院校参与率达到80%。

创新人才培养模式。“大众创业、万众创新”呼唤并倒逼着高职教育新一轮人才培养模式的改革，必须加快完善能力导向的创新人才培养体系，构建与创新创业教育理念相适应的教育模式，促进学生知识、能力、素质协同发展。江苏省将积极促进专业教育与创新创业教育的有机融合，深化校企合作，协同开展技术技能人才和“双师型”教师培养，提升高职院校师生应用技术研发能力和社会服务水平。集聚创新创业资源与要素，建设一批创新创业专门课程，通过师资培养、教学组织、实践推进，将学生的创新意识培养和创新思维养成融入教育教学全过程。鼓励高职院校利用各种资源建设大学科技园、大学生创业园、创业孵化基地和小微企业创业基地。

《行动计划》部署了65项任务和22个具体项目，江苏省本着问题导向与需求导向相结合、有所为有所不为的原则，实际申报了42项任务和13个项目，均为“十二五”有一定工作基础且将持续推进的工作。江苏省将准确定位部、省、校职责，发挥省级统筹作用，落实各相关方发展职业教育的职责，加强行业指导，激发企业参与职业教育的责任意识，放管结合完善依法治校。重点强化高职院校办学自主权，建立健全以章程为引导的民主管理、民主监督、社会参与的治理结构，提升院校的资源整合、科学决策和战略规划能力。

省教育厅正积极争取财政支持，加强科研支撑，组织开展实施《行动计划》的宣传、动员和培训，设计事中监督管理和事后检查验收工作，并将及时总结院校、地区和行业企业的典型经验和做法，带动全省高职院校理念转变、制度创新、政策突破，不断与科学技术进步、生产方式变革和社会公共服务需求相适应，为实施国家战略、实现“中国梦”做出新的贡献。

来源：《中国教育报》2016年4月19日第5版

以行动计划推动高职教育提档升级

山西省教育厅　王耿升

教育部日前印发《高等职业教育创新发展行动计划（2015—2018 年）》（以下简称《行动计划》），指导和推进高等职业教育“十三五”创新发展。山西省把深入实施《行动计划》作为推动高等职业教育创新发展、提档升级的难得机遇，多措并举推进《行动计划》的贯彻落实。

改革发展奠定基础

山西省是经济欠发达内陆省级行政区，高等职业教育基础薄弱，发展水平与发达地区相比存在较大差距。21 世纪以来，山西省委、省政府高度重视高等职业教育工作，发展进入快车道，取得显著成绩。

办学规模迅速扩大。2001 年至 2015 年，全省独立设置的高职院校数由 20 所增至 48 所，招生规模由 2001 年的 1.2 万人增长到 2015 年的 10.01 万人，在校生规模由 3.5 万人增长到 28.82 万人。

内涵建设扎实推进。建成国家示范（骨干）校 5 所，省级示范校 12 所，国家级和省级示范性实训基地 68 个，省级重点专业和特色专业 139 个，国家级和省级精品课程 244 门，培养了国家级和省级“双师型”教学名师和优秀教师 368 人，全省高职院校基本办学条件得到逐步改善。

办学活力不断增强。探索办学模式和人才培养模式综合配套改革创新，由高职院校牵头成立了煤炭、冶金、电力、旅游、建筑、金融、装备制造、材料与信息 9 个行业性职业教育集团。2015 年出台了《山西省职业教育校企合作促进办法》，建立了“政府主导、行业指导、企业与职业院校共同参与”的多元化合作机制。

服务能力明显提升。主动适应国家资源型经济转型综合配套改革试验区建设需要，优化调整专业结构，专业布点由 2001 年的 251 个增长到 2015 年的 1 325 个，基本覆盖了山西省国民经济和社会生活的各个领域；专业设置主动对接产业发展需要，近年来淘汰撤销了需求不旺的专业（点）350 个，省财政专项支持培育设置面向优势产业和新兴战略性产业的紧缺专业（点）103 个，专业设置与产业发展的契合度明显提高。

明确目标乘势而上

《行动计划》的颁布实施，使山西省看到了差距、明确了目标、坚定了信心，也迎来了乘势而上的机遇。

以专业建设为核心提升高职院校办学基础能力。“十三五”期间，山西省将实施5个专项建设计划，大力加强高等职业教育基础能力建设。一是实施办学条件达标计划，通过加大投入、资源整合、布局调整等使全省职业院校全部达到合格办学标准；二是实施实训基地建设计划，每年由省财政支持建设100个左右实训基地，推动骨干专业均建起标准化实训基地，省级以上骨干专业实训基地覆盖率达到80%；三是实施重点专业建设计划，5年内建成100个山西省产业发展急需的重点专业，基本实现重点专业对支柱产业和新兴产业的全覆盖；四是实施“双师型”教师队伍建设计划，打通企事业单位和社会自由职业者到校任教的政策通道；五是实施优质高等职业院校建设计划，加强现有国家级和省级示范骨干院校建设，把优质高职院校建设与“十三五”产教融合项目相结合。

以推动产教融合、校企合作为目标创新办学体制机制。建立推动产教融合、校企合作的6项制度，激发职业教育办学活力。一是建立产教融合制度，明确政、行、企、校的责任，形成多方联动机制；二是实施行业指导制度，分类制定行业组织指导本行业职业教育发展政策；三是强化企业参与制度，对政、行、企、校四方责任义务做出明确规定，推出一系列鼓励校企合作的优惠政策；四是完善社会力量兴办职业教育制度，落实优惠政策，支持各类办学主体举办民办职业教育；五是完善现代职业学校制度，完善绩效考核内部分配机制，扩大职业院校办学自主权；六是推行集团化办学制度，在现有9大职教集团基础上再组建一批职教集团，扩大职业院校参与率，逐步覆盖所有职业院校。

以“双师型”教师队伍建设为重点改革人事分配制度。进一步扩大高职院校用人自主权，重点采取5项措施：一是改革教师编制管理办法，实行职业院校编制每3~5年核定一次的动态管理机制；二是建设符合职业教育特点的教师招聘和管理制度，公共基础课教师和专业课教师实行分类招聘、分类管理，院校可在教师编制总额内自主确定教师岗位设置方案，制定岗位标准和聘用条件，可公开招聘企业人员、社会能工巧匠及自由职业者担任专职教师；三是扩大职业院校用人自主权，职业院校25%~30%的编制可用于外聘专业课教师和实习指导教师，外聘教师可不纳入编制“实名制”管理范围，外聘兼职教师的薪酬费用从生均拨款内列支或以政府购买服务方式解决，可设立校内特聘专业课教师和实习指导教师职务（职称）岗位；四是落实教师企业实践制度，实行五年一周期的教师全员培训制度，鼓励教师参加行业协会组织或到企业兼职，兼职业绩可纳入教师教学工作绩效考核评价结果；五是改革职业院校教师职务（职称）评聘办法，单独组建职业院校教师职称评审委员会，强化职业技能的考核，把具备“双师”素质列为教师职务（职称）的重要条件。

强化保障落细落实

强化政策保障。加强对高等职业教育的省级统筹，加大经费和政策支持。《行动计划》实施方案中的任务和项目内容，在去年省里制定的4个重要文件中均有所体现，为完成好《行动计划》提供了有力的政策支持。

落实经费支持。一是建立了高职生均拨款动态调整机制，逐步完善职业院校经常性办学经费长效保障机制；二是《行动计划》提出的重点建设任务、项目均有财政预算经费支持。

加强组织领导。把《行动计划》实施情况纳入职业教育工作目标考核和市域职业教育工作目标责任制、高职院校党政领导班子任期目标责任制、高职院校年度工作目标责任制考核范围，加大督促检查落实力度，推动各项目标任务落到实处。

注重过程监控。通过制定规划、加强督查、经费支持、政策引导等手段，加强对《行动计划》任务、项目的统筹协调和过程监控，确保管理规范、监控有力、执行到位。

来源：《中国教育报》2016年4月26日第5版

抓住三大建设重点，破解高职“千校一面”

湖南省教育厅　应若平

湖南省以专业群建设、质量建设和机制建设为抓手，制定并实施“卓越职业院校建设计划”，把它作为破解高职院校“千校一面”现状、提高职业院校服务产业链和岗位链水平的重点举措，带动了全省高等职业教育创新发展。

以专业群建设为切入点，引导卓越校特色发展

卓越校建设计划以专业群建设带动学校特色发展，引导与支持高职院校对接行业产业办学，形成错位发展、百花齐放的格局。

以专业群为核心调整优化专业结构。立项建设一批省级示范性特色专业群。2014 年启动“卓越职业院校建设计划”时，将特色专业群建设作为卓越校三大重点建设内容之一，明确提出，项目学校必须根据区域经济发展“转方式、调结构、促升级”的要求，紧紧围绕特色专业群建设，完善专业结构动态调整机制，调整优化专业布局，形成对接产业、引领产业、以专业群为核心的特色专业体系。卓越校必须重点规划建设好 3 个左右特色专业群，带动校内其他专业群和其他高职院校特色专业群的建设。

以专业群为核心打造专业教学团队。指导与督促卓越高职院校建立“名师工作室”和“大师工作室”，并对重点建设专业群的团队领军人物、骨干教师、职称结构、专业成果等提出量化指标。在高等学校“芙蓉学者”计划、学科带头人培养计划、青年骨干教师培养计划等高水平教师队伍建设项目中单列高职院校指标，支持从“芙蓉学者”中选聘高职特聘教授、讲座教授，遴选培养高职学科带头人和青年骨干教师若干名，构建省、市州（行业部门）、学校三级优秀教师选拔培养制度，造就大批职教名师。

以专业群为核心构建二级院系。将专业群建设与提高院校治理能力有机结合，引导卓越高职院校对专业、教学团队、实验实训设施设备等进行调整重组，优化二级院系设置。鼓励卓越高职院校进行“大部制”管理体制改革，支持学校制定体现现代职业教育特色的章程和制度，建立健全自主管理、民主监督、社会参与的职业院校治理结构，提高管理水平和办学效益。

以质量建设为着力点，推动卓越校内涵发展

针对高职院校存在的专业建设重设置轻建设，教学质量缺乏监管或管理不到位等问题，紧扣质量建设中心，坚持问题导向，创新工作思路，推动卓越校内涵发展。

坚持“全面质量”，确保质量生命线。落实高职院校学生专业技能抽查制度和毕业设计抽查工作制度，将其作为评价专业教学水平的重要依据和检验人才培养质量的试金石，评价结果与卓越校建设计划等重点项目建设标准挂钩，形成专业建设倒逼机制，筑牢人才培养质量底线。

强化“卓越质量”，提升整体含金量。制定卓越高职院校建设目标指南，对项目建设内容进行量化、指标化，引导项目学校弱化主体专业和非主体专业区别，以重点建设专业群带动其他专业群建设，不断扩大优质专业面，推动学校整体水平提升。如要求重点建设专业群专业数达到全校开设专业数的 50% 以上，在校学生数达到办学规模的 60% 以上等。出台的全省高等教育“双一流”建设方案，明确规定一流高职院校 50% 的专业综合评价排名要进入全省前 10%。

突出就业质量，提高社会认可度。推动职业院校与行业、企业深度融合，鼓励行业、企业和第三方对职业院校的教学质量开展评价；与部门、行业、企业联合开展全省职业技能抽查、毕业设计抽查、学生创业规划大赛、技能竞赛，通过用人单位把脉，提高人才培养的针对性和社会对职业院校毕业生的认可度。把就业质量作为评估学校教育质量的重要指标，规定卓越校各专业就业率不低于 90%，对口就业率不低于 80%，卓越校必须开展院（系）、专业（群）质量报告工作，并向社会全面公开。

以机制建设为支撑点，支持卓越校率先发展

建立统筹机制，形成合理布局。将“对接产业，统筹布局”作为卓越校建设的基本原则，形成了每个市州、每个主要行业都设有高职院校的格局。重点支持对接省内战略性支柱产业和战略性新兴产业，产教融合度高、专业特色鲜明、办学优势明显的职业院校率先发展。2016 年，湖南省制定“双一流”发展计划，将“一流高职院校、一流专业群”建设一并纳入全省“双一流”规划内容。

建立保障机制，加强政策扶持。将卓越校作为省重点支持发展对象，生均经费比同地区高职院校上浮 20%，并给予专项经费支持，在申报国家、省职业教育重点建设项目中予以优先考虑。鼓励引导地方政府及行业企业加大对卓越校建设的政策支持及经费投入，拉动行业主管单位和地方政府累计投入建设经费数十亿元，其中有多所立项建设学校直接获得了当地政府数亿元的项目建设经费。

建立竞争机制，实行动态管理。“不以出身论英雄”，面向所有独立设置的高职院校遴选卓越校建设项目单位，重点考察院校近些年的改革力度和成效，关注院校改革发展思路

和措施。2015 年，首批立项的 8 所卓越校中，3 所非国家示范（骨干）高职院校入选，4 所国家示范（骨干）高职院校未入选。同时，项目建设实行动态管理，对学校总体提升、重点建设任务、特色发展三大方面提出最低量化标值，对于最低量化标值未达标的，视情况延长建设期或取消立项。在“双一流”发展计划实施中，将强化目标导向、过程管理和实绩考核，实施滚动管理，进行五年一轮的洗牌。

来源：《中国教育报》2016 年 12 月 20 日第 9 版

将高职创新发展的鼓点落到实处

浙江省教育厅高教处　祝鸿平

2015年10月，教育部印发了《高等职业教育创新发展行动计划（2015—2018年）》（以下简称《行动计划》），浙江省在深刻领会《行动计划》精神基础上，细化、明确了浙江省高职教育未来3年将承担的各类创新发展任务45项，实施各类项目13个，项目点布总数633个，为高职院校创新发展提供了系统而具体的行动指南。

科学设定发展目标

十多年来，浙江省高等职业教育勇立潮头、开拓进取，达到了较高的发展水平。但面对新形势，特别是面对“中国制造2025”“互联网+”“大众创业、万众创新”等国家战略和浙江省“五水共治”“四换三名”“两富两美”等经济社会发展新要求，浙江省高等职业教育遇到了一些新课题。

正如李强省长在省职教工作会议上所言，当前浙江省职业教育出现了三个“不匹配”：即总体竞争力、适应力与经济综合竞争力不够匹配；专业设置和办学条件与行业、产业转型升级的需求不够匹配；高层次技术技能人才培养与产业现实需求不够匹配等，需要进一步通过深化改革、创新发展来适应和调整。

发展如逆水行舟，不进则退。浙江省高等职业教育必须立足当前实际，综合考量发展需要和现实可能，科学设定目标，着重在坚持产教融合、校企合作、工学结合，加强技术技能积累，提升人才培养质量，增强高职教育办学活力，全面提升高等职业教育发展水平和服务经济社会发展能力上设项目、出新招。

据此，浙江省实施方案明确，通过3年建设，力争实现：一是调整体系结构。保持专科层次职业教育培养规模基本稳定，全面推进本科院校向应用型转型，适度扩展本科层次职业教育规模。二是提升发展质量。推进优质高职学校、优势特色专业等一批重大项目建设，扩大优质资源总量，提升高职教育总体水平。三是完善发展机制。落实公办高职院校生均拨款制度，确保生均拨款水平居全国前列。四是增强能力水平。保持浙江省高等职业教育总体水平特别是内涵建设水平在全国的领先地位，引领全国高等职业教育创新发展。

从实设计发展任务

从实设计任务和工作举措是落实和承接《行动计划》的有效载体。教育部《行动计划》共设计了 65 项任务、22 个项目，浙江省参与了其中 45 项任务、13 个项目，省级层面预估投入经费 8 亿元。将要实施的具体载体和途径包括：

一是实施高等职业教育质量工程。结合“职业教育三名工程”（名校、名师、名专业建设）要求，实施高职名校暨优质高职院校建设，建设 10 所左右优质高职院校，省级财政实行重点投入。围绕转型升级需要，建设 150 个高职优势专业，建设 200 个高职特色专业。实施应用型本科高校建设，组织动员 40 所以上本科高校参与试点，并遴选 10 所转型示范校。开展四年制高职人才培养试点，遴选部分高职院校的一批专业联合本科院校开展四年制高等职业教育人才培养试点，在 2015 年浙江机电职业技术学院等 5 所院校共 6 个专业先行试点基础上，2016 年计划新遴选 10 个专业，增招四年制高职学生 500 人。支持部分条件优越的高职院校“走出去”，为服务于国家“一带一路”倡议、走出国门的中国企业提供人才培养培训和应用技术服务，在当地为相关国家开展人才培养和文化交流，补齐中外合作的另一侧短板。

二是深化教育教学改革。深化分类招生考试，浙江省是两个高考招生制度综合改革试点省级行政区之一，以此为契机，深化和完善统一高考招生、高职提前招生、单独考试招生和“三位一体”招生模式改革，适度扩大 3+2、五年一贯制招生规模。推进教学改革和课堂创新，立项开展 400 项省级教学改革项目和 1 000 项课堂教学改革项目研究实践，发挥教改项目的示范作用，引导高职院校强化课堂、课程、教改研究，提升教师课堂教学能力。实施课堂创新计划，明确 2018 年高职小班化授课比例超过 45%，选修课学分占总学分比例、实施分层分类教学课程的比例均超过 30%。深化“双元制”成人高等职业教育改革，支持学校和企业在工作岗位上开展技能人才培养。

三是提升职业技术技能积累。优化高职院校布局和专业结构，重点服务浙江省确定的七大万亿产业和现代农业、现代服务业和优秀传统产业。推进现代学徒制试点，支持金华职业技术学院等 6 所国家试点院校、新遴选一批省级试点院校和企业全面推进试点工作。推进信息化建设，建成浙江省教育资源网和职业教育资源网，发挥高校数字图书馆数字图书资源共建共享优势。加强教师能力建设，培育一批高职教学名师，带动建设一批优秀教学团队，支持高职院校建好教师发展中心。

四是加强质量保障。提高经费保障水平，全面落实公办高职生均拨款政策，完善以改革和绩效为导向的高职院校生均拨款制度，确保到 2017 年，所有公办高职院校年生均财政拨款平均水平不低于 12 000 元。继续实施高等职业教育质量年度报告制度，建设并用好高职院校人才培养工作状态数据管理系统。开展教学巡查诊断，全面建立内部质量保证体系。

完善方案实施保障

推进高等职业教育创新发展，不仅仅是政府教育主管部门的职责，还涉及财政、编制办、人社等多个部门和学校各主办单位。浙江省按照职责分工，完善实施组织体系。按《行动计划》要求，省级层面预估了一定额度的建设经费，学校各主办单位和学校自身也有配套经费支持。浙江省实施了财政拨款体制改革，财政已基本取消专项经费，改按因素分配法核定对各校的资金投入。为与财政拨款体制改革相适应，对各校能列入“高职院校教学业绩考核指标体系”的任务及项目全部列入，作为年度财政奖励资金分配要素，加大对承担任务和项目的相关学校的财力支持。

各项任务和项目的实施主体是各高职院校。省教育厅将指导各校结合实际制定配套措施，按项目任务层级要求，做好申报、建设和实施工作，确保各项目任务落地实施。同时加强工作指导、检查与跟踪，并将项目任务完成情况作为衡量学校总体工作的一项重要年度考核内容。

来源：《中国教育报》2016年5月31日第5版

瞄准国家战略，建设一流高职

陕西省教育厅　王建利

教育部印发《高等职业教育创新发展行动计划（2015—2018 年）》（以下简称《行动计划》），以提升高等职业教育发展质量为主线，部署了 65 项任务和 22 个项目。陕西省结合自身发展实际，承担了 55 项任务和 16 个项目，计划投入资金 7.08 亿元，瞄准“中国制造 2025”“互联网 +”“精准扶贫”等重大国家战略和“一带一路”倡议，多措并举贯彻落实《行动计划》。

建设一流学院，提升教育能力

面对高等职业教育发展新形势，陕西省委、省政府决定实施一流学院、一流专业建设。

一流学院以“引领性、创新性、国际化”为目标，在师资队伍建设、校企合作、国际交流、校园文化建设等方面深入改革，为区域经济发展、产业结构调整升级、企业技术创新、区域文化建设培养一流的技术技能人才，示范引领全国高职院校改革发展。

一流专业以“开放性、服务性、特色化”为目标，凝练专业特色，改善实训条件，深化教学改革，整体提升专业发展水平，促进区域产业结构调整和新兴产业发展。

未来 3 年，陕西省将建成 3 所、培育 3 所全国一流高职学院，建成 50 个全国一流高职专业；重点建设全国优质专科高职院校 10 所、骨干专业 150 个；建成国家级职业能力培养虚拟仿真实训中心 4 个、校企共建生产性实训基地 80 个；建设省级以上专业教学资源库 10 个和精品在线开放课程 50 门。

改革体制机制，营造发展生态

陕西省高等职业教育正处在深化改革、转型升级的关键时期，将立足以下四个方面营造高等职业教育发展良好生态。

加快推进高校“一章八制”建设。构建以大学章程、高校党委领导下的校长负责制、教职工代表大会制度、学术委员会制度、理事会制度、教师申诉制度、学生申诉制度、财经委员会制度、信息公开制度为核心的治理体系，坚持依法办学、自主管理、民主监督、社会参与，落实和扩大高校办学自主权。

加快推进分类考试招生改革。健全“文化素质 + 职业技能”考试招生办法，提高高职院校招收中职学校毕业生的比例和本科学校招收职业院校毕业生的比例。到 2018 年，全面建成人才成长“立交桥”。

推动校企、校地深度融合。在师资队伍和实训基地建设、专业和课程改革、教学评价、混合所有制二级学院等方面有所突破，建立行业人力资源需求预测、就业形势分析、专业预警定期发布制度。引导高职院校面向社会开展职业技能培训活动，为劳动者终身学习提供周到优质服务。

推进人事制度改革。实施人才强校战略，建立和完善专业技术职务评聘与岗位聘用相结合的用人制度，在调整 5 000 个编制补充教师岗位的同时，全面实施高校人事代理制度，扩大高校人事自主权。支持高校在核定岗位范围内自主聘用教师，深化人事分配制度改革。实施“高职院校能工巧匠特聘计划”，吸引能工巧匠进校园、进课堂；实施“教学名师引领计划”，健全名师“培养—选拔—任用”工作机制，加强基层教学组织建设。

推进创新创业，校企协同育人

大力推进大众创业、万众创新，探索建立“高校创新 + 孵化器 + 人才培养”的高职创新创业教育模式。

将创新创业教育融入人才培养全过程。支持 8 所高职院校与知名企业签订协议，共建创新创业学院。推动建设创新创业教育改革试点学院（系）50 个，创新创业类精品在线开放课程 50 门，完善各专业人才培养标准，建立适应创新创业教育改革需要的协同育人机制。

搭建创新创业教育实践平台。会同省科技部门，支持高职院校利用各种资源建设大学科技园、大学生创业园、创业孵化基地和小微企业创业基地。认定便利化、全要素、开放式的示范性大学生众创空间 50 个，建设大学生校外实践教育基地、实验教学示范中心、虚拟仿真实验教学中心各 50 个，支持大学生创新创业训练计划项目 5 000 个，举办“陕西大学生创新创业训练营”30 期，办好“互联网 +”大学生创新创业大赛。

提升创新创业教育综合保障水平。推动高职院校配足、配齐、配强创新创业教育专任教师，建设优秀创新创业导师人才库，培育优秀导师 500 名。打造创新创业新型智库，组建专家指导委员会，加强重大理论和现实问题研究，设立创新创业教育专项资金，完善绩效拨款机制。

落实诊改工作，激发发展动力

对全省 37 所高职“一校一策”进行巡视诊断，摸清家底，出台深化高教综合改革的系列措施。

在省级巡视诊断基础上，落实高职院校内部质量保证体系诊断与改进工作，成立省级诊改工作专家委员会，建立督促检查机制，到 2018 年底，分三批完成全省高职院校自我诊改、抽样复核工作。

引导高职院校积极响应“中国制造 2025”和企业“走出去”等国家战略，建立专业设置动态调整机制，使人才培养目标更加符合区域经济和社会发展需求。

根据专家组系列建议，指导各高职院校着力在修订人才培养方案、优化专业及课程结构、推广现代学徒制培养模式，推进启发式、探究式、互动式教学等方面深化高等职业教育教学改革。

鼓励高职院校主动吸收行业专家进入学术委员会和专业建设指导机构，深化校企合作，开展质量评价，在专业设置评议、人才培养方案制订、专业建设等方面主动接受行业指导。

鼓励高职院校不断引进国（境）外高水平专家和优质教育资源，开发与国际先进标准对接的专业标准和课程体系，大力培养符合中国企业海外生产经营需求的本土化人才。

推动高职院校完善人才培养质量监测体系，将毕业生就业率、就业质量、企业满意度、创新创业成效等作为衡量人才培养质量的重要指标，持续提升质量年度报告的可读性与可信度。

来源：《中国教育报》2016 年 5 月 24 日第 5 版

六大发展任务提升高职培养质量

湖南省教育厅　郭荣学

以教育部《高等职业教育创新发展行动计划（2015—2018年）》为指针，结合湖南省实际，湖南省制定了《高等职业教育创新发展行动计划实施方案》（以下简称“实施方案”）。实施方案目标明确、任务具体、可操作性强，充分体现了创新驱动、内涵发展和创新发展，是落实湖南省现代职教体系建设任务的纲领性文件之一。

实施方案提出，通过三年建设，湖南省高等职业教育整体实力显著增强，院校发展格局更加合理，专业设置更加适应需求，人才培养结构更加合理、质量持续提高，服务“中国制造2025”的能力和服务湖南经济社会发展的水平显著提升。形成学校企业社会相互融合，体系结构更加优化，办学水平不断提升，灵活、开放、多元，具有湖南特色和全国领先的现代职业教育体系。

根据实施方案，未来三年，湖南省高等职业教育将面临推进体系结构不断优化、建设卓越高职院校、提升专业建设水平、加强教师队伍建设、提升社会服务能力、完善质量保障机制等六大发展任务，并且明确了具体的实施项目、实施主体和时间进度。

作为未来三年湖南省高等职业教育创新发展的行动指南和路线图，实施方案体现了以下几个特点。

一是以创新发展为主题。实施方案的各项举措充分体现了创新发展的理念，如在推进体系结构不断优化中，提出在优质高职院校中率先突破，探索专科高职院校举办本科层次职业教育专业的实现模式和途径。在建设卓越高职院校的任务中，率先提出推动高职院校特色化发展，遴选20所左右办学定位准确、行业背景突出、区域特色鲜明、对接产业紧密、办学成效突出的院校立项为省级卓越院校。在提高专业建设水平举措中，提出在全省重点建设好70个左右高职特色专业，30个左右高职示范性特色专业，30个左右高职示范性特色专业群。在加强教师队伍建设的具体项目中，明确提出建立湖南省职业院校兼职教师信息共享平台，省建立包括技能大师、省级劳模在内的骨干兼职教师信息平台，供广大职业院校共享；各市州和高职院校共建本区域兼职教师共享平台，供区域内职业院校共享。在“芙蓉学者”计划、学科带头人培养计划、青年骨干教师培养计划中单列高职院校指标，三年内支持选聘特聘教授20名左右，讲座教授40名左右，遴选培养学科带头人100名，遴选培养青年骨干教师300名。在提升社会服务能力方面，提出推进高等职业教育集团化发展，在省级科学技术研究课题中，专项支持一批高职院校应用技术创新研究课题。鼓励师生将拥有自主知识产权的成果进行自主创业或与企业合作转化。鼓励学校与技艺大师、非物质文化遗产传承人等合作建立技能大师工作室，开展技艺（文化）传承创新等活动，每年遴选若干技艺（文化）传承创新项目向全社会宣传推广。建设民族文化传承与创新示范专业点。

二是以产教融合为主线。实施方案始终贯穿产教融合这一主线，明确提出高职院校主动对接省“一带一部”倡议，适应“中国制造 2025”湖南省行动计划、“互联网 +”行动计划和现代农业、现代服务业需求，科学定位高职院校服务的行业、产业和区域，走专门化发展的路子。紧紧围绕行业或区域产业链设置专业，组建专业群，构建特色专业建设体系，根据行业、企业实际需求确定人才的培养规格，形成鲜明办学特色。鼓励行业企业牵头成立服务湖南省产业发展需要的基于产权和利益共享的职教集团；支持有特色的高职院校以输出品牌、资源和管理的方式成立连锁型职业教育集团；优化示范性职业教育集团建设方案与管理办法，继续推进 10 个示范性职教集团建设。支持农业职业教育集团建设。建设湖南省职业教育校企互动交流平台，发挥平台共享作用，提供人才需求预测，人才供给预报，以及顶岗实习、培训合作、科研合作等对接服务。推动高职院校与行业企业共建应用技术协同创新中心，开展应用技术研究、新技术研发、技改攻关、新产品研发、成果转化（推广）、技术标准（规程）研制、经营策划研究等。

三是以提升质量为目标。实施方案紧紧围绕提升发展质量这一目标，提出其他高职院校以卓越院校为榜样，对照卓越院校建设标准，增加投入，持续深化教育教学改革，全面提升人才培养质量和创新服务能力，推动全省高职院校整体办学水平的提高。将高职院校示范特色专业（群）建设成特色鲜明、国内领先、世界一流的专业（群）。通过示范性专业（群）建设，带动全省高等职业教育专业建设水平整体提升。进一步实施和完善高职院校学生专业技能抽查、毕业设计抽查等制度，并强化结果运用。建立省级质量监控信息平台，加强对高职院校常规管理、教学管理、重大项目建设等的过程监控。推进全省高职院校教学工作诊断与改进制度的实施。进一步提高年度质量报告的量化程度、可比性和可读性，每年定期向社会发布全省高职院校质量年度报告。

可以预见，通过三年建设，湖南省将打造一批跻身国际、国内同类院校一流行列的优质高等职业院校，建设一批一流高职专业（群），在全国形成品牌效应。培养造就一批在全国有较高知名度、在专业教学领域有较高地位的领军人才、教学名师。全面落实立德树人根本任务，践行社会主义核心价值观，融人文素养、职业精神、职业技能培养于一体，塑造一批高水平技术技能人才。湖南省高等职业教育的吸引力、竞争力将会得到快速提升，为湖南省深入实施创新驱动发展战略，加快转方式、调结构、促升级、惠民生提供高素质技术技能人才支撑。

来源：《中国教育报》2016 年 5 月 10 日第 5 版

当好院校与企业人才联运“枢纽”

浙江交通职业技术学院　王怡民

《高等职业教育创新发展行动计划（2015—2018年）》（以下简称《行动计划》）为行业职业教育教学指导委员会（以下简称“行指委”）设定了16项工作任务和11个具体项目，鼓励和支持行业加强对高等职业教育的规划与指导，引导行业相关专业和课程改革、协调师资队伍建设、推进校企合作、开展教学评价。交通行指委按照教育部的统一部署，系统推进各项任务、项目落到实处。

做好顶层设计，统筹规划指导

作为行指委，落实《行动计划》关键要把握三个环节。

一是做好统筹规划。交通行指委根据承担的工作任务和具体项目的时间进度，统筹规划各项任务和项目的方案设计、政策引导、进程安排、检查监督、验收评价等环节，明确各项任务和项目的建设目标、具体任务、时间表、路线图、预期效果等。

二是加强综合协调。在教育部统一部署下，主动协调教育部门与交通运输行业管理部门的关系，避免工作任务和具体项目的重复交叉和多头管理。

三是强化绩效评价。建立工作任务、项目目标责任制，做好任务、项目实施过程中的日常指导、检查与跟踪等工作，及时总结经验、发现问题，提出整改措施，开展任务、项目的绩效评价。

突出任务重点，系统推进实施

交通行指委以“夯基础、扬长项、补短板”的工作思路，将《行动计划》相关任务和项目落细落小为4个方面12项具体举措。

扩大优质教育资源。立足交通运输行业发展实际，建设一批点多面广的道路运输、水上运输、城市轨道交通类骨干专业；依托高水平本科院校、交通科研院所和大中型交通企业，建立一批“双师型”教师培养培训基地，鼓励交通运输企事业单位为职业院校提供兼职教师；以交通运输主干专业和急需紧缺技术技能人才培养为重点，校企共建生产性实训基地；组建全国汽车维修服务、航海等行业性职业教育集团，支持服务国家重大战略实施的集团化办学建设，如京津冀交通运输职业教育集团、长江经济带职业教育集团等；实施职业教育精准援助，推进东部地区职业院校对口支援中西部地区职业院校，促进交通运输职业教育均衡发展。

增强院校办学活力。依托交通运输高职院校和培训机构，开展行业员工的培训，提升员工的整体素质。建成一批职工继续教育品牌职业院校，为加强企业职工继续教育提供有力支撑。

加强技术技能积累。引导交通运输高职院校调整专业设置，推进传统专业向高端化、低碳化、智能化方向发展，重点发展综合交通、智慧交通、绿色交通、平安交通等“四大交通”建设领域的新兴专业；校企协同育人，形成对接职业标准、行业标准和岗位规范，紧贴实际工作的课程体系；鼓励协调交通运输高职院校与交通建设养护、运输、物流、港口等领域骨干企业合作开展现代学徒制；鼓励交通运输高职院校与行业企业、科研院所等多方共建一批以市场为导向的应用技术协同创新中心、技术工艺和产品开发中心，建立若干个技能大师工作室；与“一带一路”沿线国家开展职业教育合作，为当地培养交通运输类技术技能人才，配合“走出去”交通运输企业面向当地员工开展技术技能培训，培养符合交通企业海外建设工程需要的本土人才。

完善质量保障机制。探索开展交通运输类专业层面的教学诊断与改进工作，以行业企业用人标准为依据制定专业诊断方案，对点多面广的道路运输、水上运输、城市轨道交通类等专业开展教学诊改，通过结果评价、结论排名、建议反馈的形式，建立专业建设与改革的倒逼机制。

落实保障措施，注重管理评价

落实《行动计划》是一项艰巨的任务，又是一项复杂的系统工程。为保证各项任务目标的顺利实现，交通行指委将积极采取措施为《行动计划》实施营造良好的环境。

一是加强组织领导。成立工作领导小组，由交通运输部相关领导和交通行指委相关委员组成，负责《行动计划》实施工作的推进。领导小组下设秘书处、专家组、督查组，负责协调、咨询、检查各项任务和项目的实施。

二是加大投入力度。要求项目承担高职院校拓宽经费投入渠道，学校举办方按要求给予各项任务和项目建设的配套经费、落实支持政策；高职院校建立教育发展基金会，接受来自企事业单位、社会团体和公民个人的捐赠；交通运输企业按照国务院要求，依法履行职业教育培训和足额提取教育培训经费的责任。

三是强化管理评价。明确任务和项目的建设目标、落实责任、确定时间表和任务书，实行项目管理。督查组对任务和项目承担单位开展年度检查、中期检查、绩效评价。专家组会同督查组对任务和项目完成情况进行验收。

四是营造宣传环境。充分利用报纸、网站、微博、微信等各种媒体平台，宣传《行动计划》实施的有关政策和措施、成效、典型案例，传播正能量，传递好声音，增强宣传工作的导向性、针对性和影响力。

《行动计划》只是高等职业教育创新发展的起点。通过三年的建设，交通运输高等职业教育的改革与创新将呈现出一幅美好蓝图，整体实力明显增强，人才培养结构更加合理、质量持续提高，服务交通运输转型升级的水平显著提升。

来源：《中国教育报》2016 年 6 月 7 日第 5 版

推进职业教育需求端与供给侧有效对接

武汉船舶职业技术学院　熊仕涛

教育部实施的《高等职业教育创新发展行动计划（2015—2018年）》（以下简称《行动计划》），是未来三年高等职业教育创新发展的行动纲领，是构建中国特色现代职业教育体系进程中的又一里程碑。如果说国务院《关于加快发展现代职业教育的决定》是建造中国特色现代职业教育体系“巨轮”的“概念设计”，《现代职业教育体系建设规划（2014—2020年）》是“巨轮”建造的“总体设计”，《行动计划》则是“巨轮”建造与装配的“生产设计”。

全国船舶工业职业教育教学指导委员会（以下简称船舶行指委）按照“分段建造协调人”和受托“监造师”的角色定位，以发挥跨界平台作用、推进产教融合为切入点，协同推动船舶行业高等职业教育创新发展。

引导优质专业建设

完善涉船类专业结构。以涉船类优质专业建设为核心载体，以实现行业产业链与职业教育专业链、人才需求链与供给链有效对接为工作目标，以适应现代造船模式变革、支持绿色造船为导向，按照高职专业目录，引导高职院校聚焦船体总装、船舶动力系统装备制造、船舶电气系统设备制造、船舶电子与通信、海洋工程装备制造等五大专业群，形成船舶工业产业群的全覆盖。

优化技术技能人才层次体系。发挥船舶工业系统普通高校、舰船研究院所、高职院校、超大型造船企业技工学校、大型企业培训机构等教育体系齐全的资源优势，依托工信部等政府主管部门、全国与地方两级船舶行业协会（造船工程学会）等行业组织，争取省级政府部门支持，着力协同推进技能培训与学历教育、中职与高职、专科高职与普通高校、应用本科与专业研究生等四个层次有机衔接的技术技能人才培养体系。

培养和扩大优质专业教学资源。支持船舶工业聚集区高职院校开展骨干专业建设、校企共建生产性实训基地建设、行业区域共享型虚拟仿真实训中心建设；以轮机工程技术、船舶工程技术两个国家职业教育专业教学资源库为主体，涉船类省级及以上精品资源共享课为基础，筹建全行业共建共享的“船舶资源馆”；以国家示范（骨干）校为主体，建设覆盖全行业的省级及以上师资培训基地；牵头组建船舶工业职业教育联盟（集团），以联盟（集团）为平台，协同推进职业教育层次体系的有机衔接。

增强社会服务能力

共建开放型应用技术协同创新中心。依托高水平高职院校，立足区域行业技术资源整合，组建一批开放型应用技术协同创新中心，形成与高水平普通高校和科研院所协同创新中心相匹配的技术资源平台，增强高职院校技术服务能力，为船舶工业技术创新和产品创新提供系统支持。

合作建设技能大师工作室（站）。发挥船舶行指委组织资源优势，依托涉船类高职院校优质专业资源，根据区域船舶工业发展要求，合作建设技能大师工作室（站）。

开展外向型技术技能培训。开展与"海上丝绸之路"沿线国家的职业教育合作，服务船舶企业"走出去"需求，为"走出去"企业海外生产经营开展技术技能培训。

提高人才培养质量

推进文化"三进"。以产教融合方式推进军工文化进校园，培育"国家利益至上"的核心价值观；以校企合作方式推进行业文化进专业群，促进船舶工业行业文化进专业文化；以工学结合推进企业文化进课程尤其是实训教学课程，强化职业技能培训、培养职业精神。

完善质量保障机制。以船舶行指委为平台，组织开展涉船类专业诊断与改进工作，探索实施专业认证。以船舶行指委成员院校质量报告为基础，试点编发《船舶工业职业教育质量报告》《船舶工业职业教育发展报告》。

增强院校办学活力

开展专业设置指导。发挥行业资源优势，开展行业人才需求预测，组织编制专业教学标准和实训教学条件标准，定期发布专业设置指导报告。

协同开展现代学徒制试点。开展现代学徒制研究，指导高职院校试点实施现代学徒制。协同高职院校探索举办混合所有制二级学院，增强高职院校办学活力。

服务行业企业职工教育与培训。组织职业院校发挥资源优势，开发职业教育培训项目，鼓励企业外包职工继续教育和技能培训。

协同组织船舶与海洋工程装备制造业大赛。组织全国高职院校参加"船舶主机和轴系安装"、中国造船工程学会"船模"比赛等全国船舶与海洋工程装备制造业大赛，不断提高赛项设计与组织水平。跟踪船舶工业技术进步，适应技术技能人才培养开发实施行业技能大赛，促进赛项资源转化。

船舶行指委将充分发挥推进职业教育需求端和供给侧有效对接组织平台的作用，加强现代产业体系与现代职业教育体系研究、管理信息化建设，促进船舶职业教育与船舶工业构成“利益共同体”“命运共同体”“价值共同体”，为落实《行动计划》提供有效供给，进一步增强职业教育服务世界海洋强国建设、实施“海上丝绸之路”战略能力，为国家海防安全、海河运输、海洋开发提供更多高素质技术技能人才。

来源：《中国教育报》2016 年 6 月 14 日第 5 版

第三篇

把握内涵，高质培养

专业（群）建设是联通职业教育与社会人才需求的桥梁和纽带，是职业教育主动适应经济发展和产业升级的关键环节，事关职业院校的生存与发展。《行动计划》以骨干专业（群）建设推动职业院校内涵发展，优先发展紧贴产业升级、校企深度合作、社会认可度高的专业，引导高职院校整体提升专业建设水平，服务国家重点发展产业，提升技术协同创新水平。

当前，我国经济社会处于从高速增长迈向高质量发展的阶段，高等职业教育亦进入从注重外延表征走向强化内涵提升的阶段。高职院校要坚持“有所为，有所不为”“差异化发展”“错位竞争”的理念，健全专业动态调整机制，优化专业（群）资源配置，着力推进专业（群）层面的校企合作机制建设，与大中型企业合作全面提高师资队伍建设水平，打造矩阵式教学团队，推动教学信息、资源与行业企业一线“零距离”或“短距离”对接的课程与课堂教学改革，创造真实的职业环境，实现工学有机结合，建立完整的、校内外结合的实训体系。积极构建基础知识、专业技能、职业素质、职业精神全面均衡的人才培养模式，将职业精神融入人才培养全过程，把重心放在学生身上，把学生即期的增值感和长期的发展力作为人才培养的出发点和检测点。

本篇聚焦专业（群）建设、职业精神培育、高素质技术技能型人才培养等高职院校内涵建设重点内容，提出观点和方法，为高职院校提升办学水平、人才培养质量等提供有益参考。

专业建设是提升人才培养质量着力点

教育部职业教育与成人教育司　任占营

不久前教育部印发的《高等职业教育创新发展行动计划（2015—2018 年）》，以提高技术技能人才培养质量为主线，以提高高职院校内涵建设水平为抓手，推动国家、地方、学校三级协同，强化政府、行业、企业、学校四方联动，更加注重发挥职业院校改革创新主体作用，更加注重引导社会力量支持兴办职业教育，更加注重推动地方政府履行统筹管理职责，更加注重职教国家制度和政策环境建设，合力推动高等职业教育创新发展。

内涵建设是高职院校提升人才培养质量的核心途径，也是一项复杂的系统工程，需要从发展理念、专业建设、教师队伍、人才培养质量、校园文化、社会服务等诸多方面进行不断建设和完善。其中，专业（群）建设是高职院校强化内涵、提升质量的突破点和着力点，是推进教育教学改革的核心环节，是高职院校体现办学特色的逻辑起点。

专业（群）建设是职业教育与社会对人才需求的桥梁和纽带，是职业教育主动适应经济发展和产业升级的关键环节，事关职业院校的生存与发展。抓好专业（群）建设，高职院校应做好以下几个方面的工作。

健全专业动态调整机制。专业设置本身是否合理、专业能否跟随产业发展而进行科学动态调整，是高职院校内涵建设的基本逻辑起点。高职院校要坚持“有所为，有所不为”“差异化发展”“错位竞争”的理念，健全专业跟随产业发展的动态调整机制，服务院校特色发展和整体战略规划实施。“有所为”就是不盲目追求综合化、不随意新设一时的所谓“热门专业”，而是要重心下移、对接地方，围绕以区域优势、特色产业为内核的产业链，努力形成专业链（群），在一个或者多个专业群集成、放大，实现专业设置与产业、企业需求的对接。“有所不为”就是要依据专业招生、就业及社会服务等因素，果断“关、停、并、转”处于产业发展衰退期、技术上没有升级换代可能性或者进口、出口两头不畅的专业，形成落后就自然淘汰的机制。

强化校企合作机制建设。职业教育产教融合、校企合作实际上是全社会的合作，是教育与产业全面合作。高职院校要着力推进专业（群）层面的校企合作机制建设，将开放合作育人平台建在专业（群）上，以专业（群）为基础单元，独立面向产业和行业、面向企业和职业、面向行业主管部门和行业协会，将产教融合、工学结合、校企合作落到实处、扎根底层。专业（群）建设要重视市场在人才培养中的导向作用，根据市场需求的变化，与行业企业共同研讨制定人才培养方案；根据职业岗位技能要求和职业资格标准，规范实践教学基本要求，真正实现教学过程与生产过程对接、课程内容与职业标准对接。

建设“双师”结构教学团队。一定意义上讲，教师的能力决定了一所学校履行自身社会角色定位的水平。针对目前高职师资队伍来源单一、基础薄弱、层次不高等普遍存在的问题，高职院校要围绕“双师型”队伍建设这条主线，坚持引进与培养相结合、专任与兼职相结合，在引进高层次人才、完善教师培养培训体系、建立教师专业化发展激励机制、兼职教师有效管理等方面采取切实可行的新模式，落实教师到企业实践的要求，完善企业工程技术人员和高技能人才到职业院校任兼职教师的相关政策；推动高职院校和大中型企业共建“双师型”教师培养培训基地，多管齐下共同提高“双师型”教师比例，全面提高师资队伍建设水平，实现高职院校教师教育教学能力的全面升级。

重视课程开发与课堂教学。所有的教育教学改革，最后都应通过课程开发与课堂教学反映在学生身上。课程开发与课堂教学是高职院校提高内涵建设的重点，是提高教学质量的核心，是一项难度很高的系统工程。高职院校要推动教学信息、资源与行业企业一线“零距离”或“短距离”对接的课程与课堂教学改革，在课程、教材、数字化等资源建设上形成校企协同建设机制，建立行业企业资源引入教育教学过程的质量标准、改造流程和评价体系，真正使优质资源进入课堂；要积极吸收和运用现代化的知识传播模式，以学生为中心，在教育观念、教学方式和人才培养过程的各个环节开展与学习方式相协调的协同变革，实现教学过程与生产过程远程互动，切实提高课堂教学的含金量。同时，还要针对高职院校招生制度改革带来的生源类型多元化、入学渠道多样化的新学情，面向中专毕业生、技校毕业生、职业高中毕业生、退伍士兵、企业员工、社区居民等开发特性课程，分层实施课堂教学。

系统推进实训体系建设。随着实习实训在教学中比重加大，校内外实习实训条件成为制约提高人才培养质量的瓶颈。高职院校应以满足专业发展和教学要求为原则，通过经营主体多元化和经营方式市场化手段，建立校内实训基地和校外实训基地互为补充、相对完备的实训体系，为学生创造真实的职业环境，使工与学有机结合在一起，实现用企业先进设备和产品装备学校、用企业先进技术和工艺武装教师、用企业先进文化和管理教育学生、用企业家眼光和用人单位标准培养人才；实现培养目标与企业需求零距离、理论知识与实践技能零距离、教学过程与生产过程零距离、教学课题与生产课题零距离。

开展国际交流与合作。中国已经由以市场换技术转变为以技术换市场的发展新阶段，大量企业通过参与国际竞争，开拓了国际市场。高职院校要以优势专业为依托，强化专业层面的国际交流与合作，充分拓展国际视野，引进和消化国际先进、成熟适用的职业标准、专业课程、教材体系、数字化教育资源；探索实践与我国企业和产品“走出去”相配套的职业教育发展模式，培养具有国际视野、通晓国际规则的技术技能人才和中国企业海外生产经营管理需要的本土化人才；联合开发与国际先进行业标准对接的专业标准和课程标准，共建实验室或实训基地，建立教师交流、学生交换、学分互认等合作关系。

优化专业（群）资源配置方式。高职院校要注重把学校工作重心和资源配置集中到教学工作中，进一步凸显教学工作在学校各项工作中的中心地位。通过健全专业评价机制，将专业招生的计划完成率、报到率、就业率和就业对口率，“双师型”教师的比例、兼职教师的授课比例，实践教学占总学时的比例，生均仪器设备值及横向科研项目、社会服务收入等作为效果评价、专业调整、资源配置的重要参考指标，引导优质资源向专业汇聚，支撑优势特色专业持续深化内涵建设。

来源：《中国教育报》2016 年 1 月 26 日第 4 版

以专业建设为抓手，提升高职院校核心竞争力

——基于《高等职业教育创新发展行动计划（2015—2018年）》的思考与体会

南京工业职业技术学院　王博

专业建设是高职院校特色办学的逻辑起点，是对接社会需求、主动适应经济发展和产业升级的桥梁和纽带，是强化内涵、提升人才培养质量的突破点和着力点。近日教育部印发的《高等职业教育创新发展行动计划（2015—2018年）》（以下简称《行动计划》）提出“加强专科高职院校的专业建设，凝练专业方向、改善实训条件、深化教学改革，整体提升专业发展水平”，支持建设3 000个左右紧贴产业发展、校企深度合作、社会认可度高的骨干专业，为高职院校加强专业建设明确了方向和任务，具有较强的指导意义。

一、专业管理与建设的成效

近年来，从国家层面上看，高等职业教育专业管理与建设的制度、标准和手段不断完善，引导高职院校专业建设贴近经济社会发展和学生发展需求。

（一）专业设置管理渐趋规范

自2004年《普通高等学校高职高专教育专业设置管理办法（试行）》（以下简称《办法》）和《普通高等学校高职高专教育指导性专业目录（试行）》（以下简称《目录》）颁布以来，按照“专业大类原则不变，专业类相对稳定，专业基本放开”的原则，推动省级教育部门依据学校办学条件、办学质量和办学效益等实际情况，核定学校举办的专业类范围和每年新增专业的数量，形成了专业点申报、核准、设置的管理机制，提高了专业设置管理的及时性和有效性，降低了专业设置的盲目性。2015年，教育部重新修订了《办法》和《目录》，形成了《普通高等学校高等职业教育（专科）专业设置管理办法》和《普通高等学校高等职业教育（专科）专业目录（2015年）》，以加快推进教育治理体系和治理能力现代化为目标，注重市场导向，突出强调学校主体责任，进一步落实和扩大高职院校专业设

置和调整自主权，同时明确学校、行业、省市及教育部职责权限，使专业设置管理体系更加健全。

（二）专业调整机制逐步形成

引导高职院校根据自身条件和地方产业需要，动态调整设置专业结构。2014 年，高职院校停招或撤销与地方产业相关度低、重复设置率高和就业率低的专业点数 5 269 个；就业水平比较低的文秘、计算机信息管理、计算机多媒体技术、法律事务等专业点数下降趋势最为明显；新增专业点数 3 265 个，主要瞄准新产业和新业态，集中在物联网应用技术等新产业，老年服务、康复治疗、社区管理等与民生密切相关的领域，以及新能源应用技术、软件外包服务、城市轨道交通等与地方主导产业关联度高的专业领域。

（三）专业教学质量整体提升

长期以来，我国高等职业教育一直没有国家统一的教学标准，导致学校无标准可循、人才培养水平参差不齐。2012 年教育部组织制定了首批 18 个大类、410 个高职专业的教学标准，明确了专业教学的底线要求，促进了教学水平的整体提升。同时，教育部组织上海市和天津市借鉴国外先进经验，开展专业教学标准开发试点工作，引领部分高职专业争创国际一流水平。

（四）骨干专业规模不断扩大

2004 年以来，中央财政投入专项资金，实施了“中央财政支持的职业教育实训基地项目”“国家示范性高等职业院校建设计划”“高等职业学校提升专业服务产业发展能力项目”“职业教育专业能力建设项目”等项目，支持建设了 4 000 多个骨干特色专业，树立起高职专业建设的标杆，带动了高职院校的整体内涵建设。

二、高职院校专业建设的主要问题

从院校层面上看，高职专业建设还存在专业发展整体规划不够，专业结构与学校办学服务面向契合度不高，专业动态调整机制不健全，专业特色不鲜明等问题。

（一）专业设置大而全

2013 年，全国共 1 266 所具有招生资格的高职院校，其中招生专业在 50 个（含）以上的 137 所，占 10.82%；招生专业在 30 个（含）以上的 713 所，占 56.32%，专业设置大而全情况还比较普遍。

2013 年，全国高职招生点数排在前面的 10 个专业中，计算机应用技术、电子商务、会计电算化、计算机网络技术是 2014 年高职高专就业红牌专业，物流管理、商务英语是

2014 年高职高专就业黄牌专业。由此可见，不少学校还热衷于开设招生热门专业，专业设置与经济社会需求脱节。如何进一步聚焦服务面向、压缩专业数量、优化专业结构，是高职院校内涵发展面临的首要问题。

（二）同类专业中竞争优势不明显

当前，高等职业教育社会影响力和认可度有了较大提升，一批国家示范、骨干高职院校和地方特色高职院校具有较高知名度。但知名院校与品牌专业的关联性还没有显现，还没有达到“提起哪个学校就想到哪几个专业，提起哪个专业就想到哪几所学校”的程度。不同学校、不同区域、不同行业的同一专业，还不能很好地立足自身基础，依据服务面向的实际需求，创新特有发展模式，实现与其他院校专业“错位发展”。

（三）专业动态调整机制不健全

产业始终处于动态发展中，对人才规格、结构和质量的需求不断变化，专业设立调整过程就是调整学校与社会需求关系的过程。一些高职院校还不能灵敏、准确地把握市场变化，依据产业发展需求与变化及时设立或调整专业，造成专业结构与产业结构不匹配；在专业教学中，专业人才培养方案滞后于产业发展实际，导致毕业生就业能力与岗位需求相脱节。

（四）差异化人才培养方案推行难

《国务院关于深化考试招生制度改革的实施意见》(国发〔2014〕35 号)指出，2014 年分类考试招生人数达到 151 万，占高职招生计划总量的 45%，2017 年将成为主渠道。高职院校生源日益多元化，普通高中毕业生一元独大的生源结构将发生根本性改变。学生的知识基础、成长背景、入学年龄、学习需求等存在很大的个体差异，这将对学校管理带来一系列新变化，特别是如何建立多样化的人才培养模式、实施差异化的人才培养方案，以满足学生的多样化、个性化需求，将是每一所高职院校需要面对的迫切问题。但高职院校推行差异化人才培养方案有两大困难：一是如何采取科学合理的依据、标准等划分出不同类型的学生，实现学生差异情况分类比较难。二是落实差异化培养方案，需要对各种资源（如课程、师资、实训设备设施等）进行整合，实现既要合理充足又不能重复浪费比较难。

三、高职院校专业建设的几点建议

专业建设是一项系统工程。专业设置是前提，人才培养模式是核心，教学团队、实训条件和校企合作是重要的条件支撑，质量评价是保障。只有各方面统筹协调、共同发力，才能有效提升专业建设水平。

（一）常态化的专业动态调整机制

《行动计划》提出，引导高职院校建立产业结构调整驱动专业设置与改革的长效机制，使高职院校的专业设置与区域产业发展需要结合更加紧密。高职院校要坚持“有所为，有所不为”“差异化发展”“错位竞争”的理念，紧贴市场、紧贴产业、紧贴职业，紧紧跟上产业振兴、调整、升级、发展的步伐，构建常态化的专业跟随产业发展调整机制，集中力量办好当地需要的特色优势专业（群），使学校专业与区域产业良性互动、同步发展。而专业动态调整机制是否有效，专业设置调研是重要基础和前提条件。通过专业设置调研工作，重点要解决以下四个问题。

一要摸清产业发展情况。明晰国家及区域的产业政策、产业发展规划、产业发展现状及前景、产业对各类人才的需求情况等，以把握专业办学方向，动态地对专业进行增、停、并、调。

二要摸清专业主要服务面向。例如，要摸清行业企业的规模、主营业务、发展趋势、技术情况、岗位设置、人才需求、主要岗位的典型工作任务及对人才的知识、能力与素质要求等，以促进专业课程内容与职业标准对接、教学过程与生产过程对接，提高对产业发展的反应速度。

三要摸清专业毕业生的情况。掌握毕业生的就业企业类型、岗位、对口率、薪酬、离职率、升迁率、雇主满意度等，以明确人才培养标准，增强人才培养的针对性。

四要摸清全国和本省其他院校的相关专业建设情况。了解他们的人才培养定位与特色，以明确自身优势，实现错位发展。

（二）集群式的专业人才培养模式

《行动计划》提出了专业群建设理念，更加丰富了专业建设内涵、拓展了专业建设内容。高职专业群一般是指围绕某一技术领域或服务领域，依据自身独特的办学优势与服务面向，以学校优势或特色专业为核心，按行业基础、技术基础相同或相近原则，充分融合相关专业而形成的专业集合。相比传统、单一的专业建设，专业群具有以下优势。

一是群内专业面向学生开放。学生入校前按专业群招生录取，入校初的学习定位在较宽泛的技术领域（服务领域），修完专业群通用的基础平台课程、对群内专业有了一定认识后，再依据个人兴趣、条件选择具体专业，避免了学生未入校就限定专业的盲目性。

二是专业群基础平台课程共享。专业群基础平台课程针对群内各专业的共性发展而设，包括各专业所共同必需的知识、技能和素质，对群内各专业共享通用，能够夯实学生宽厚的专业基础，提高人才培养的复合性、创新性。专业群建立起了互联互通的专业网络结构，群内各专业不再是平行的、分割的线性结构，实现了彼此的沟通和支撑，师资队伍、实训条件、课程建设、校企合作等实现了群内的整合共享。

三是灵活调整专业设置和教学内容。专业群相对稳定，群内专业根据产业发展需要，及时调整（新设、停招、调整招生规模等）；专业群基础平台课程相对稳定，专业课程定期调整。这种“三年一大变，年年都微调”的方式，既符合教学建设的长期、稳定、积累的教育规律，也满足了就业导向的高职人才培养要求，使得专业建设能够主动、及时适应市场和产业变化。

（三）矩阵式的教学团队建设

《行动计划》指出，围绕提升专业教学能力和实践动手能力，健全专科高等职业院校专任教师的培养和继续教育制度；加强以专业技术人员和高技能人才为主，主要承担专业课程教学和实践教学任务的兼职教师队伍建设。目前，高职院校基层教学行政单位多为教学部（教研室），专业也多固定设在某一个专业教学部，造成对市场出现变化的反应能力偏弱。可以建立基于技术团队的矩阵式专业团队代替传统的专业教学部（教研室），各技术部构成矩阵的行（其成员可看作行元素），各专业团队构成矩阵的列（其成员可看作列元素）。技术部是学校的基层行政组织单位，相对稳定和固定；专业团队是一种任务型的工作团队，其成员根据专业建设需要来自不同的技术部，相对灵活和变化多样。技术部与教学部（教研室）的根本区别在于它不是针对具体的专业而设置，而是针对所服务技术领域的核心技术来设置，更多关注的是产业中的技术发展和变化，而不是像过去那样只关注特定在学校的“专业”，使教师更加贴近技术发展和市场变化的前沿。这种矩阵式的教学团队，具有机动灵活、协同工作能力强、资源共享性好的优势。具体反映在以下几点。

一是有利于快速跟踪技术的最新发展。根据新产品、新技术、新工艺，创建新的技术组织，使学校在专业建设中，能够充分适应市场变化对教师技术发展能力提升的要求。

二是有利于就业导向的专业调整。随时跟踪就业市场的变化，组织新的专业建设团队，调整教学内容和建设内涵，对市场变化做出快速反应。这种稳定与变化相结合的教学基层组织结构，既满足了专业内涵建设长期积淀的需求，又能以灵活的组织结构面对不断变化的就业市场，保证了专业建设在“长期积淀”的基础上，不断调整、发展和进步。

三是有利于教学资源的充分利用。在实际运行中，各类任务型工作团队的人员不仅来源于本系的技术团队，还可以根据任务需要，在整个学校内甚至是校外技术团队中寻求人力支持，充分利用了校内外的人力资源，有效促进不同专业之间（尤其是跨系之间）的交流与合作。

（四）联盟制的校企合作机制

企业是职业教育重要办学主体。对于如何发挥好企业办学主体作用，《行动计划》提出了一系列措施，拓宽企业参与职业教育的渠道，深化校企协同育人。针对过去企业参与职业教育意愿不强、动力不足、深度不够、渠道单一等问题，可以采取联盟制的校企合作机制，形成企业深度参与的长效机制。

一是政府部门、行业组织发挥信息、资源统筹的优势，以高职专业（群）为载体，由行业企业和职业院校共同组建专业（群）建设联盟。重点做好人才需求预测、专业设置调整、人才培养目标定位、校企资源统筹等工作，推进校企在人才培养培训、专业建设、技术与人才交流、人力资源提供、技术开发与服务、科研成果转化等各方面的交流合作。

二是推进校企联合招生。利用高职院校单独考试招生政策，让企业从招生就开始参与，技能考试、面试均应听取企业专家的意见；对于企业用人需求强烈的，可实施招生招工一体化，校企共同研制招生与招工方案，实施现代学徒制培养，从源头上培养适应需求的人才，也可以从企业员工中招收符合本地高考报名条件的学生。

三是充分发挥教师和企业工程师的优势，打造教学与研发一体的双师团队。这个团队既是教学团队，也是研发团队。一方面，把企业实践成果转化为教学内容，对接最新职业标准、行业标准和岗位规范，紧贴岗位实际工作过程，调整课程结构，更新课程内容，促进教学改革的深入推进；另一方面，针对企业生产实践中遇到的实际问题，有针对性地结合应用技术研发，直接服务企业技术研发和产品开发。

（五）双轨制的实训实习体系

《行动计划》提出，支持专科高职院校与技术先进、管理规范、社会责任感强的规模以上企业深度合作，共建生产性实训基地；支持企业建设兼具生产与教学功能的公共实训基地。当前，产业结构转型升级提速，技术革新日新月异，智能制造、工业 4.0、“互联网 +”深刻改变着生产技术和工艺，职业院校实训基地建设的步伐远远跟不上生产技术进步的步伐。不管学校的实训设施如何先进，与生产建设管理服务一线的最新生产设备相比总有距离。校企合作共建校内外实习实训基地，是实现学生所学与企业所用同步合拍的重要保证。高职院校应以满足专业发展和教学要求为原则，通过经营主体多元化和经营方式市场化手段，建立校内实训基地建设和校外实训基地建设互为补充、相对完备的实训体系，为学生创造真实的职业环境，使工与学有机结合在一起，实现用企业的先进设备和产品装备学校、用企业的先进技术和工艺武装教师、用企业的先进文化和管理教育学生、用企业家的眼光和用人单位标准培养人才，通过真实的先进设备、真实的工作任务、真实的生产环境、真实的职业标准来培养人；实现培养目标与企业需求零距离、理论知识与实践技能零距离、教学过程与生产过程零距离、教学课题与生产课题零距离。

（六）双循环的质量评价方法

《行动计划》提出了“构建内部保证与外部评价协调配套的现代职业教育质量保障机制”。内部保证机制是学校自行建立的对办学质量的保证机制，包括质量管理、质量监督、自我评估等。职业教育是与经济社会发展联系最紧密的教育类型，专业设置、课程体系、教学内容、培养标准都要随着产业变化而变化。这个动态调整的机制就要靠每一所学校自身健全的质量保证体系。每一所学校、每一个专业都要有自己明确的人才培养目标；有了目标，就要有相应的措施来保证；之后要检验实施的效果。如果经过检验发现目标有偏差，就修正目标；发现目标正确但措施不得力，就完善措施。周而复始，不断改进，使质量提高成为一个动态的、持续的循环改进过程。外部质量评价机制是政府、社会对学校进行的质量检查与评价，包括质量认证、质量审核、质量评估、社会评价等。外部评价主要是事中与事后评价。内部质量保证体系是基础，外部质量评价体系是动力，共同构成双循环的质量保障机制。

专业建设体现了学校核心竞争力，直接影响着人才培养质量，反映学校对社会经济发展、产业发展和职业岗位的适应程度，关系到高等职业教育服务经济社会发展的方向性和有效性。在内涵发展的新时期，高职院校要紧紧抓住专业建设这个牛鼻子，以专业建设为龙头，带动教师队伍、实训条件、课程资源、校企合作、制度体系等的整体建设，全面提升办学水平、人才培养质量和服务经济社会发展能力。

来源：《中国职业技术教育》2016年第5期

将职业精神养成融入人才培养全过程

全国高职高专校长联席会议　董刚

未来需要的技术技能人才，已不仅是“实践性、操作型”的技能型人才，而是具有良好职业精神和道德素养、具有可持续发展能力的高素质人才。因此，不久前教育部发布的《高等职业教育创新发展行动计划（2015—2018年）》（以下简称《行动计划》）中专门强调，要将职业技能和职业精神相融合放在更加重要的位置，提出要“充分发挥校园文化对职业精神养成的独特作用，推进优秀产业文化进教育、企业文化进校园、职业文化进课堂，将生态环保、绿色节能、循环经济等理念融入教育过程”。只有通过不断深化产教融合、校企合作力度，积极构建基础知识、专业技能、职业素质、职业精神全面均衡的课程培养模式，将职业精神融入人才培养全过程，才能真正落实《行动计划》的要求。

一、要将职业精神元素融入人才培养方案

高职院校要改变当前高等职业教育课程的工具性倾向，将职业精神元素融入专业课程中，关注人的价值存在，实现知识技能的工具性和精神性相统一。要加强文化素质教育，坚持知识学习、技能培养与品德修养相统一，将人文素养和职业素质教育纳入人才培养方案。加强专业课与文化艺术类课程的融合，综合考虑以知识与技能、过程与方法、情感态度与价值观确定课程目标，在每个环节融入职业精神元素的培育。要保障“基础课程学时不少于总学时的1/4”的要求，拓宽专业课平台，同时搭建类型和形式多样的满足学生发展的公共选修课平台，注重在各类课程平台融入职业精神元素，既满足学生个性化需求，又为学生职业生涯发展奠定基础。

要发挥思想政治教育课和就业指导等课程在职业精神培育的主渠道和主阵地作用。针对高职院校的特点和高职学生的认知行为特点，明确职业精神培养目标，改革和完善职业精神教学内容，创新职业精神培育的途径和方式，探讨有效的考试考核方式。通过教学和引导，使学生了解职业精神的基本要素，职业精神核心修炼的内容，明确职业精神的特质，提高对职业理想、职业道德、职业责任的认识，从而在主动学习职业技能的同时，深刻理解职业精神的重要意义。

二、要在师资队伍建设中强调企业经历的纳入

职业精神的培育师资是关键。要培养高职人才的职业精神，应建立起一支具有丰富企业经历、能够彰显企业元素的师资队伍，并在教学实践中融入职业精神的内涵要素，营造逼真的职场环境，在学训过程中不断地积淀和熏陶。要建立高职教师轮训制度，完善专业教师定期到企事业单位实践制度，并推动学校与企业共同培训教师。加强以专业技术人员和高技能人才为主，主要承担专业课程教学和实践教学任务的兼职教师队伍建设，完善行业企业人才到学校担任专兼职教师的相关政策，将企事业单位兼职教师任教情况作为个人业绩考核的重要内容。

三、要将“教学做一体”理念落实到教学模式设计与应用中

首先，以岗位职业能力分析为基础，归纳出岗位职业活动中职业精神的构成要素，作为人才培养模式创新、专业建设和课程体系改革的重要依据。其次，贯穿专业教学，建立教育、教学融为一体的职业精神培养体系，将职业精神养成落实到校企共同设计、共同实施、共同评价的专业人才培养方案中。在课程教学、项目实训中精心设计培养内容，尤其是职业精神的全程渗透、技术要素的有机融合。同时，还要把隐性教育嵌入学习过程，通过“第二课堂”形式的职业活动来促进学生职业精神的培养。

四、要将强化生产性实训体现在校内实训中

校内生产性实训是深度的实践教学，可帮助学生将实践操作和理论知识有机结合在一起。在校内实训教学中，学生感受到的是贴近职业岗位的教学环境，使用的是与生产一线相接轨的实训设备，这种身临其境的氛围，会对学生人生观、职业观的形成具有直接影响，并促进职业素养全面提高。校内生产性实训中企业技术的融入以及企业化管理，会使学生在团队合作中学到更多的专业知识、实践技能，并在有限的时间内最大化地促进职业精神要素的养成。

五、要将企业制度文化应用到顶岗实习中

通过校外顶岗实习，使学生在顶岗中了解工作的特点与规律，学会遵守相关的职业规范，懂得如何提高工作效率，从而真正实现校企对接，在实践中使学生的职业道德与职业素养得到有效培养。要严格按照顶岗实习企业的相关规范进行管理，严格实行考勤和员工管理制度，使学生在实习过程中养成遵守劳动纪律的习惯。要对学生的顶岗实习采取阶段性评价与终结性评价相结合的方式，全面把握学生遵守纪律的情况、团队精神和创新举措

等，把职业规范内化为职业精神的养成。通过体验岗位的真实性、复杂性，经历真实的岗位、真实的身份、真实的环境、真实的感受，让学生在顶岗实习中领悟出职业精神在职业活动中的真谛。

六、要将行业和企业文化融合在学校和专业文化营造中

营造体现行业和企业元素的学校和专业文化，有助于高职院校学生职业理想与职业归属感的培养。高职院校要将职业文化建设中隐性资源（精神层面的氛围）和显性资源（物质层面的设施）进行有效结合，提升校内职业文化对职业精神养成的影响力。开展形式多样的主题文化活动，如通过专题报告、简报板报、创新创业大赛、文化艺术节、广播电视、网络多媒体等多种形式，营造良好的职业精神教育氛围。充分发挥学生社团的主阵地作用，积极创建各种学习型、创新型社团。通过多种社会实践提高学生的职业意识与素养。社会实践以其丰富的内容、多样的形式和宽阔的渠道，吸引了众多学生参与，成为培养高职学生职业精神的重要途径之一。提倡以实践活动为载体，让学生在实践中学会交往、学会包容、学会竞争和合作，增强其社会责任感和使命感，增强自强、自立意识，培养职业精神。

高等职业教育作为较高层次的职业教育，其专业设置的基本依据是职业岗位或岗位群对人才的需求，这种职业指向决定了高等职业教育必须坚持“职业精神养成与职业技能培养兼顾”的理念，也就是让受教育者既要具有所从事职业的技术应用能力，还要具有所从事职业特有的职业精神，从而为毕业生实现就业和就业后的可持续发展提供有力保障。

来源：《中国教育报》2015 年 12 月 10 日第 9 版

产业升级的本质是人的升级

有色金属工业人才中心　宋凯

当前，我国经济已进入转型升级的重要时期。以“中国制造 2025”“互联网 +”战略为代表的“智”造引领、以“一带一路”倡议为代表的产能转移、以“大众创业、万众创新”战略为代表的创新驱动，作为各产业由比较优势向竞争优势转变的三个突破口，为我国产业升级描绘了清晰的路线图。在此关键时刻，教育部印发《高等职业教育创新发展行动计划（2015—2018 年）》（以下简称《行动计划》），以产业升级（本质上是人的升级）为核心理念，明确了今后一个时期深入推进高等职业教育改革发展的总目标。

支撑“中国制造 2025”实现“智”造引领

提出“中国制造 2025”计划，是希望建立一个既符合中国实际情况，又体现世界发展潮流的中国工业体系，既提高劳动生产率，又解决就业问题，进而实现传统产业的转型升级，实现高端领域的跨越式发展。实现“中国制造 2025”计划，关键点是系统培养高素质技术技能人才，高等职业教育只有瞄准制造业人才发展的需求，补齐自身短板，加强统筹规划，增强人才的创新思维和创造能力、实践能力、解决复杂问题能力等，才能逐步建立起从研发、转化、生产到管理的人才培养体系。

《行动计划》中将服务“中国制造 2025”单独列为一条，提出针对性措施“优化院校布局、调整专业结构”，明确了高等职业教育与产业同步发展的机制“建立产业结构调整驱动专业设置与改革、产业技术进步驱动课程改革机制”，特别是针对“中国制造 2025”计划中的八项挑战，提出“主动适应数字化网络化智能化制造需要，围绕强化工业基础、提升产品质量、发展制造业相关的生产性服务业调整专业、培养人才”。此外，针对“中国制造 2025”，在《行动计划》中还分别提出“探索发展本科层次职业教育专业，培养‘中国制造 2025’需要的不同层次人才”“支持地方和行业引导、扶持企业与高等职业院校联合开展‘现代学徒制’培养试点”“充分发挥校园文化对职业精神养成的独特作用，推进优秀产业文化进教育、企业文化进校园”。这些措施必将有效提升高等职业教育支撑我国实现“中国制造 2025”计划的能力。

配合“一带一路”倡议实现产能转移

职业教育培养的人才，可以在很大程度上支持“一带一路”的互联互通战略。《行动计划》高度重视高等职业教育对实施“一带一路”倡议的支撑作用，提出高等职业教育要借此机遇进一步深化国际交流与合作，既“请进来”，继续学习发达国家职业教育的先进经验，也要注重“走出去”，特别是配合“一带一路”倡议的实施，推动建立与中国企业和产品“走出去”相配套的职业教育发展模式。

《行动计划》从三个方面强化高等职业教育改革开放、服务“一带一路”倡议。一是在政策层面，要积极“参与国际职业教育合作与发展，加强与职业教育发达国家的政策对话，探索对发展中国家开展职业教育援助的渠道和政策”。二是在教学和人才标准方面，支持高职院校将国际先进工艺流程、产品标准、技术标准、服务标准、管理方法等引入教学内容；参与职业教育国际标准与规则的研究制定，开发相应的专业标准和课程体系。三是校企联动，支持职业教育与企业积极走出去，与积极拓展国际业务的大型企业联合办学，共建国际化人才培养基地；发挥高职院校专业优势，配合“走出去”企业面向当地员工开展技术技能培训和学历职业教育。鼓励示范性和沿边地区高职院校利用学校品牌和专业优势，积极吸引境外学生来华学习。四是适应需要，扩大与“一带一路”沿线国家的职业教育合作，主动发掘和服务“走出去”企业的需求，培养具有国际视野、通晓国际规则的技术技能人才和中国企业海外生产经营需要的本土人才。这些措施，以教育为引导促进官民合作，使中国与“一带一路”沿线国家往来越来越频繁，基础越来越坚实，务实合作必然越来越红火。

加强技术技能积累实现创新驱动

创新是推动一个国家和民族向前发展的重要力量，面对经济发展新常态下的趋势变化和特点，加快实施创新驱动发展战略上升到国家发展的核心位置，成为推动中国经济发展调速不减势、量增质更优，实现中国经济提质增效升级的“新引擎”。

《行动计划》对高等职业教育强化创新创业教育提出新的要求。首先，提出创新创业的基础是，“按照高质量创新创业教育的需要调配师资、改革教法、完善实践、因材施教，促进专业教育与创新创业教育有机融合；集聚创新创业教育要素与资源，建设依次递进、有机衔接、科学合理的创新创业教育专门课程（群）”。其次，提出营造创新创业的环境，“充分利用各种资源建设大学科技园、大学生创业园、创业孵化基地和小微企业创业基地，作为创业教育实践平台；建立健全学生创业指导服务专门机构，做到‘机构、人员、场地、经费’四到位，对自主创业学生实行持续帮扶、全程指导、一站式服务”。再其次，提出将积极探索面向学生创新创业的各项机制，如“探索将学生完成的创新实验、论文发表、专利获取、自主创业等成果折算为学分”“实施弹性学制，放宽学生修业年限，允许调整学业进程、保留学籍休学创新创业”。此外，《行动计划》还提出与企业共同建设技术技能积累创新机制，行业企业拥有先进的应用技术且更新较快，高职院校的技术研发能力较强，从技术技能积累的角度出发，行业企业要与高职院校深度合作才能形成创新合力，促进创新创业人才培养。

加强行业指导评价促进协同育人

行业是产业的代表，发展行业职业教育是促进产业转型升级的关键环节，也是保障产业转型升级人才供给的有效途径。

《行动计划》把行业指导、评价和服务放在更加突出的位置，重点体现在以下几个方面。一是注重通过调动行业组织的参与来丰富高等职业教育的改革路径，《行动计划》总计65个任务、22个项目，其中有31个任务和项目，行业是负责单位之一，成为落实《行动计划》的主力军。二是以转移政府职能为契机，发挥行业组织作用，指导高等职业教育改革，“鼓励和支持行业加强对本系统、本行业高职院校的规划与指导”“推动建立行业人力资源需求预测、就业形势分析、专业预警定期发布制度”。三是改革创新高等职业教育质量保障机制，提出“对用人单位影响力大的行业组织开展专业层面的教学诊改试点，以行业企业用人标准为依据，通过结果评价、结论排名、建议反馈的形式，倒逼职业院校的专业改革与建设，职业院校自愿参加。专业诊改方案由相关行业制定、教育部认可后实施”。这是我国高等教育首次提出用人单位对教学质量进行评价，必将对高等职业教育产生深远影响。

来源：《中国教育报》2016年2月16日第4版

把创新发展的基点落到学生身上

浙江金融职业学院　周建松

《高等职业教育创新发展行动计划（2015—2018年）》（以下简称《行动计划》）是继2006年实施国家示范性高职院校建设计划和2010年实施国家骨干高职院校建设计划后，高等职业教育领域又一个具有里程碑意义的指导文件。如何贯彻落实好《行动计划》？笔者以为，无论怎样谈创新、怎么谋发展，都必须将基点放在学生身上，必须把学生即期的增值感和长期的发展力作为出发点和检测点。

创新发展必须回归高等职业教育的本质任务

教育的本质是培养人，在高等教育的四大职能中，人才培养是第一位的也是根本的任务。

高等职业教育作为高等教育中的一种类型，在国家人才培养体系中具有极其重要的承上启下的结构功能，如果培养到位，将因其人才的不可替代性而形成重要的结构质量。高等职业教育之所以存在和发展，就是因为其培养的是适应生产建设管理服务第一线需要的，下得去、用得上、留得住，具有较强发展力的高素质高技能专门人才。这类毕业生具有良好的职业性，包括职业理想、职业纪律、职业责任、职业情怀、职业良心、职业道德和职业技能，同时具有面向基层、从事基础岗位和基本业务的专业能力，这是我们必须厘清的命题和基本的思考。在这个基础上，再谈重视和加强学校多种功能的建设，包括学校科学研究和社会服务能力建设。

创新发展的首要任务是提高学生市场适应性

《行动计划》从我国经济社会发展的趋势和要求出发，从32个方面对创新发展高等职业教育提出要求，并部署了65个项目和22项任务。人们关注项目和任务无可厚非，但与其关注项目和任务，不如将目光放到学生身上，在提高学生的市场适应性上着力。

第一，眼睛向下。把注意力放在学生身上，了解学生的需求，认真研究和正确把握学情，因材施教、分类培养、注重特色、激发兴趣、培养特长。

第二，眼睛向内。把注意力放在围绕和服务学生的各部门资源整合上，统筹协调教务、学生等部门力量，正确处理专业知识、技术技能和素质教育的关系，重点抓好学生能力培养。

第三，眼睛向外。把注意力放在经济社会发展和市场变化上，从适应和引领新常态要求研究专业结构调整、教学内容和教学方法改革，当前尤其要研究“互联网+”对教学内容和方法改革的影响。

第四，眼睛向上。把注意力放在研究党中央“四个全面”战略布局对大学生提出的新要求上，抓好立德树人、传递正面声音、传播正确思想、传达中央关切、传唱主旋律，培养好学生的世界观、人生观和价值观，为把青年学生培养成为可靠接班人和合格建设者服务。

第五，眼睛常转。提倡走出校门，走出国门，虚心借鉴兄弟院校、兄弟省市和发达国家发展职业教育的先进做法和有益经验，博采众长、融合提炼、改革创新、狠抓内涵、提高质量。

只有这样，才能在适应市场，满足学生发展需求，针对性培养上有所作为，并取得成效。

创新发展的长期使命是提高学生的发展力

《行动计划》坚持了学生的近期适应性，又倡导为学生长期发展服务，符合人才培养规律。为此，要在注重学生即期增值的同时，通过体制机制创新，为提高学生长期发展力创造条件。

第一，注重培养学生学习能力。学习力是创新力的前提，也是实现学生可持续发展的前提，高等职业教育要体现职业性，更要体现高等性，要强调方法论，注重可持续，注重“授人以渔”。

第二，注重办学体制机制创新。要认真落实“产教融合、校企合作、工学结合、知行合一”要求，注重学校与产业和行业企业的合作机制建设，注重“双师”结构教师团队建设，为学生可持续发展创造体制机制条件。

第三，注重校园文化建设。文化的魅力在于长期性、传承性，高等职业教育发展到新阶段，“千亩校园、万名学子”成为各校常态。必须切实重视校园文化建设，抓好校训、校风、教风、学风，坚持“激扬高层、激发中层、激活基层、激励全体、引领学生”的理念，把学校做成优质教育组织和百年文化品牌。

总之，学生即期增值和长期发展，学生在校获得和长期受益是落实《行动计划》应该把握和关注的，否则，改革就偏离了方向，违背了初衷，这一点必须谨记。

来源：《中国教育报》2016年2月16日第4版

第四篇

夯实基础，强化保障

当前，我国经济已由高速增长阶段转向高质量发展阶段，在《行动计划》落实中，各地和职业院校主动作为，从职业教育服务经济社会高质量发展的维度出发，积极构建与经济发展和产业转型升级协调发展的职业教育体系，逐步建立了政府依法履职、院校自主保证、社会广泛参与，教育内部保证与教育外部评价协调发展的现代职业教育质量保障机制，推动职业教育高质量发展。

提高人才培养质量是职业教育永恒的主题，各高职院校在《行动计划》落实过程中，充分履行人才培养质量主体责任。一是强化质量顶层设计，关注质量生成的全过程，建立全面系统的质量管理体系，关注专业建设表征质量，建立高水平校本质量标准。二是建立质量制度体系，全面推进教学诊断与改进制度建设，针对制度、机制、能力、文化、行动等质量实施关键控制环节，建立高规格质量标准体系。三是关注质量过程，充分利用信息化等手段，建设职业教育专业教学资源库、在线开放课程等信息化教学资源，推进以学生为中心的教学方法改革，在课堂教学中抓实教育教学质量。

围绕人才培养质量保障体系，本篇选编了 10 篇院校典型案例和理论思考文章。这些文章突出职业院校质量主体落实，用好人才培养状态大数据，加大质量过程监控、完善多方质量评价体系，建立全方位、开放性、多维度的质量标准体系，充分发挥数据平台作用，开展教学诊断与改进，推进信息技术在质量保障过程中的使用，推动职业教育迈向“质量时代”。

高等职业教育生均拨款制度实施困境与对策探析

教育部职业教育与成人教育司　任占营

温州职业技术学院　天津大学教育学院　童卫军

为整体提升高等职业院校办学经费水平，保障其人才培养质量，促进高职院校办出特色，财政部、教育部决定建立完善以改革和绩效为导向的生均拨款制度，加快高等职业教育的发展。目前全国所有省级行政部门均已建立高职院校生均拨款制度，但由于各地经济发展水平和财政状况的不均衡，导致高职院校生均拨款制度很难执行到位。作为高等职业教育现阶段的重点工作，按时推进建立完善生均拨款制度，确保到2017年实现12 000元的生均拨款水平，应为各级地方政府刻不容缓的共同任务。本研究通过分析高职院校生均拨款制度的现状与困境，提出落实该制度的对策。

一、建立高等职业教育生均拨款制度的重要意义

1．建立高等职业教育生均拨款制度是政府履行法定职责的必然要求。1996年颁布的《职业教育法》规定："省、自治区、直辖市人民政府应当制定本地区职业学校学生人数平均经费标准。职业学校举办者应当按照学生人数平均经费标准足额拨付职业教育经费。"其后，先后出台的《国务院关于大力发展职业教育的决定》(2002年)、《国务院关于大力推进职业教育改革与发展的决定》(2005年)、《国务院关于加快发展现代职业教育的决定》(2014年)和《国家中长期教育改革和发展规划纲要(2010—2020年)》(2010年)、《现代职业教育体系建设规划》(2014年)、《国家教育事业发展"十三五"规划》(2016年)，都无一例外地明确了地方政府要依法制定本地区职业院校生均经费标准的法定职责。2016年新修订的《高等教育法》更是突出了举办者的投入义务，明确"高等教育要实行以举办者投入为主、受教育者合理分担培养成本、高等学校多种渠道筹措经费的机制"。随着政策法规的日臻完善，以政府主导、举办方主体为特征的高等职业教育经费筹措机制正逐步形成。

2．建立高等职业教育生均拨款制度是完善高职院校经费保障机制的重要内容。无论是人才培养还是学校的可持续发展，经费都是极其重要的保障因素。近年来，中央财政对高等职业教育专项投入力度不断加大，极大地改善了高职院校的办学水平，使高等职业教育

从规模发展走向内涵发展。但专项投入方式属于竞争性经费投入方式，获得支持的项目院校和学生能够受益，但普惠性略显不足。而生均拨款制度作为地方公共财政对高等职业教育投入的重要依据，改变了长期以来我国高等职业教育投入没有统一标准的窘境，起到了保障基本的作用。更重要的是，作为经费保障制度健全完善的主要举措，生均拨款制度增强了对地方政府保障高等职业教育发展的约束力，不仅减少经费支出的随意性，还可以缩小地区间差异，具有促进教育公平的积极作用。

3. 建立高等职业教育生均拨款制度是解决高等职业教育投入不足的治本良方。投入不足成为限制高等职业教育持续发展的瓶颈。尽管我国高等职业教育经费投入总量逐年增长，但尚未达到与高等职业教育发展相适应的水平。各地生均拨款制度的相继建立使高职院校生均经费投入不足的情况有所改善。对比财政部、教育部《关于建立完善以改革和绩效为导向的生均拨款制度加快发展现代高等职业教育的意见》颁布前后的统计数据，2015年高职院校生均公共财政预算教育经费支出达到12 751元，较2014年增长25.66%。

4. 建立高等职业教育生均拨款制度是推动省级政府发挥统筹作用的重要抓手。按照现行财政体制和职业教育“分级管理、地方为主、政府统筹、社会参与”的管理体制，省级政府对区域内高等职业教育事业发展负有主要的统筹责任，是推动本地区全面建立完善高职院校生均拨款制度的责任主体。针对域内经济发展程度不平衡的情况，建立生均拨款制度有利于省级政府牵住发挥统筹作用的“牛鼻子”，强化资源整合能力，统筹均衡区域间高职院校、普通本科高校、中职学校的生均拨款水平，以及民办职业学校举办者的生均投入水平，缩小省域内的教育发展差距，促进高职院校提升人才培养质量。

5. 建立高等职业教育生均拨款制度是督促举办方履职尽责的重要手段。高等职业教育生均拨款制度能否收到实效，关键在于高职院校举办方对此是否贯彻执行到位。作为高等职业教育财政管理合理分权的有效措施，生均拨款制度使高职院校举办方获得了与事权相匹配的财权，将财政经费的决策权由国家财政的“供给侧意志”转变为地方政府根据区域定位、发展战略和实际水平综合度量为主的“需求侧意志”，此举极大地强化了办学者的责任，激发了办学的活力。目前，许多地方政府已经出台或正在制定地方性实施方案，通过定标准、定责任、入预算使举办方的责任边界更加清晰，确保生均拨款有章可循、有规可依。

二、高等职业教育生均经费的现状与问题

（一）制度建设方面

1. 制度建设进程不一。目前全国31个省（直辖市、自治区）及新疆生产建设兵团虽然都已出台高职院校生均拨款的相关制度，但仍有不少省级行政部门制度建设表现滞后。综合各地公布的文件来看，先前出台生均拨款制度的省级行政部门中，只有三分之一的省

级行政部门是根据最新要求对原有制度进行了完善，还有近四分之一的省级行政部门依旧沿用原文件要求，执行原定的生均拨款标准，没有及时对原有制度进行完善。由此可见，生均拨款存在“制度真空”。

2. 各地落实力度不等。生均拨款水平落实力度差异是导致生均拨款失衡的重要原因。“2017 年各地高职院校年生均财政拨款水平应当不低于 12 000 元”是制度建设的刚性要求和硬性约束。而且在实际执行过程中，大部分地方都对这个刚性要求和硬性约束进行了重申和进一步明确，并制定了分阶段的达标计划；但还是有一些地方仍按照本地财力投入情况制定和执行生均拨款标准。有的省级行政部门明确提出 2014 年高职院校生均拨款标准达到 7 000 元，2015 年达到 8 000 元，规定之后“视财力情况逐步提高”，显然政策支持力度值得商榷；有的省级行政部门 2013 年高等职业教育生均拨款水平仅为 4 200 元，虽然明确了以后逐年提高，但缺少充分、系统的标准规划。

3. 覆盖范围局限性大。高等职业教育生均拨款制度应覆盖各地全部所属独立设置的公办高职院校。但一些地方政府受分级分税预算管理体制束缚，省级层面没有围绕生均拨款一盘棋进行统筹谋划，制定的生均拨款政策覆盖面窄，大多采取“谁的孩子谁抱走”的做法，一些省级行政部门只明确省属公办高职院校的拨款标准，未对其他办学主体的公办高职院校作出要求。政策覆盖范围的局限阻碍了区域内高等职业教育的整体发展和均衡发展。

4. 统计口径不尽相同。在“分级办学、分级管理”的体制下，地方政府对高职院校的拨款方式有着较大的自由裁量权，不同的拨款方式也导致生均拨款水平的统计口径存在较大差异。虽然国家已对“年生均拨款水平”进行了明确界定，但是很多地方在制定具体政策时却对“生均拨款水平”没有给出明确统计口径，或者以当地财力水平解读计算口径，将中央专项经费、学费等非税收入也计入生均拨款经费，使高等职业教育生均拨款水平表面上看已经达到了国家要求，但实际上还存在较大差距。

5. 奖惩机制尚未健全。奖惩机制是政府引导高等职业教育生均拨款制度落地、落实的有力抓手。中央财政于 2014 年起根据各地生均拨款制度的建立完善情况、事业改革发展绩效、经费投入努力程度和经费管理情况等因素给予高等职业教育拨款标准奖补和改革绩效奖补。但只有少数地方建立了生均拨款的奖惩机制，一些省级行政部门对地市级政府生均拨款的落实赏罚不明、规矩不清，导致高等职业教育生均拨款制度执行效率较低。

（二）主体责任方面

1. 省级财政统筹力度不够。一方面，目前各省高等职业教育生均拨款的统筹层次普遍偏低。一些省级行政部门统筹主体层层下放，省级政府的统筹能力未能充分发挥。共有 14 个省级行政部门生均公共财政教育经费支出不足 12 000 元，山西、湖南、安徽、河南 4 个省份低于 10 000 元。另一方面，部分省级政府没有明确对地市级政府高等职业教育经费的分担比例，缺少对区域内公办、民办高职院校均衡发展的协调，对高等职业教育生均经费管理方式、投入标准、奖惩机制等方面的内容不甚明确，没有建立起科学有效的运行机制，省级统筹力度不够也给财政自给率低的困难地市级政府带来了不小压力。

2. 地市级财政保障明显不足。中国教育经费统计年鉴数据显示，2014年地方普通高职高专学校生均公共财政预算教育经费为10 156元，相比地方普通高等本科学校16 850元的水平仍有不少差距，财力不足的地市级政府在足额落实国家标准上存在较大难度。从2017年全国高职院校上报的质量报告来看，大部分省属高职院校生均拨款水平已经接近或超过12 000元，特别是广东、浙江、江苏等经济发达地区的一些省属高职院校生均拨款水平已经超过20 000元。与此反差明显的是，全国有超过一半的地市级政府举办的高职院校还未达到12 000元的生均拨款水平，部分经济欠发达省级行政部门均有地市级政府举办的高职院校生均拨款水平低于6 000元，有的地市级政府举办的高职院校生均拨款甚至不足3 000元。

3. 行业企业投入机制不顺。到2012年，按院校主管部门划分，全国有超过300所的高职院校由行业企业主管。《国家中长期教育改革和发展规划纲要（2010—2020年）》提出，要鼓励行业组织、企业举办职业学校，制定优惠政策鼓励企业加大对职业教育的投入。然而行业企业举办的职业院校一般在财政没有户头，很多地方行业和企业举办的高职院校得不到公共财政的生均拨款支持，学费以外的办学经费需要企业从主营收入中拨款补助。这在经济下行压力持续加大、企业效益下滑的情况下给行业和企业带来不小的经济负担，行企举办的高职院校也因此缺少长期稳定的投入。特别是一些举办高等职业教育的国有企业，在“剥离国有企业办医疗、教育等公共服务机构”等主辅分离政策下，将参与职业教育办学的责任与义务也一同剥离，这对高等职业教育的发展极为不利。

4. 生均经费难以惠及民办院校。民办高职院校举办者的投入多为一次性的建设投入，后续的主要办学资金大都需要学校自主筹措。目前在民办高职院校的经费来源构成中，学费、住宿费和举办者投资是支撑民办高等职业教育的支柱，政府财政性资助、社会捐赠等其他资本流入非常有限。近半数民办高职院校没有享受到生均财政补贴，生均拨款超过2 000元的只有35所。在高等职业教育办学成本居高的现实情况下，民办高职院校普遍缺乏发展资金，绝大多数的民办院校长期以来只能依靠“以学费养学校”的模式维系学校运转，较高的收费也使民办高职院校面临着生源减少的危机，而生源危机也加剧了资金危机。政府部门需尽快建立以财政资金购买服务的方式实现民办高职院校可持续发展。

三、落实高等职业教育生均拨款制度的对策建议

全面有效落实高等职业教育生均拨款制度，需要省级政府统筹推进，并从“一盘棋”的高度加强推进力度，督促和引导各地政府加快制度建设步伐；需要各级政府共同强化责任落实，减少高职院校生均拨款水平的“身份差”；需要全程督查问效，形成“事必明责、章必严循、行必责实”的执行氛围。

（一）推进生均拨款的制度创新

1. 及时完善制度。教育行政部门要敦促各地及时对现行生均拨款制度中不合理、不适用的内容进行完善，缩短制度的“滞后时间”。要在政策中明确生均拨款水平达到国家标准的时间节点，一些经济欠发达的地方政府应根据实际情况制定分阶段的达标计划。各省制定的高等职业教育生均拨款制度要覆盖区域内所有独立设置的公办高职院校。各省级政府要对区域内年生均拨款水平进行清晰的定义，明确生均拨款的构成、合理增长路径和模式。要通过多指标参数设计兼具公平和绩效的精细化拨款办法，针对不同类型学校、不同专业进一步细分生均拨款标准和系数，实行分类支持，体现差异化拨款导向，使新的制度符合新情况、解决新问题。

2. 构建运行机制。科学规范的运行机制是切实推进并落实生均拨款制度的有力保证。省级政府要从过去单纯要求地市级政府加大投入，改变为通过有效的运行机制来激励地市级政府建设制度、创新制度。要将省以下各级政府对高等职业教育投入的责任和比例进行合理划分和清晰界定，加大对高职院校特别是地市级高职院校的一般性转移拨款水平，在运行中设好“红线”，严禁以其他名义截留、挪用，形成稳定增长的可持续投入机制。在分配上，要更多采取体现绩效的因素法，实施目标导向，督促和引导举办高职院校的地市级政府积极作为。

3. 健全分担机制。保障与经济发展结合最紧密的高等职业教育是政府和社会的共同责任。各级政府要加大对高等职业教育的财政支持力度，对区域内经济欠发达地区要增加资金分配的权重。扩大高等职业教育发展的融资渠道，进一步改进高等职业教育经费的分担机制，通过政府购买服务、混合所有制办学、发展引导基金、建立健全企业和个人对高等职业教育捐赠的税收优惠制度等分担方式调动起全社会办职业教育的积极性，形成政府投入和社会组织投入的良性互动。

（二）强化生均拨款的责任落实

1. 加大市属院校的投入力度。落实高等职业教育生均拨款制度不仅要依靠中央财政支持和省级政府统筹，更需要各地市级政府发挥职能积极作为。举办高职院校的地市级政府要彻底改变“坐、等、靠、要”的思维惯性，切实担负起主体责任，尽快确定与自身区域经济发展水平相适应的生均拨款标准，明确生均拨款的构成、合理增长路径和模式，形成稳中有升的动态调整机制。要加大财政投入力度，改善本地区高等职业教育的保障水平，有效整合各级财政补贴、专项经费、生均经费拨款、地方教育附费等多项资金，提高教育生均拨款中的高等职业教育的占比，改变高等职业教育在整个教育投入中的弱势地位。

2. 加强行企所属院校的政策扶持。加快发展现代职业教育，行业企业是重要的办学主体。推动行企所属院校发展壮大，对于培养高素质的技术技能人才，加快产业转型升级具有十分重要的作用。地方政府要尽快改善行业企业举办高职院校的政策环境，给予行企举办的高职院校与公办高职院校相当的地位和待遇，通过以奖代补或参照当地生均拨款标准购买服务等方式对行业企业举办的高职院校予以支持，确保对行企所属院校的生均经费投入。目前，天津、浙江、辽宁等地在不改变学校与行企隶属关系的前提下，已将公共财政覆盖了地方国有企业举办的高职院校，这一做法为减轻企业举办职业院校的负担提供了思路。行业企业应该继续以捐赠、专项等形式对所办院校进行投入，各级政府也应通过允许企业将举办高职院校的投入从企业应缴纳的教育费附加中全额或部分扣除的方式予以鼓励。

3．增强民办院校的“造血”功能。在公办高职院校生均经费紧张的情况下，民办高职院校保障生均经费的难度之大可想而知。然而从长远发展来看，过分依赖学费收入不利于民办院校的健康发展，地方政府要积极引导，促使民办院校有效发挥办学体制、机制灵活的先天优势，紧跟区域经济社会发展对高素质技术技能人才的强烈需求，与企业就员工继续教育、技术服务、人才供给等方面开展紧密合作，通过自身的“造血”功能缓解经费紧张。财力允许的地方应逐步扩大高职院校生均拨款制度的保障范围，还可增设民办高职院校的生均拨款标准奖补资金，使民办高职院校也同样能享受到生均拨款的政策红利，逐步改善民办高职院校的办学环境，提升民办高职院校的竞争力。

（三）严格生均拨款的绩效问责

1．加强监督检查。加强基础管理工作，各地财政和教育部门要相互配合，加大对各高职院校生均经费使用情况监督检查力度。制定细则，严格执行《高等学校财务制度》《高等学校会计制度》，对职业教育经费在预算分配、使用过程和投入效果上进行监督，提高预算的规范性、准确性和执行率；要构建基于高等职业教育经费投入绩效评价导向的高职院校财务信息系统，通过数据实时监测各地的实施进展情况，掌握各地年度计划的完成情况；要内外联动，高职院校要完善经费使用内部稽核和内部控制制度，并按照有关规定公开财务信息，接受社会监督，各级政府要组织专门力量开展高等职业教育生均经费投入的年度检查，实现多级联动的外部监控体系，确保“好钢用到刀刃上”。

2．实施绩效评价。将绩效理念和要求贯穿高等职业教育经费分配使用的全过程，中央财政应当加快制定职业院校绩效评价指导意见，明确高等职业教育生均经费绩效评价的标准、流程和方法。各地要在绩效评价的大框架下配套建立起符合区域实际的高等职业教育生均经费绩效评价制度。评价要以改革和绩效为导向，从学生规模、资金使用情况、学校建设水平、教育产出与效果等方面对生均经费的使用效益和效率进行综合评价，使举办方和高职院校形成“办得大不如办得好、办得特”的质量发展观，抑制高职院校的盲目扩张和同质化发展。委托第三方机构编制本地区《高等职业教育生均经费年度绩效报告》，并向社会公开发布，通过绩效评价这个“紧箍咒”倒逼高等职业教育的健康持续发展。

3．建立奖惩机制。建议各地尽快建立起覆盖全省高职院校的奖惩机制，充分利用绩效评价结果，将其作为省级财政综合奖补分配和相关工作开展的重要依据，通过中央财政“以奖代补”的指挥棒作用，动态调整支持所属高职院校改革发展的政策措施。具体实施中做到赏罚分明，对于绩效评价情况较差的地区要有逆向的激励手段，通过形式上的“减法”实现本质上的“加法”，对绩效评价情况较好的地区可在下一年度的专项拨款和有关奖补中体现奖励，引导各地比做法、晒经验，形成“比学赶超”的干事氛围。还要将绩效评价结果与地方政府特别是主要责任人的工作考核挂钩，对措施不力和存在问题的单位或个人要追责。

来源：《中国高教研究》2017 年第 8 期

新时期高等职业教育质量保障制度建设的思考

日照职业技术学院　郭庆志

近日，教育部颁布了《高等职业教育创新发展行动计划（2015—2018年）》（以下简称《行动计划》），这是高等职业教育战线巩固改革成果、面向“十三五”改革发展的时间表、路线图。《行动计划》提出，“完善质量保障机制”“逐步形成政府依法履职、院校自主保证、社会广泛参与，教育内部保证与教育外部评价协调配套的现代职业教育质量保障机制”。这是对新时期高等职业教育质量保障制度建设的顶层设计，系统规划了多元主体参与、内外部协调的质量保障新格局。

一、国家对高等职业教育质量保障制度建设的新要求

《中共中央关于制定国民经济和社会发展第十三个五年规划的建议》以“提高教育质量”为主题，提出了各级各类教育的发展目标和主要任务。当前，中国正把经济社会发展推向“质量时代”，教育质量既是当前经济社会质量的重要内容，又关系今后经济社会的发展质量。在这一时代主题下，提高质量是高等职业教育当前和今后一个时期的发展核心和工作重心，完善质量保障制度、构建质量提升长效机制，成为现实而又迫切的重大任务。

梳理近年来国家关于高等职业教育质量保障的要求，不难发现在政策层面是一以贯之并逐步深化的。《国务院关于大力发展现代职业教育的决定》要求，“完善职业教育质量评价制度，定期开展职业院校办学水平和专业教学情况评估，实施职业教育质量年度报告制度”。《现代职业教育体系建设规划（2014—2020年）》把“建立职业教育质量保障体系”作为现代职业教育体系建设的12项重点任务之一，提出了7个方面的具体要求，即：以学习者的职业道德、技术技能水平和就业质量为核心，建立职业教育质量评价体系；完善学校、行业、企业、研究机构和其他社会组织共同参与的职业教育质量评价机制；各地要加强对职业教育的督导和评估，开展以人才培养质量和服务贡献为主要内容的职业院校绩效考核；职业院校要建立内部质量评价制度，强化质量保障体系建设；注重发挥行业作用，支持行业协会开展职业院校人才培养质量评估，提高人才培养质量和机构与行业需求的匹配度；鼓励企业、用人单位开展毕业生就业质量、满意度等评价；积极支持各类专业组织等第三方机构开展质量评估。2010年出台的《国家中长期教育改革和发展规划纲要

（2010—2020 年）》也对教育质量保证提出了要求，主要有：制定教育质量国家标准，建立健全质量保障体系；建立健全职业教育质量保障体系，吸收企业参加教育质量评估；开展由政府、学校、家长及社会各方面参与的教育质量评价活动。

这些政策要求体现了国家对教育质量保障工作的高度重视，强调在管办评分离下，突出学校的质量保障第一主体责任，发挥政府、行业、企业、研究机构、家长及各种社会组织的多方参与作用；注重立足实际、贴近需求、分类指导，科学设计多种保障形式，激发学校自我质量保证动力和改革创新、提升质量的积极性，克服以往的主体单一、指标固化、方法单一、忽视过程、动力不足等问题，具有主体多元、内容多维、方式多样，内外结合、以内为本、统筹协调的新特征。

二、高等职业教育质量保障制度的新内涵

以上有关教育质量保障制度建设的政策要求，明确了高等职业教育质量保障的核心任务、质量主体和措施手段。

1. 明确提升质量的核心任务

提升质量是教育的永恒话题，但质量的内涵不是一成不变的。在知识本位的教育价值观下，强调知识的传授，主要考察学生成绩，这是学术核心的质量观；在社会本位的教育价值观下，强调教育要为社会服务，要为经济社会发展培养人才，这是技术核心的质量观；在学生本位的教育价值观下，强调教育要为学生的成长成才和长远发展服务，这是以人为本的质量观。这三种价值观、质量观体现了对教育本质属性认识的不断深化，现代职业教育同样强调从工具性向人本性的转变。习近平总书记对职业教育做出重要指示，提出职业教育“是广大青年打开通往成功成才大门的重要途径”，要求“努力让每个人都有人生出彩的机会”，把关注点放在了受教育者身上，体现了以人为本的价值观。李克强总理指出，“职业教育培养的是职业技能人才，也应该是高素质、全面发展的人才”“要把提高职业技能和培养职业精神高度融合”，这同样是以人为本的价值观。基于此，高等职业教育质量建设的出发点和落脚点必须放在学生身上，以提升人才培养质量为核心。那么什么是高等职业教育的人才培养质量核心，或者说高等职业教育要培养什么样的人才？教育部副部长鲁昕多次强调，“一技之长”是职业培训，发展现代职业教育要改变只给人一技之长的观念，为学生打造终身发展、全面发展的技能和知识基础。综上，高等职业教育要以学习者的职业道德、技术技能水平和就业质量为核心，建立质量保障制度。

2. 充分体现多方参与

高等职业教育要满足国家、社会和用人单位等各方面的质量要求。不同主体的质量要求既紧密联系，又各有侧重，需要分析各方主体的不同要求，充分体现各方利益诉求，在质量保障制度建设中搭建多样平台和渠道，让各方都能够参与到质量保障中来。一是政府，主要关注人才培养质量和服务贡献。服务贡献包括毕业生当地就业率、技术研发、培训、

职业技能鉴定、社区教育和终身学习服务等。二是学校，通过完善内部质量保证制度，实现自我约束、自我评价、自我改进、自我发展，形成质量提升的长效机制。三是社会各利益相关方，包括行业、企业、研究机构和其他社会组织，要发挥行业协会作用，开展高职院校人才培养质量评估，通过企业、用人单位等开展毕业生就业质量、满意度等评价，提高人才培养质量和实际人才需求的匹配度。

3. 科学设计保障体系

内部保证机制与外部评价机制相结合，内部质量保证体系是基础，外部质量评价体系是动力。从质量保证方式来看，包括政府督导、制定国家标准、分类管理、评估、绩效考核，职业院校建设内部质量保证体系、发布质量年度报告，行业协会开展人才培养质量评估，企业开展毕业生就业质量、满意度评价，第三方机构开展质量评估，等等。多管齐下，多措并举，形成了质量保证的“组合拳”。多元主体参与、内外机制并举、多种方式组合，构成了多元化、全方位、制度化、常态化的高等职业教育质量保障制度体系。

三、推进高等职业教育质量保障的新举措

《行动计划》对推进高等职业教育质量保障制度建设进行了系统设计，可以归纳为“一二三四”的制度设计。

用好一个平台：高等职业院校人才培养工作状态数据管理系统。2008 年，伴随第二轮高等职业教育人才培养工作评估的开展，“高等职业院校人才培养工作状态数据采集与管理平台”正式上线，所有独立设置的高职院校按学年度填报数据。平台数据涵盖了高职院校人才培养工作的关键指标，能够比较客观地反映高职院校办学情况，成为评估的基本依据和教育行政部门了解高职院校的重要信息窗口。通过平台要构建与大数据时代相适应的质量保障制度，进一步拓展状态数据平台的功能，做好数据的整理、分析和挖掘。一是为高职院校提供管理服务，建立校本人才培养工作状态数据管理系统，使学校能够全面、实时掌握各专业人才培养的过程信息，助力学校内部质量保证体系建设；二是为省级教育行政部门提供监测服务，通过数据汇总、分析、挖掘，实现常态化监测，实时掌握学校办学情况；三是为国家教育行政部门和有关研究机构提供数据服务，依托大数据库，更好地利用信息辅助决策和研究，服务国家高等职业教育的宏观管理；四是为社会提供信息服务，展示高等职业教育和高职院校的发展成绩，引导社会正确认识和关心支持高等职业教育，为公共信息服务和社会舆论监督提供支撑。

形成两种机制：内部质量保证机制和外部质量评价机制。内部保证机制是学校自行建立的对办学质量的保证机制，包括质量管理、质量监督、自我评价等。随着管办评分离的深入推进，高职院校办学自主权得到进一步扩大和落实，如何管好权、用好权是机遇、也是挑战。从“政府扶着学校走”到“政府指路学校走”，高职院校必须建立更加完善的自我约束、自我规范的内部管理体制和监督制约机制。这其中关键是建立起内部质量保证机制，

否则就可能“一放就乱”，导致各校办学质量参差不齐。所谓“质量保证”，较之“质量保障”，更为强调自我管理的自主权利、责无旁贷的主体责任、积极实践的主动行动和面向外部的质量承诺。内部质量保证是质量保障的基础和根本。任何组织和个人都可能存在惰性，离不开外部的监督、竞争、奖惩，需要在内部质量保证机制的基础上，建立外部评价机制。外部质量评价机制是政府、社会对学校进行的质量检查与评价，包括质量认证、质量审核、质量评估、社会评价等。外部评价主要是事中与事后评价。外部评价为质量保障提供引导和激励。内部与外部质量保障机制并不是割裂的，而是围绕质量保证这个中心，各有侧重，协调配合，形成合力。

发挥三方作用。一是发挥院校主体作用。高职院校要自觉担当起质量保证的主体责任。质量形成于人才培养全过程，质量保证也要贯穿于人才培养全过程。要建立教学工作诊断与改进制度，全面开展教学诊断与改进工作，根据自身办学理念、办学定位、人才培养目标，聚焦专业设置与条件、教师队伍与建设、课程体系与改革、课堂教学与实践、学校管理与制度、校企合作与创新、质量监控与成效等人才培养工作要素，查找不足与完善提高，覆盖全员、贯穿全程、纵横衔接、网络互动，形成常态化的内部质量保证机制，促进质量改进螺旋上升。二是发挥市场引导作用。《中共中央关于全面深化改革若干重大问题的决定》要求，“使市场在资源配置中起决定性作用”，让市场在所有能够发挥作用的领域都充分发挥作用。在高等职业教育领域，市场发挥三方面引导作用：引导观念，促进高等职业教育遵循市场规律，强化服务意识，面向社会办学，服务企业技术研发和产品升级，服务全民学习、终身学习；引导资源，引导社会力量参与办学，扩大优质教育资源，资本、知识、技术、管理等要素都参与办学，实现资源配置效益最大化和效率最优化；引导行动，激发学校发展活力，促进职业教育与社会需求紧密对接，推动职业教育与经济社会同步发展。三是发挥政府指导作用。放权不意味着放任，政府要更多运用法规、规划、标准、政策、公共财政、信息服务等手段引导和支持学校发展，加强和改善宏观管理，发挥引导、示范、激励、监管作用。发挥好政府保基本、促公平作用，着力营造制度环境、制定发展规划、改善基本办学条件、加强规范管理和监督指导等；加快落实政府职能转变、政事分开的改革部署，推进职业教育管办评分离，更好地调动各方积极性，有效构建政府、学校、社会新型关系，逐步形成政府宏观调控管理、院校自主办学、社会广泛参与、职能边界清晰、多元主体“共治”的职业教育质量保障新格局。

做好四项工作。一是修订《高等职业院校专业目录》和《高等职业院校专业设置管理办法》，促进高职院校专业设置与经济社会发展、区域产业发展、职业变化更加吻合，增强高等职业教育人才培养的针对性和有效性。引导高职院校坚持“有所为，有所不为”的专业发展理念，健全专业随产业发展动态调整的机制。二是健全高等职业教育督导评估制度。督导评估是国家对教育进行管理的行政行为，具有强制性、权威性特点和监督、指导功能。要完善督导评估办法，针对高职院校发展迫切需要解决的突出难点问题及近期建设重点，科学制定高职院校督导评估办法；要创新督导评估模式，坚持质性评估与量化评估相结合，坚持督政与督学并重、监督与指导并重，广泛开展综合督导评估与专项督导评估、定期督导评估与经常性督导评估；要注重督导评估结果运用，坚持结果公开，强化奖惩措施。通过督导评估，更好地落实政府发展高职教育的职责。三是建立教学工作诊断与改进制度。加强分类指导，针对不同发展阶段的高职院校，确定诊改重点、明确任务措施。在学校层面，开展合格诊断、保障性诊断和发展性诊断。合格诊断面向新建高职院校及在办学中出现重大问题的高职院校，重点关注“三个基本”：保证学校的基本办学方向、基本办学条件、基本管理规范；保障性诊断旨在引导学校切实履行办学主体责任，建立和完善内部质量保证制度体系，实现自我诊断、自我改进、自我完善；发展性诊断面向基础好、办学水平高的高职院校，推动学校集聚优势、凝练方向，提高发展能力，实现更高水平发展。另外，开展专业层面的人才培养工作抽样诊改试点，支持对企业有较大影响力的部分行业牵头，以行业企业用人标准为依据，设计诊断项目，以院校自愿为原则，通过反馈诊断报告和改进建议等方式，反映专业机构和社会组织对职业院校专业教学质量的认可程度，倒逼专业改革与建设。四是完善质量年度报告制度。当前，我国独立设置的高职院校每年报送、发布质量年度报告。质量年度报告是高职院校面向社会作出的质量承诺，体现了担当社会责任、接受社会监督、持续改进教育质量的决心和信心。一方面，要坚持好学校、省级和国家三级高职质量年度报告制度，规范报告标准，明确报告内容，统一发布时间，拓展发布形式，增强报告的社会公信力和影响力。另一方面，着力提高报告质量，在实事求是、客观真实的前提下，逐步提高质量年度报告的量化程度、可比性和可读性，使质量年度报告成为展示高等职业教育质量的窗口、提升高等职业教育质量的动力。

质量是教育的生命线，提升质量是高等职业教育的永恒主题。在加快发展现代职业教育的时代使命下，提升质量显得更为重要而又迫切。我们要深刻认识质量保障制度建设的重要意义，积极落实《行动计划》提出的各项任务，努力推动高等职业教育质量迈上新的台阶。

来源：《中国职业技术教育》2016 年第 5 期

高职院校质量保证主体责任须落实

常州工程职业技术学院　袁洪志

《高等职业教育创新发展行动计划（2015—2018 年）》对创新发展高等职业教育提出了明确的路线图和责任清单，其中关注最多的是高等职业教育质量问题（“质量”一词共出现 40 次）。建立制度，帮助高职院校建立和完善内部质量保证体系成为教育主管部门的重要责任。

适应管办评分离，建立高职教育质量保证新体系

随着教育领域的开放性逐步增强，第三方评估的需求日益凸显，管办评分离成为必然。正确处理管办评关系的实质就是要正确定位政府、学校和社会在教育活动中的关系格局，形成教育决策、执行和监督三者相互区别、相互协调并且相互制约的良性互动机制。

“管”，政府依法履职，提高教育督导实效。把教育评估从政府管理职能当中分离出去，并不是说政府不再有评估教育的需求，而是“管”“评”两者由行政附属关系走向具备法律效力的契约关系，政府的职能由“评估评价”向“教育督导”转变。新体系下，政府发挥教育督导功能主要通过三个途径：一是成立各级各类的教育督导队伍实施督导和评估监测，其结果向社会发布，限期复查，依法奖惩。二是引入市场机制，将委托专业机构和社会组织开展教育评价纳入政府购买服务范围之列。三是建立学校、省和国家三级高等职业教育质量年度报告制度。

“办”，学校完善内部治理结构，实现教育质量自主保证。院校只有建立较为完善的治理结构，才能实现教育质量自主保证。完善的院校治理结构必须包含以下三个要件：一是符合学校要求，具有前瞻性、规范性和可控性的学校章程；二是具有决策力、执行力的高效决策层；三是社会群体广泛参与的非官方机构，如校级学术委员会、专业指导委员会，有办学相关方代表参加的理事会，听取多方意见，形成常态化的自我诊断与改进机制。

“评”，社会广泛参与，丰富教育评价内容。社会广泛参与教育评价有三种途径：一是作为教育活动的利益相关者，如学生、学生家长、用人单位以及与学校相关的行业协会、专业学会、基金会等社会组织，参与学校组建的各种理事会、委员会等非行政机构，直接

影响学校人才培养目标制定、课程标准修订和专业设置等具体教育活动。二是具有教育评价资质的专业机构和社会组织接受政府或学校委托，对学校教育开展评价。三是新闻媒体等以排行榜形式对学校教育进行评价。目前此种评价方式还主要集中在国内一流大学上，但不久的将来，必然会有高职院校排行榜，通过学校声誉来影响学校资源的获取。

建立诊改制度，发挥高职院校质量保证主体作用

建立职业院校教学工作诊改制度，一方面是配合实施“管评办分离”和教育行政部门转变职能的现实需要，另一方面更是职业教育主动适应经济发展新常态，自主保证质量、提升核心竞争力的需要。

高职院校诊改制度具有自主性、常态化、实时性、动态性、引导性等特征。诊改的主体是质量的直接创造者，包括管理方、举办方、实施方与成才方；制度的根本出发点，是构建质量保证社会共治机制，使高职院校人才培养质量保证走向制度化、常态化的轨道；开展诊改的主要依据是来自于源头的实时数据与信息，同时吸收其他各方的诊断意见与知识成果，标准是开放的、动态的，没有起讫时间限制，注重的是过程。

高职院校开展教学诊改工作，主要任务是充分发挥学校质量保证的主体作用，落实主体责任，以创新完善学校内部质量保证体系为抓手，切实提高人才培养质量。一要以满足经济社会发展需求和学生个人发展需求为导向，确立符合学校自身实际的办学定位与质量目标。二要把质量提升作为师生员工的共同追求，通过多种途径，激发各主体单位追求质量提升的积极性与创造性，形成“全员、全程、全方位”保证的质量文化，使质量保证成为各主体单位的自觉行动。三要构建完备的专业、课程、教师发展、学生发展和后勤服务等质量标准，并制定相应的质量保证制度和运行机制，通过多元诊断的方式，及时发现质量保证体系运行中的问题，促进学生、教师、管理者的成长发展。四要重视改进，横向部门之间和纵向层次之间形成质量环，建立常态化周期性的教学工作诊改制度，提高诊改工作的有效性，使质量保证体系运行不断取得实实在在的效果。

开展教学诊改，高职院校要明确四项工作重点

一要加强质量保证机构和队伍建设。学校要建立一支承担运行、监控、改进等任务，人员配备齐全的专兼职质量保证队伍，加强业务培训与考核，把握质量保证目标，掌握各类质量标准，开展各项质量评价，提出质量保证的改进举措。

二要完善质量保证标准和制度体系。学校和院系要依据区域或行业要求，形成完整、规范的质量标准体系，建立包含人才培养全过程的开放多元的质量保证制度，定期开展人才培养质量的自我诊断，推动质量保证工作持续改进并形成良性循环。

三要加强质量保证的规划落实与资源统筹。依据学校质量保证体系建设规划，制定诊

改工作方案与实施细则，以落实改进为重点，统筹经费投入与资源条件保障，优先保证高水平人才质量输出要求的教学条件、资源建设及其综合改革的需要。

四要建立质量保证信息发布与监控系统。学校根据自身特点，完善数据平台在内部管理运行中的状态分析和监控功能，使之不仅能进行日常管理和教学质量监控，还能满足查找问题与薄弱环节的需要，推动持续改进，确保人才培养质量不偏离设定的质量目标。

来源：《中国教育报》2016年1月12日第5版

用人才培养状态大数据诊断和改进教学

浙江金融职业学院　王成方

《高等职业教育创新发展行动计划（2015—2018 年）》从创新发展的新视野，更加强调发展质量，更加强调质量保障，把完善质量保障机制作为今后创新发展的一项主要任务与举措，并对管办评分离后如何做好高等职业院校内部教育教学的自主检查保障，提出了建立诊断改进机制的要求。

优化状态数据平台

随着大数据时代的到来，教育部于 2008 年在高等职业院校中对人才培养工作状态数据进行采集。状态数据平台运行八年来，逐年修改完善，在教学管理、资源配置、业绩考核、评估评价等领域得到广泛应用。但是，在建好、用好状态数据平台的过程中还存在着一些问题，一是状态数据比较集中地反映在学校层面，具体反映专业层面的数据还不够多；二是平台的功能还没有充分地挖掘；三是地区之间、院校之间的重视程度还有较大差异。

高等职业院校自我诊断改进，需要对状态数据平台进行优化。首先，要优化状态数据的结构。强化专业层面的数据采集，如各专业专任专业教师、校内兼课专业教师、企业兼职专业教师、校外兼课专业教师的数量、结构等；加强各专业的教学改革、校企合作、技术服务等项目的数据采集。其次，要拓展状态数据平台的功能。细化各专业的资源配置、毕业生就业率及就业质量、技术服务、社会贡献等投入与产出效能的分析，增强状态数据平台的统计分析功能，并以仪表盘或列表等形式，在典型案例中得到体现。再次，要扩大状态数据平台的应用范围。在优化状态数据平台的过程中，不仅要提高建好平台的认识，更要在状态数据应用上引起重视，使状态数据真正在加强管理、促进发展中发挥更好的作用。从状态数据目前的应用情况来看，全国绝大多数省级行政部门主要应用于评估工作。一些先进省级行政部门，应用面正在不断拓展，如浙江省对高等职业院校教学业绩考核，已经将状态数据作为重要的考核依据；江苏、广东等省级行政区也将状态数据作为高等职业教育改革建设项目立项和验收评审的主要依据。但是，从总体而言，状态数据的应用范围还主要停留在评估、考核和了解现状、水平上，而对如何利用状态数据做好趋势预测、风险防范等方面显得研究不够、应用不足，亟待加强。

建好数据分析队伍

状态数据平台的建设和使用，建好一支数据分析队伍显得尤为重要。当前，高等职业院校基本建立起一支数据采集力量，一些理念先进的院校已经起步开展对状态数据的分析。但数据分析队伍人员偏少，业务不够熟练，研究不够深入，总体上还不能适应自我诊断改进的要求。

建好数据分析队伍，关键要有数据分析的领军人物，政治上立场坚定，对事业发展充满热情，业务上熟悉职业教育宏观方针政策、基本规律，有较为丰富的教学和管理经验，具有一定的研究能力和合作精神。建好数据分析队伍，还要在院校内部各职能部门、教学实施部门培养一批懂平台、会分析、勤研究的数据分析人员。自我诊断改进工作是院校的一项经常性工作，而这项工作必然要与日常教育教学、管理工作对接。院校职能部门、教学实施部门是状态数据的源头，重视对每一个职能部门、教学实施部门数据分析人员的培养，可以使状态数据采集与管理平台内的数据和平台外的数据有效结合，提升院校自我诊断改进的准确性、及时性。

完善内部保障系统

诊断与改进，诊断是手段，改进是目的。诊断的意见和结果，如何落到实处，需要有一定的组织体系作为保障。从外部来看，从过去教育行政部门组织的评估，到年度质量报告制度的建立，以及今后“管办评分离”国家督学系统的评估、第三方评价机构的评价等，保障体系正在逐步完善。而绝大多数院校的内部质量保障系统仍然不够健全，一些院校把质量监控机构等同于质量保障系统，还有一些院校至今没有质量监控机构，对有效开展诊断改进工作极为不利，需要加快建设和完善。

内部质量保障系统应包括以下几个系统：一是质量标准研制系统，包括专业人才培养方案、课程标准，以及与质量相关的管理文件制度的制定。二是质量组织生成系统，指人才培养方案的实施和具体的教育教学过程，包括课堂教学的内容、方法、手段，实践教学的项目、实施、管理，还有育人的载体、环境、氛围等。三是质量评价监控系统，包括对人才培养过程和管理实施过程的检查、监控、评价、考核和督导等。四是要素条件支持系统，主要指人才培养过程中人、财、物的支持与保障。“兵马未动，粮草先行”，人才培养也是如此，要有师资、经费、设施、设备、场地等基本条件的保障。五是质量信息网络系统，主要职责是将各个系统的相关信息及时传递到其他系统，同时将质量评价监控系统诊断后的相关信息及时传递到其他各个系统，形成闭环，以促进相关系统的及时改进。

构建质量预警机制

产品不合格可以报废，而人才培养不合格可能会影响学生的一生，影响社会的发展。因此，高等职业院校在加强对人才培养结果诊断的同时，更要关注人才培养过程的诊断，充分利用状态数据和相关材料，建好质量预警机制，尽早消除影响人才培养质量的各种不利因素。

一要建立校企合作预警机制。重点考量各专业校企合作机制是否真正建立，合作企业的数量和质量是否能满足学生专业学习的需要，校企合作的功能是否得到充分发挥，互利双赢的目标有否真正实现等。二要建立专业建设预警机制。重点考量各专业与区域经济发展、产业结构的对接程度，专业招生与就业状况，毕业生就业对口率，毕业生的就业质量以及学校整体的专业结构布局等。三要建立课程建设预警机制。重点考量各专业的课程体系、课程结构与人才培养目标的关联度，课程标准与课程所承担任务的契合度，教学内容与教学方法的改革力度，以及教学资源建设状态等。四要建立师资队伍预警机制。重点考量各专业学生规模与教师的配比，师资队伍结构；专业带头人的能力、水平和在行业企业中的影响力，骨干教师的教学和社会服务、科研能力；企业兼职教师的教学和业务能力、水平及实际承担教学任务的数量等。五要建立实训教学预警机制。包括各专业实践教学项目的开出率；校内实训场地的面积和主要实训设备的台套数，生均实训工位数和教学仪器设备值，校内实训项目的组织与设备的使用率，实训室的管理；校外实训基地的数量、功能与实训项目的吻合度，现场指导教师的配备，校外实训项目的组织与管理等。六要建立服务能力预警机制。重点考量各专业社会服务项目的数量，专业教师的参与程度，以及社会服务收入，对服务对象的提升状况和促进发展的作用等。

来源：《中国教育报》2016年2月23日第5版

突出信息特色，实现社会服务能力新跨越

深圳信息职业技术学院　孙湧

《高等职业教育创新发展行动计划（2015—2018年）》是高等职业教育创新发展的路线图和总纲领。深圳信息职业技术学院以广东省一流高职院校建设为契机，深化产教融合，扩大国际合作，提升人才培养质量，争创全国优质高职院校，为深圳及珠三角区域经济发展和产业转型升级提供坚实的信息技术人才保障和有力的技术支撑。

建设可持续发展办学机制

优化学校治理机制。推进学校法人治理能力现代化，优化学校管理体制，实现行政权力与学术权力相对分离，保障学术权力按照学术规律相对独立行使；进一步理顺学校与各二级教学（科研）部门关系，建立健全校院两级管理体制，管理重心下移，试点以人、财、事权下放为核心的二级学院管理体制综合改革；实施职称评聘机制改革，建立健全教职员工绩效考核制度，制定并实施以业绩贡献为基础、以目标管理和目标考核为重点、符合高等职业教育特点的评价考核与绩效工资制度。

完善校企合作制度。借鉴国内外先进办学经验，充分发挥企业在人才培养中的重要作用，创新校企合作办学模式与运行机制，深化校企协同育人，激发办学活力。积极探索集团化办学模式，创新职教集团内部治理结构和运行机制，以深圳信息职业教育集团为依托，将办学的重点工作落地，落实集团成员单位的责权利。

推进产教融合工程。以学校品牌专业建设为契机，积极探索与国内外知名企业、行业组织协同共建二级学院，选择与先进制造业、现代服务业紧密联系的专业，开展现代学徒制试点。探索成立集生产、教学和研发等功能于一体的股份制、混合所有制工程服务中心、技术创新中心，搭建协同育人平台，促进产教融合，激发行业、企业参与专业人才培养的积极性，实现校企合作共赢。

促进质量引领内涵发展

对接产业建设高水平专业。契合珠三角和深圳经济社会发展需要，按照“服务发展、

精致育人、强化特色、争创一流”的要求，优化专业布局，形成“信息技术”专业特色，重点建设计算机信息管理等9个全国领先、与国际接轨的高水平专业，培养具有国际视野的高素质技术技能型人才。

推动人才培养机制创新。实施学分制和弹性学制，建立开放型课程体系，促进学生自主构建知识体系，优化学生知识、能力、素质结构；因材施教，促进学生个性化发展与创新创业能力培养，培养多类型、多规格、多层次的应用型、复合型、技能型人才，满足经济建设和社会发展对人才的多样化需求；促进学校管理现代化和信息化，优化教育教学资源配置，提高办学效益。

建设高职品牌课程。以有效教学为重点，加快专业教学资源建设，提升信息化教学水平。建设国家级、省级、校级专业教学资源库，建设一批与国际标准接轨的国家级和省级精品在线开放课程。创新信息化教学与学习方式，开展个性化教学，让每个学生都有成功成才的机会。

打造高职特色师资团队

加快“双师型”教师队伍建设。调动教师工作的积极性、主动性和创造性，强化教师队伍约束监督机制，加强师德师风建设，制定学术道德规范，建立教师培养提升体系，完善教师管理制度，全面提高教师队伍素质。构建结对互补机制，加强兼职教师培训与管理，以兼职教师牵头参与教学研究项目为驱动，打造一支专兼结合、能力突出的高层次“双师型”教师队伍。

实施高层次人才引进工程。开辟多渠道揽才模式，进一步优化教师专业结构与学缘结构，使人才层次、类型等分布更加合理。推行高端人才引进计划，提供灵活多样用人方式，按照聘用类型和服务期限，建立有吸引力的聘用薪酬制度。实施专业领军人才和高技能人才引进计划，加大高水平人才引进力度。

搭建教师培养平台。设立教师发展中心，整合校内师资培养、培训职能与资源，创新教师服务模式，提升教师教学、科研能力和管理人员业务水平，打通教师职业发展通道和专业发展通道，增强师资队伍的可持续发展能力。拓展骨干教师成长渠道，创新骨干教师培养工作机制，重点提升骨干教师教学能力，积累企业实践经历，拓宽骨干教师的国际视野。

提升科技创新与社会服务能力

建设科技创新服务平台。围绕深圳“加快建设国际科技、产业创新中心”，建立教师开展科学研究和社会服务长效机制。以科技创新平台、成果转化平台、技术转移平台、国际合作平台为建设抓手，提升社会服务质量，培育科技创新团队多方协同发展，协同推进。

开展小微企业培训服务。利用“计算机网络技术”和“数字媒体技术”国家教学资源库的优质教学资源，面向深圳中小微企业、事业单位、兄弟院校，积极开展社会培训服务。

创新对口支援模式。加强与“一带一路”沿线国家地区信息类职业院校的交流与合作，组建“一带一路”职业教育创新联盟，探索对口合作、多方互利共赢的良性机制。面向省内高职院校积极开展定点对口扶贫计划，面向西部欠发达地区院校开展人才培养、专业建设、课程建设等多方位对口支援工作。

提升国际交流合作能力和水平

建设“中德学院”。参照德国“双元制”办学模式，对照德国教育教学标准，与德国应用科技大学或其他本科高校合作，开展学历教育，引进德国技术员证书，创新职业人才培养模式。搭建中职、高职与应用型本科人才培养体系，积极构建深度产业化、高度国际化、技能高端化、专本体系化的现代职业教育模式，为深圳产业发展提供高素质的技术技能型人才支撑。

完善国际人才培养体系。拓展与境外高校的学分互认工作，建立相应激励政策制度，探索设置学生职业教育深造奖励资助基金，实现学位互授、联授，实现部分专业联合培养。与国家“一带一路”发展倡议相结合，探索建立职业教育国际人才培养和就业体系，以开放、多元、融合的国际化合作与交流模式，打造国际化人才培养基地。

输出优势特色教学资源。引进职业教育发达国家职业标准、技术标准和优质教学资源，结合深圳产业特点进行本土化改造，探索建立职业教育 IT 类人才培养国际标准。面向东南亚国家开展“走出去”职业教育培训，探索境外技能证书培训、境外试点学历教育，拓宽学校境外发展空间，提升 IT 职业教育的国际辐射能力。

深圳信息职院将结合广东省创新强校工程、一流高职院校建设项目和学校“十三五”发展规划，凝聚共识，形成合力，实现学校办学水平和社会服务能力的新跨越。

来源：《中国教育报》2017 年 2 月 28 日第 10 版

以系统创新驱动内涵建设和质量提升

天津大学教育学院　王世斌

面对经济发展方式转变、产业结构调整、人口结构变化等形势，在创新型国家建设、“两个一百年”奋斗目标和中华民族伟大复兴中国梦的时代要求下，配合国家“一带一路”倡议，重点服务“中国制造2025”，高等职业教育应该承担更大的责任和使命。但是近年来，高等职业教育在快速发展的同时也面临着诸多问题和困难。不久前出台的《高等职业教育创新发展行动计划（2015—2018年）》（以下简称《行动计划》），直面教育结构和办学类型转变、学校章程和内部治理结构等高等职业教育深层次问题，确立了创新发展、科学发展、协调发展、共享发展的新理念，为高等职业教育制定了发展指南和工作路径，推动高等职业教育进入新的发展阶段。

一、政府的政策扶持、统筹协调和保障力度持续加大

《行动计划》明确提出，落实生均拨款政策，提高经费保障水平。要求生均拨款制度应当覆盖本地区所有独立设置的公办高等职业院校，学校学费收入必须优先保证基本教学支出，保障基本办学条件、提升内涵建设水平、支撑院校综合改革。提出2017年生均财政拨款水平不低于12 000元的刚性要求，确保高职院校能开得起机器、用得起材料、走得出校门，实现可持续发展。

《行动计划》要求地方政府在安排职业教育专项经费、制定支持政策和购买社会服务时，需要将企业举办的公办性质高职院校与其他公办院校同等对待；探索社会力量以多种方式和要素参与高职院校改革，增强办学活力。《行动计划》支持地方和行业引导、扶持企业与高职院校联合开展“现代学徒制”培养试点。《行动计划》加强了国家对区域职业教育发展的统筹、引导和协调作用，建立和定型东中西部合作机制，鼓励和支持东中部地区高职院校通过托管、集团化办学等形式，对口支援西部职业院校。《行动计划》提出职业教育要服务于国家外交战略，鼓励广泛参与国际合作，加强政策对话，发出职业教育的“中国声音”，同时扩大与“一带一路”沿线国家的职业教育合作，扩大“中国影响”和彰显职业教育的“中国特色”。

二、生源更加多元和合理，培养质量和社会声誉将进一步提高

职业教育的学历瓶颈影响了青少年学生选择和接受职业教育的积极性，制约了中高职毕业生的上升通道和职业选择，无法满足技术技能人才进一步成长的需求。在推动中国企业和技术产品走出去的过程中，与之相适应的具有国际视野、通晓国际规则的技术技能人才和中国企业海外生产经营所需要的本土人才培养也遇到了层次瓶颈。因此，招生制度改革无疑是职业教育综合改革的重要内容。

《行动计划》强调健全和规范“文化素质＋职业技能”的考试招生办法，学校在招生中采用多元综合评价形式，逐步实现不同层次职业教育的接续与贯通，为学生接受职业教育提供多种选择。此举有利于高素质技术技能型人才的选拔和培养，体现了职业教育的教育属性和外在需求。

《行动计划》力求遵循职业人才成长规律，健全职业教育接续培养制度。强化专科高等职业院校的主导作用，推动部分地方普通本科高校向应用型转型，推动产学结合培养专业学位研究生，研究设立专科高等职业教育学位，力图解决好高等职业教育的“入口”“出口”和“跨界”等问题。《行动计划》还推进毕业证书与职业资格证书对接，搭建职业教育、普通教育和继续教育融合发展平台，探索构建更加完善的现代职业教育体系。

《行动计划》落实了职业教育在提高国家文化软实力方面的责任担当。对于职业精神培养重要环节的道德教育，提出了以立德树人为根本，加强理想与信念教育、文化素质教育、心理健康教育、校园文化教育等，实现人文素质与职业素质的同步提升和协调发展。《行动计划》强化和凸显了高职院校在传承和保护工业文化、民族文化和民族工艺方面的职责和地位，要求依托职业教育体系保护、传承和创新民族传统工艺与非物质文化遗产，培养各民族文艺人才，支持高等职业院校加强民族文化和民间技艺相关专业的建设和人才培养。

三、高职教育更加标准化和科学化，发展能力将得到更大提升

从高等职业教育发展的阶段性来看，今天的确遇到了挑战，而且无一不是职业教育综合改革必须面对和解决的问题。《行动计划》给出的解决方案是管理重心下移，值得注意的三大关键词是：“治理”“体系”和“标准”。具体指推进高等学校分类管理，系统构建专科、本科、专业学位研究生培养体系，制定高职院校建设标准、专业教学标准、教师资格标准、绩效评价标准等。

《行动计划》中一项基础性、全局性、引领性的工作是要完成高职院校章程的制定和修订工作。作为高等职业院校可持续发展的基石，章程的制定要求学校从遵循教育发展规律出发，在客观全面梳理学校历史的基础上，凝练学院文化；在国家和地区经济社会需求的背景和全球教育视野下，审视学校的现状和实际，规划和制定学校的愿景和目标；在充分调研和论证的基础上，明晰和界定学校内部各组织和成员的责任、权利和义务，建立适合

于本校发展的治理结构和体系。

人事制度改革是高职院校发展中的一个难点。《行动计划》要求根据教师岗位性质，推行分类管理、分类评价、按岗聘用、竞聘上岗，以此提高双师素质和改善双师结构，打造高水平教师队伍。为促进高职院校建立和完善内部质量保证体系，《行动计划》给出的抓手是完善高等职业教育质量年度报告制度和诊断改进机制，逐步形成政府宏观调控、院校自觉保证、社会广泛参与，教育内部保证与教育外部评价协调配合的现代职业教育质量保障机制。

大数据时代的到来要求构建与之相适应的教育治理体系。《行动计划》通过对高职院校人才培养工作状态数据采集与管理平台收集的数据进行整理、分析和挖掘，了解和预测高职院校人才培养工作的现状及趋势，提升高职教育宏观管理能力，为各级教育管理部门和学校提供决策依据，有效满足政府、学校、社会公众的多样化信息需求。

通过《行动计划》的实施，相信在全社会将进一步树立“劳动光荣、技能宝贵、创造伟大”的社会氛围，进一步形成融人文素养、职业精神、职业技能为一体的育人文化，进而实现提升高等职业教育质量这一核心目标。

来源：《中国教育报》2015年11月19日第9版

构建质量体系，推进产教融合创新发展

杨凌职业技术学院　王周锁

教育部《高等职业教育创新发展行动计划（2015—2018年）》（以下简称《行动计划》）是继“国家示范性高等职业院校建设计划”项目完成后的又一项战略工程，是引领高职院校创新发展的行动指南，是提升人才培养质量的重要举措。作为首批国家示范性高职院校，杨凌职业技术学院计划用3年时间，投入3亿元，积极承担实施任务（项目），推动学院创新发展。

围绕四个一流建设优质学院

面对高等职业教育转型发展和陕西高职院校“双一流”建设，杨凌职业技术学院提出在“十三五”期间，以“内涵建设，质量提升”为核心，以构建一流的人才培养、一流的专业发展、一流的人才和人事管理、一流的支撑和保障等体系为支柱的发展举措，推动优质院校建设。

推进人才培养改革，构建一流人才培养体系。坚持回归教育本位，推进实施“通识课（含行为养成课）+专业课+个性发展课+创新创业课”的人才培养方案，促进学生全面发展、成人成才。深化“百县千企”联姻工程和集团化办学，创新协同育人平台。实施以产业技术进步为驱动的课程和教学改革，推进以学分为导向的因材施教、分类教学改革，施行教考分离、学分制和弹性学制改革。

提升专业核心竞争力，构建一流专业发展体系。按照立足自我、摸清家底、寻找标杆、争创一流的思路，推进优质院校和骨干专业建设。紧贴产业行业，实施以产业结构调整为驱动的专业设置和改革。校企深度合作，共建专业及课程标准。持续推进专业服务产业能力项目、专业综合改革试点项目和国家、省、校三级专业教学资源库建设项目。引企入校，共建实训基地和协同创新中心。

实施人才强校战略，推进人事制度改革，构建一流人才和人事管理体系。实施高素质（高技能）人才引进计划、名师引领计划、教师能力提升计划、专业带头人和骨干教师选拔培养计划，建设高水平专业教学团队。投入1 000万元设立人才基金，招聘、引进高素质（高技能）人才。实施岗位管理、全员聘用制度，以及教师分类管理、分类评价和绩效考核等制度改革。

强化保障能力，建设一流支撑和保障体系。改革管理体制和运行机制，创新组织建设和思想政治教育方式。创新以“十大节庆”为主题的学生素质养成教育活动载体。构建融教育文化、职业文化、企业文化和行业文化于一体的新型校园文化。每年投入3 000万元加强实验实训条件建设；3年投入4 000万元，推进信息化校园建设。“十三五”末，建成智慧校园、生态文明校园。

发挥职教优势服务国家战略

紧紧瞄准“一带一路”倡议及“中国制造2025”“互联网+”“精准扶贫”等国家重大战略，发挥职业教育和产学研结合优势，精准施策，服务国家战略。

培养国际化人才。举办建筑工程国际班，培养具有专业技能和国际视野、通晓国际规则，服务中水、中建、中铁等“走出去”企业所需的技术技能人才和企业海外生产经营需要的本土人才。依托杨凌示范区，举办面向中亚国家农技人员的农业实用技术培训班。

服务产业创新发展。运用“互联网+农业”技术，与中兴通讯公司联合创立智慧农业协同创新中心。围绕西部农业产业升级，发展壮大杨凌现代农业职教集团，建设杨凌现代农业职教改革试验区。

促进区域农业发展。继续建设好彬县、凤县、杨凌等农科教、产学研推广服务基地，扩大服务面向，提升服务能力。开展职业农民培训，开设职业农民学历教育及村干部学历班，服务农业现代化、新型城镇化。未来3年，再建县级职业农民培育学院10所，建成产学研合作基地6个。

探索精准扶贫路径。贯彻国家与陕西省扶贫精神，创新教育和科技扶贫模式，实施建档立卡贫困户子女上学减免学费政策。支持甘肃、青海两省职业教育发展，办好青海省玉树州水利、环保专业人才培养订单班，构建贫困地区订单（委托）培养技术技能型人才的教育精准扶贫长效机制。

推动三项融合加强创新创业

推动创新创业教育与专业教学相融合、与大学生社团活动相融合、与校企校政创新创业基地建设相融合，培养具有创新意识和创业能力的技术技能人才。

创新专业教育方式。开放专业实训室和校内农林综合实训基地，供学生创新实验和创业训练。实行教师科研项目学生助手制度，鼓励学生参与教师科研课题研究。改革课堂教学方法，启发学生批判性思维。建立学生创新实验、论文、专利、创业成果等折算学分制度。建立创新创业导师制度，强化专任教师培养。

依托学生社团，活跃学生创新创业实践。鼓励在学生社团下组建兴趣小组，实行教师帮扶、学院资助、企业赞助等形式，支持学生开展创新创业实践。按照三校区的功能，建成工艺创新园区、现代农业创新创业园区、电商贸易创业园区，为学生创新创业搭建平台。设立 200 万元大学生创新创业基金，支持 600 个创新创业孵化项目。

校企校政共建创新创业基地，培育创新创业新秀。进一步合作办好杨凌示范区大学生创新创业基地，建设 3 个示范性大学生众创空间，新建 15 个校政校企合作创新创业孵化基地。

健全诊改机制增强内生动力

主动健全教学诊改机制，是培植学院内生动力，实现质量自我保证、学院自主发展的关键。按照“以诊促改、以改促升”的思路，建成与优质学院相匹配的学院内部质量保证体系，形成学院良性循环发展机制。

落实内部质量主体责任。确立符合学校自身实际的办学定位与质量目标，把质量提升作为师生员工的共同追求，构建质量保证制度和运行机制；建立人才培养质量三级监测和第三方评价体系，实行二级分院关键要素评价制度。

以专业诊改为突破口，带动全面诊改。专业是学校办学的核心，将诊改工作与专业核心竞争力提升、骨干专业建设同步推进。全面疏理学院专业建设的成功经验和产业发展背景下专业建设存在的薄弱环节，制定诊改方案，带动学院全要素诊改。

健全质量监控机制。进一步健全质量保证信息发布与监控系统，完善人才培养数据平台，加大量化力度，实行院内两级教学质量年度报告和就业年度报告制度。

未来 3 年是高等职业教育落实《行动计划》的关键时期。学院力争盘活校内与校外两种资源，群策群力，转变观念，坚持以提升教育教学质量为核心，以服务产业发展为使命，以创新创业教育为突破，以全面提升办学水平为目标，把学院建成国内一流、具有一定国际影响力的优质学院。

来源：《中国教育报》2016 年 11 月 29 日第 10 版

找准技术技能人才培养改革的关键路径

陕西工业职业技术学院　崔岩

《高等职业教育创新发展行动计划（2015—2018年）》（以下简称《行动计划》）为我国高等职业教育事业的近期发展描绘了路线图和时间表，这也是推动我国高等职业教育事业健康和可持续发展的责任书、军令状。

高职院校的最终“产品”体现在学生身上，学生就业成长的竞争体现了高等职业教育的竞争力。如何在推进高职院校创新发展进程中，提高人才培养质量和毕业生就业竞争力，《行动计划》指明了技术技能人才培养改革的关键路径。

加大技术技能人才培养改革保障水平。高职院校技术技能人才培养改革需要耗费大量的改革成本，要有完善的经费投入机制。《行动计划》在“完善质量保障机制”内容中明确提出，要“提高经费保障水平”“政府应建立完善以改革和绩效为导向的专科高等职业院校生均拨款制度”，该制度应“覆盖本地区所有独立设置的公办高等职业院校”，到2017年，“本省专科高等职业院校年生均财政拨款平均水平不低于12 000元”。这就要求地方政府及行业主管部门加大经费统筹力度，依法制定并落实高职院校生均经费拨款制度，加大财政投入力度，提高资金使用效率。

此外，还应加快高职院校用人机制改革，扩大高职院校在人事管理、教师评聘等方面的自主权；高职院校依法制定大学章程，完善治理结构，提升治理能力；建立学校、行业、企业和社区等各方共同参与的学校理事会，依法管理学校，独立运营学校，减少行政干预；建立企业技术人员与高职院校教师相互兼职制度，优化师资队伍；加快高等职业院校用人机制改革；扩大高职院校在人事管理、教师评聘等方面的自主权。

建立和创新系统化的技术技能人才培养体系。要以市场需求为导向，明确高等职业教育定位，把培养生产服务一线的数以亿计的工程师、高级技工和高素质劳动者等技术技能人才作为目标，把服务于我国工业化、信息化和现代化的技术技能积累作为使命。

大力开展集团化办学、现代学徒制培养，探索混合所有制办学，构建中职、专科、本科到研究生各个层次的立交桥式的技术技能人才培养体系。

制定和完善高职院校技术技能人才培养标准。积极鼓励企业管理者参与到高职院校技术技能人才培养标准的制定和实施控制过程中，提高高职院校毕业生就业质量，提升就业满意度，增强就业结构和产业结构的匹配度。

推动企业参与人才培养全过程以提高培养质量。深化产教融合、校企合作、工学结合，将技术技能人才培养标准贯穿于教学、实训、实习和实践全过程。促进项目教学、案例教学、任务导向等教学模式成熟，加大实习实训在教学中的比重。通过授权、委托等购买服务的形式，明确企业参与高等职业教育的责任，推动企业参与人才培养全过程。促进毕业生的职业技能培养与职业精神养成相融合，坚持以育人为目标的绩效考核评价体系。完善以能力为核心的职业资格证书考核制度，弱化学历证书的社会效应。建立企业和高职院校联合招生、联合培养的学徒制培养机制，促进校企一体化建设。

建立健全人才培养衔接体系，深入调研区域经济发展、产业结构调整升级、技术进步等企业和社会需求，联合就业需求单位开发专业教学标准和职业技术技能标准。强化专业设置与产业需求相衔接，课程内容与职业标准相衔接，教学过程与生产过程相衔接，职业教育与终身学习相衔接，同时贯通中等职业教育和高等职业教育以及本科职业教育等在培养目标、专业设置、课程体系、教学过程和内容等方面的衔接。“推进优秀产业文化进教育、企业文化进校园、职业文化进课堂”，科学提升人文素质，加强职业道德、人文素养教育，将人的全面发展理念贯穿于终身教育中。

《行动计划》的实施是一项复杂的系统工程，既要考虑解决显性的现实问题，更要积极探索解决制约高等职业教育改革和发展的隐性的、深层次的体制机制问题，因此要妥善处理和把握好各种关系。首先是数量与质量的关系。一方面，《行动计划》提出了明确的发展目标和任务，有明确的数量要求；另一方面，也突出强调了高等职业教育创新发展要“以立德树人为根本”“提升人才培养质量”，因此，在实施过程中，应以科学发展观为指导，将发展速度与发展质量、发展规模与内涵效益、硬件与软件相统一，做到统筹兼顾、积极稳妥、有序推进，有效提升高等职业教育教学质量。其次是创新与传承的关系。《行动计划》是在继承以前示范性高职院校建设、专业服务产业发展能力项目等高等职业教育改革经验的基础上推出的，是在继承我国高等职业教育十余年来积累的实践经验基础上展开的，里面有很多创新的部分。在创新发展高等职业教育进程中，要处理好解放思想和实事求是的关系、整体推进和重点突破的关系、顶层设计和摸着石头过河的关系，在高等职业教育的改革攻坚期，深入开展战略思考，把改革创新精神贯彻到各个环节，全面深化高等职业教育教学改革。再其次是短期与长期的关系。《行动计划》虽然定期为 2015 年至 2018 年，但其着眼点却是推进高等职业教育可持续发展。所以，在实施过程中，应避免“大跃进”“一阵风”的做法。同时，对于高职院校的主管部门，特别是政府，发展高等职业教育的责任也不宜狭窄化或局限在财政投入上，简单地将发展高等职业教育等同于由政府投钱创建一批专业、一批基地，或出台几个文件、制度，从而忽视了高等职业教育发展的体制机制创新。因此，实施《行动计划》既应立足现实，应对亟待解决的现实问题，也应放眼长远，通过探索和创新破解影响高等职业教育发展的体制机制、政策制度、内涵提升等深层次问题，在实施过程中有效推进高等职业教育综合改革。

来源：《中国教育报》2015 年 12 月 24 日第 9 版

建好专业教学资源库须做好“三结合”

宁波职业技术学院　张启明

职业教育专业教学资源库（简称资源库）建设是顺应“互联网+”发展趋势，推动信息技术在职业教育专业教学改革与教学实施领域综合应用的重要手段。自2010年启动以来，教育部已立项建设88个专业教学资源库和包含10个子库的民族文化传承与创新资源库，覆盖了农林牧渔、交通运输等19个高职专业大类的56个专业类。通过项目建设，汇聚了一批优秀的学校和企业投入职业教育资源建设应用，带动了一批专业提升信息化教学水平，建设了一批高质量的教学资源，打造了一批专业教学和信息技术相结合的教育团队。但在实际应用中，受到学校信息化水平、教学改革制度环境、资源质量、教师能力等因素影响，资源库“能学、辅教”的功能发挥受限。笔者认为，要建设和应用好资源库，必须与学校信息化建设、专业教育教学改革、信息化教学资源建设等三方面紧密结合。

资源库建设须与学校信息化工作相结合

信息化应用于教育行业已逐步进入教学模式和管理模式创新融合阶段，学生学习主体地位逐步体现、教师从课堂主角渐变为学习设计者和辅助者。以资源库为代表的信息化应用正推动着教育服务模式和教育体制进入重构与变革的拐点，学校必须构建开放创新的教育服务体系来解决深层次教育问题。

构建创新型信息化服务机制。一是要加强教育信息化的顶层设计，明确将校园信息化建设定位为学校发展战略，建立“一把手”责任制，全面统筹学校信息化的规划与发展，明确教育信息化经费投入保障机制。二是要改变信息化建设理念，改变过去“由业务部门负责、以部门管理为主、服务分散”的状况，建立“以用户为中心、全校统一实施”的服务模式。三是要转变部门信息化建设职责，从关注软件系统开发转变为重点研究业务流程和应用管理数据，推动信息技术与高校“人才培养、学术研究、社会服务、文化传承创新”功能的深度融合。

构建创新型信息化应用机制。一是要改变传统教育教学观念，建立信息化的人才观、教学观和质量观。二是要改变传统教育教学体制，创新顺应教育信息化发展的教学管理和学生管理体制，调整教学组织形式及学习环境设置，完善教育教学质量控制体系，优化教师考核标准和课堂教学评价标准，重视学生学习效果跟踪和综合评价技术应用。三是要改变传统教育教学方式，探索教师教学和学生学习并重的混合式教学方式，关注教师在信息技术和专业教学整合过程的能力架构，关注学生自主学习、合作学习和探究学习的引导方式。

构建创新型信息化生态体系。一是要建立和完善数据管理模式，建立整体、全局数据观念，统一技术和应用标准，有效整合结构化和非结构化数据。二是要重构业务和服务流程，以业务需求为主导，注重数据应用，将数据真正流转到业务和管理部门产生业务价值，使每位参与者成为数据的受益者。三是形成可持续发展的制度安排，实现信息技术与教育教学的融合，完善制度建设以推进信息化生态系统全生命周期的发展。

资源库建设须与专业教学改革工作相结合

教育信息化催生了新的教育教学形态、新的教育教学组织方式，只有围绕职业教育的核心要义，形成与之相适应的管理模式，师生主动参与应用，才能实现资源库的可持续发展。

树立以人才培养为核心的观念。一是脚踏实地做好专业人才培养方案，以行业企业需求为导向，分析主要就业岗位和典型工作任务，梳理岗位人才应掌握的基本知识、技能和素养点，构建结构清晰、逻辑紧密、体系完整的结构化课程，形成富有职业教育特色的专业教学标准。二是同步做好资源库体系建构工作，以服务专业人才培养为目标，根据专业教学需求，结合信息化教学特点，对资源库的知识结构、资源属性和运行平台功能等进行整体设计。三是利用大数据分析完善人才培养，让资源库在应用过程中产生的数据会“说话”，聚焦教学过程及其评估，及时改进教师教学方式或修订人才培养方案。

创新与变革教学和教学管理模式。一是建立与之相适应的管理措施，改革学分管理、学制管理、教学管理和学业评价制度，在教师职称评聘、考核评价等方面建立激励制度，探索建立基于数据库应用的学习成果认证、积累和转换机制。二是优先关注教师的信息技术应用能力，构建老中青结合的复合型、多面手教育教学团队。三是应用资源库驱动教育教学变革，在日常教与学活动应用过程中改造与提升教学方法和管理模式，并不断提出和实现新的应用。

采用“教师主导—学生主体”的混合式教学方式。一是明确教师为主导的教育地位，专业人才培养目标的设计与实施、优质教学资源设计与共享、应用信息化改进课程设计和教学等工作均应由专业教学团队主导完成。二是树立学生为中心的教学主体，倡导多样化的体验式学习，按照“便捷、成效、促用”的目标构建学习资源与平台。三是信息技术融入教育教学全过程，聚焦信息技术与教育教学的融合应用，尤其是课堂教学的合理应用，建立适应学习者的教学方式，为其提供高质量的学习体验。

资源库建设须与学校资源建设工作相结合

职业教育信息化重在开发优质资源和关键应用，提升实践教学水平，要以应用驱动资源建设，着眼于解决资源库建设与应用中的问题，继续常态化地有效整合资源、合理选择建设类型、持续更新资源内容。

已有资源和新建资源相结合。一是理性评估现有教学资源，遴选学校已有教学资源和社会公开教学资源，去粗取精、优化组合，变“教学资源”为“学习资源”。二是优选组团建设资源，聚集专业综合实力强、特色明显的院校，联合代表相关专业领域水平的行业、企业，牵头或参与建设新的资源。三是以“我”为主建设资源，根据已有资源情况和实际建设需要，做好资源建设的规划、设计、制作和质量监控工作。

应用场景和建设类型要切合。一是不能为了资源而资源，应根据结构化课程体系要求，建设涵盖专业教学标准规定内容，覆盖专业所有基本知识点和岗位基本技能点的基本资源；建设反映行业发展的趋势特色、前沿技术、最新成果及国际比较，并能够保持先进性的拓展资源。二是不能为了“微课”而微课，应根据教学需要建设素材、积件、模块和课程等不同层次的资源，短小的“微课”应是内容紧凑、结构完整地阐述或演示某一知识点或技能点的视频资源，体现“微在形、课为魂”的特点。三是不能为了仿真而仿真，应根据教学内容和教学条件合理确定各类资源呈现形式，虚拟仿真资源重点用于解决教学中“讲不清、看不见、进不去、动不得、难再现”的难题。

常态建设与动态管理需融合。一是保障资源质量的前提下开展常态化建设，应建立全面的质量管理体系，健全资源质量审核机制，优化资源应用环境，强化资源建设过程管理，变“项目化”建设为“常态化”建设。二是将资源从存储式管理转变为知识化管理，准确、有效、迅速地对海量资源以及资源使用记录进行再次加工、处理、组织和挖掘，充分发挥资源功能和价值，使用户可重新建构、发现、管理和创新知识。三是应用驱动资源的动态管理，根据使用情况，及时增加、淘汰、更新资源以及改善应用环境，加强资源应用分析和日常教学行为分析，形成常态化的反馈诊断分析与改进机制。

来源：《中国教育报》2017年9月5日第11版

突出应用驱动，强调学习导向，加快高职教育信息化建设

山东商业职业技术学院　吴升刚

教育信息化是时代发展的要求，是事关教育全局的战略选择，是实现教育现代化的基础支撑和必要手段。党的十八大强调“以教育信息化带动教育现代化”。国务院《关于加快发展现代职业教育的决定》，在“提高人才培养质量”部分清楚提出了我国职业教育提高信息化建设水平的新要求，把它作为政府发挥好保基本、提质量、促公平的重要途径。2015年10月19日，教育部发布了《高等职业教育创新发展行动计划（2015—2018年）》（以下简称《行动计划》），提出了顺应“互联网+”发展趋势，构建数字教育资源共建共享体系；应用信息技术改造传统教学，促进泛在、移动、个性化学习方式的形成；推进落实职业院校数字校园建设相关标准，加快职业教育管理信息化平台建设等一系列重要举措，明确了今后一段时期高等职业教育推进信息技术应用的目标任务和努力方向。《行动计划》是推动我国高等职业教育提高质量，加快推进信息化建设、深化教学改革的行动性纲领文件。

一、我国职业教育信息化发展现状和问题分析

（一）职业教育信息化建设不断取得新进展

1. 数字化教学资源开发与应用取得进展

近年来，教育部组织开发了40多个国家职业教育专业教学资源库和300多门国家精品资源共享课程，开通了全国中等和高等职业教育数字化学习资源平台，向社会免费开放了1 000门网络教育精品课程和1 000门视频讲座，国家数字化学习资源中心整合了3万多门继续教育课程，湖南、广东、山东、辽宁等省也建设了网络学习空间和数字化资源库，初步实现了职业教育数字化优质资源共建共享。

2. 数字化资源和管理平台建设持续推进

全国已建成国家中等职业教育示范校、高等职业教育示范（骨干）校项目管理信息系统，中等职业学校学生信息管理系统，全国职业院校技能大赛管理信息系统等信息化管理

平台，形成了国家级网站和20多个省级网站互为补充的职业教育骨干网络。

3. 教师信息化应用水平不断提升

教育部连续举办了四届信息化教学大赛，累计参赛教师5 000多人次，初步构建了国家—省市—地区—学校四级赛事体系。大赛提升了参赛教师的信息化教学水平，在利用现代信息技术推动职业院校教学改革、促进教学方式与学习方式的变革等方面发挥了积极作用，有力推动了现代信息技术与教育教学实践的深度融合。

（二）职业教育信息技术应用水平仍有很大提升空间

虽然职业教育信息化取得了很大进展，但从总体上看仍有很大提升空间。

首先，信息技术在教学中的应用不够深入，数字化教学资源与课程教学的深层次融合还有较大提高空间。目前，职业院校信息技术教学应用比较普遍，但很多处于浅层应用水平，信息技术仅仅作为辅教或辅学的工具手段，大多教师的信息技术应用能力主要是基本操作和PPT课件制作，以网络和信息技术为支撑的专用学科教学工具、协同备课和教研系统等使用率还不高，信息技术应用于教与学的总体水平还很有限，教师信息化应用水平亟待提高。

其次，职业教育信息化建设基础仍需加强。部分地区和职业院校信息化建设的意识不强，存在“重硬件轻资源、重建设轻应用”的现象，对人力资源建设在推进教育信息化健康发展中的决定性作用认识不到位。

再次，教育信息化建设还缺乏标准化、规范化和兼容性，数字化教学资源存在结构性匮乏矛盾。市场上有很多数字化教学资源，但大多缺乏教学针对性和系统性，教师在资源海洋里很难找到真正能满足教学需要的数字化资源。构建发挥市场资源配置决定性作用的机制，实现优质数字化资源建设与应用良性互动、持续发展的运行模式，也是教学信息化建设的一个重要命题。

最后，区域间、城乡间、校际信息化发展还很不平衡。与东部和城市相比，我国西部和农村地区的职业院校在师资水平、办学基础和教学条件上存在较大差距，中西部、城乡数字鸿沟依然较大，均衡发展仍是需要关注的重点问题，利用信息化手段推进优质教育资源跨区域、跨行业共建共享，是政府发挥好保基本、促公平的重要途径之一。

二、现代信息技术对高职教育发展提出了新挑战

（一）信息化带来了人才培养目标定位的新变化

现代信息技术带动了经济全球化发展，我国企业越来越多地参与国际竞争，新兴产业和新的经营方式正在不断出现，这些都离不开相应的技术技能人才和高新技术支撑。高等职业教育肩负着培养多样化人才、传承技术技能、促进就业创业的重要职责，必然要对此

做出迅速反应。《国家教育事业发展第十二个五年规划》提出高等职业教育要重点培养产业转型升级和企业技术创新需要的发展型、复合型、创新型的技术技能人才，这是新形势下对高等职业教育人才培养目标的一次重新定位，我们不仅要关注学生的信息技术应用素养，更要关注信息化环境下学生应该具备的能力培养，如创新意识、创新精神、批判性思维等。

（二）信息化带来了教师和学生间关系的新变化

教育信息化的根本目标在于促进信息技术与教育教学实践的深度融合，促进信息技术在教育教学中的应用。互联网技术使师生拥有了获取信息的平等地位，知识与教师、学生的关系正在发生着变化，教师不再是知识，特别是新知识的垄断者，学生不再是知识的被动接受者，学生获取知识不再受教室、图书馆等物理空间的限制，也不再受课上、课下的时间限制。信息技术应用能力和互联网思维正在成为一项日益重要的关键技能，学校和教师必须主动适应这一变化，积极应对"互联网+"带来的教学观念、教学方法、教学手段等一系列变革，努力创新信息化教学的内容与方式，满足学生学习的多样化与个性化需要。

（三）信息化带来了教学模式和学习方式的新变化

当前，信息技术仅仅是作为传统教学模式的补充而存在，即使很多地区已经普及使用了多媒体和 PPT 技术，仍然不能很好发挥学生的认知主体作用，不能很好地培养具有创新意识、创新思维和创新精神的高素质技能型人才，制约着教学质量的提高。随着信息技术和互联网的快速发展，新的教育理念与方法给传统教学模式带来了前所未有的竞争，教与学的思路正在从"技术导向"向"学习导向"变革，全球都在寻找如何构建师生积极互动的教学新模式，以提供更高质量服务和创造更多学习机会的方法。

三、高等职业教育加快信息化建设的新思路

学生中心和提高质量是高等职业教育信息化建设必须坚持的根本宗旨。高等职业教育信息化建设必须践行"以学生为中心"的发展理念，强调信息化在教学过程中的应用，围绕改造传统教学模式和大幅度提升教学质量的目标，加快建设硬件环境、软件平台和数字化资源。

（一）推进信息技术应用，推广以学生为中心的教学新模式

要改变传统以教师为中心的课堂教学，创建一种既能发挥教师主导作用又能充分体现学生主体地位的新型教学组织形式。《行动计划》提出，"应用信息技术改造传统教学，促进泛在、移动、个性化学习方式的形成"。这有以下两层含义。

一是信息技术应用从"技术导向"向"学习导向"变革。更加强调信息技术在教学过程中的应用，并通过这种应用有效提升教学质量。也就是说，我们应该在明确学生学什么、

怎么学、怎么教的问题后，才考虑如何应用信息技术去支撑教与学。鼓励充分发挥互联网技术突破时间、空间限制的独特优势，利用信息技术开展更多启发式、探究式、讨论式、参与式等教学实践探索，推广以学习者为中心的“泛在、移动、个性化”的学习方式变革，同时使学生具备越来越强的互联网学习技能和信息技术应用技能，更好地满足学习型社会的要求，为形成“大众创业、万众创新”新局面打下坚实基础。

二是更加重视教师信息技术应用能力的提高。优质教学资源能否在教育信息化中得到应用，起决定性作用的是教师。《行动计划》提出“将信息技术应用能力纳入教师资格认证体系，并作为教师评聘考核的重要依据”。通过继续实施全国职业学校信息技术职业能力提高计划、继续支持教学信息化改革试点、办好全国职业院校信息化教学大赛、建立国家级教育信息技术能力培训基地等，加强现代信息技术应用能力培训，提高教师的信息技术应用能力和信息化教学素养。鼓励各省逐步将教育技术能力纳入职业院校教师资格认证体系，将信息技术应用能力作为教师评聘考核的重要标准。高职院校建立相应的激励机制，支持教师开展教学信息化改革，不断提高教学质量。

（二）加快开发职业教育数字化资源，扩大优质职业教育资源的覆盖面

没有丰富的优质教学资源，很难让学生实现自主学习，更谈不上让学生进行自主发现和自主探索，优质数字化资源建设是制约“改造传统教学”最为关键的一环。为使职业教育数字化资源建设工作更加有效，《行动计划》提出，“顺应‘互联网＋’的发展趋势，构建国家、省、学校三级数字教育资源共建共享体系”，探索建立高效率低成本的资源可持续开发、应用、共享、交易服务模式和运作机制，保障优质资源开发应用的良性循环。这要求在以下两个方面继续努力。

一是继续健全优质数字教育资源服务体系，支持“互联网＋资源库”应用创新。国家层面已经围绕建设现代产业发展新体系需要，建设了一批特色鲜明、资源共享的国家职业教育专业教学资源库和国家级精品资源共享课，今后还要加强专业布点多、学生数量大、行业企业需求迫切的专业领域的建设。更加强调地方统筹作用，鼓励各省根据本地经济社会发展需要和职业教育发展特点，建设适应本地需要的省级名优教学资源。同时鼓励各高等职业院校根据自身条件，遵循知识积累和技能养成规律，补充建设校级特色教学资源。校级教学资源应突出校本特色。为避免重复建设，省级、校级教学资源要与国家级资源错位规划建设，形成国家、省、学校三级优质数字教育资源共建共享体系，逐步实现所有专业的优质数字教育资源全覆盖。

二是继续支持以提高专业课教学质量为目标的虚拟仿真实训系统开发应用。采用虚拟现实技术，针对教学中难以理解的复杂结构、复杂运动等，开发相应的仿真教学软件，模拟真实生产过程，提高实习实训效果。对在现场安排实习困难或容易带来人身和环境危害的专业，鼓励开发替代性虚拟仿真实训系统，解决在真实环境中难以呈现的教学和生产问题。鼓励学校搭建信息化顶岗实习管理平台，规范顶岗实习的过程管理，提高顶岗实习教

学环节质量。

（三）加快高等职业院校信息化平台建设，提升职业教育信息化基础能力

高等职业院校信息化平台建设更加强调，利用信息技术创造无所不在的学习环境或教学环境，为实现以“自主、探究、合作”为主要特征的教学方式变革提供多样化的学习支持。

加强数字化校园基础设施建设，提高数字化校园标准化水平。解决信息资源共享问题的关键在于以标准化、规范化的教育技术架构规范各类教育系统的建设。《行动计划》提出“推进落实职业教育数字校园建设相关标准”，加快建设泛在、安全的全覆盖校园网，强化资源整合和标准统一，提高职业院校数字校园基础设施和服务体系建设的标准化水平，促进优质数字教育资源更高效率、更大范围共享。

强调职业教育信息化管理系统建设，提升学校信息化管理水平。资源公共服务平台作为最重要的载体，直接影响优质数字资源的汇聚共享、建设与应用的衔接。为此，《行动计划》提出“加快职业教育管理信息化平台建设，消除信息孤岛”。这要求统一技术规范，依托互联网、卫星网、广播电视网、移动通信网等公共信息基础设施和提供的计算与存储服务，推进国家级、省级职业教育数字资源和教育管理公共服务平台建设，实现各级教育行政部门政务管理和职业院校业务管理的信息化、标准化和规范化，形成面向师生、面向社会的资源服务云模式，提升公共服务能力。

搭建职业教育远程互动学习平台，促进区域间职业教育均衡发展。互联网最大的优势是突破时空限制，实现资源共享和快捷方便的交流互动。利用互联网信息技术向农村、民族、贫困地区的职业院校推送优质数字化教学资源，能够改变那些地区和学校的落后面貌，提升区域间职业教育均衡发展指数，对促进教育公平发展有重要作用。《行动计划》提出：“推广教学过程与生产过程实时互动的远程教学。”因此，应鼓励高职院校采用先进网络传输技术、数字通信技术和视频压缩技术，开发建设职业教育远程互动学习平台。将企业现场真实工作场景传送到教室，为学生营造身临其境的课堂学习氛围；将学校优质数字资源面向社会广泛开放，为终身学习型社会建设提供条件；将名师视频课堂等优质资源向农村、民族、贫困地区传播，使农村和边远地区更多分享优质教育资源，努力让每个人都有人生出彩的机会。

来源：《中国职业技术教育》2016 年第 5 期

第五篇

现代治理，引领发展

现代职业教育体系和院校治理能力建设是职业教育创新发展和可持续发展的重要内容。充分发挥地方政府统筹作用，落实院校办学自主权，充分发挥市场机制作用，理顺和明确政府、院校、市场在办学中的责、权、利，建立“市场机制有效、微观主体有活力、宏观调控有度”的政府、院校和市场新型关系。

高职院校以创建“优质高等专科学校”为核心目标，以深入推进产教融合、校企合作为主线，以体制机制建设为重点，始终保持发展定力，激发行业企业活力，增强质量内生动力，充分发挥行业企业办学主体作用。推动产业需求侧和人才供给侧有机衔接，推动创新链、产业链和人才链的有机对接。建立形成“党委领导、校长负责、专家治学、民主管理、企业参与、社会监督”的现代治理结构，全面推进学院从“示范”经“优质”到“高水平”，引领带动高职战线创新发展。

《行动计划》鼓励社会力量以资本、知识、技术、管理等要素参与公办高等职业院校办学。高职院校在落实《行动计划》的过程中，创新办学机制，建成了一批产业学院、混合所有制二级学院、以现代学徒制为主的特色学院等，在推动人才培养高质量发展同时，全面提升社会服务能力，有效提高了技术技能人才对经济发展的贡献度。创新决策机构，推动高职院校设立一批理事会或董事会，开展咨询、协商、审议与监督；设立校级学术委员会，发挥学术委员会在专业建设、学术评价、学术发展和学风建设等事项上的重要作用，推动学院决策规范化、专业化、科学化。

以制度建设优化高职教育发展环境

宁波职业技术学院　张慧波

教育部日前出台了《高等职业教育创新发展行动计划（2015—2018 年）》（以下简称《行动计划》），该《行动计划》目标明确、举措有力、保障到位，是我国未来三年高职教育改革发展的路线图和行动方案。通观整个《行动计划》可以看出，制度建设是高职教育创新发展的基本路径和关键所在。通过具体的制度建设理顺高职教育各主体之间的责、权、利关系，充分调动高职院校、行业企业的积极性和主动性，是提升人才培养质量和办学效益的基础。

以规范性制度推动高职教育有序运行

制度对人的行为具有规范和约束作用，是建立秩序的前提和基础。《行动计划》提出了一系列规范性制度建设，包括以下几个方面。

一是职教办学标准。《行动计划》提出推进现代职业教育的国家标准建设，由教育部协调相关部门牵头制定有关国家标准的规范性文件，推进实施职业教育国家标准体系，包括学校建设标准、专业教学标准、实验实训装备技术标准、数字校园建设标准、学校体育工作标准、教师资格标准、“双师型”教师标准、教师绩效评价标准、辅导员职业能力标准等。明确和完善这些制度性标准，将为高职院校的可持续发展提供方向和目标。

二是办学管理规章。为了落实《高等学校章程制定暂行办法》，规范高职院校办学运行机制和治理结构，《行动计划》还为高职教育教学活动的有序有效开展设计了一整套的制度构架，除了“职业教育条例”“职业教育校企合作促进办法”“高等职业院校专业设置管理办法”“高等职业院校教师专业技术职务（职称）评聘办法”“示范性职业教育集团建设方案与管理办法”等已确定名称的规章制度之外，还要加强职业教育质量年度报告、教师人事管理、职业教育接续培养、职业教育学位、激励导向的收入分配与表彰奖励等制度建设，涉及办学的方方面面。

三是经费保障制度。办学经费是高职院校正常运行的基本保障，《行动计划》要求各地构建的高职院校生均拨款制度要以促进改革和提高绩效为导向，做到生均拨款制度对所有公办高职院校全覆盖，保证学校正常运转、保障基本教学条件、提升内涵建设水平、支撑院校综合改革。而举办高职院校的有关部门和单位，参照院校所在地公办高职院校的生均拨款标准，制定落实所属高职院校生均拨款制度。同时建立多渠道筹资机制，学费收入则必须优先保证学校基本教学方面的支出。

以激励性制度保障高职教育有效实施

制度能在何种程度上发挥实效，关键在于激励效应如何。《行动计划》专门推出了相关的激励性制度。

一是质量年度报告制度。完善和巩固学校、省和国家三个层面的质量年度报告制度，《行动计划》要求做好以下几个方面的工作：一是要求专科高职院校和省级教育行政部门每年发布质量报告，并支持第三方撰写发布国家高职教育质量年度报告；二是强化对报告发布情况和撰写质量的监督管理，提高量化程度、可比性和可读性；三是依托高职院校人才培养工作状态数据，逐步使其在质量报告中发挥基础性的作用。质量报告和评估结果，将作为政府对公办高职院校行政决策及对民办高职院校“以奖代补”、购买服务的重要依据。

二是诊断改进制度。教育部牵头研究制定高职院校人才培养工作诊断和改进的制度方案，以人才培养工作状态数据为基础，由省级教育行政部门统筹实施，并针对处于不同发展阶段高职院校的特点，确定诊改工作的重点和进度。也可以依托行业制定相关专业的具体诊改方案，开展专业层面的人才培养工作诊改试点，通过结果评价、结论排名、建议反馈的形式，倒逼职业院校专业改革与建设。

让制度红利在高职教育领域不断凸显

高职教育的创新发展是通过制度的不断创新、供给和变迁来挖掘增长潜力的过程，可以说是制度红利的职教版，因此，制度建设才是高职教育创新发展最主要的路径。那么，怎样才能让制度红利在高职教育领域中不断凸显呢？应该确立三个方面的理念。

一是路径依赖与变革创新相结合。一项好的制度，既不能念念不忘原有的规则，故步自封、裹足不前，也不可完全脱离过去的路径，一味求新求异而面目全非。历史不能抛弃，现在的制度肯定是过去制度的演进，要“摸着石头过河”，否则很可能会受到硬性或软性的抵触而难以产生实效。另一方面，推出新的制度必然会对原有制度做出改变，只有创新才有生命力，才能推动各项工作不断前行。《行动计划》中各项具体制度的出台，要注意把握新旧制度变迁的“度”，注重制度的延续性和创新性的有机结合。

二是制度的制定要遵循民主之路。某项制度的产生和发展，通常是社会成员或利益相关方相互博弈的过程。仅凭少数人或少数群体的主观臆断，难以形成行之有效的规章制度。如果一项制度是大多数人选择的结果，必然会由于其认同的广泛性而得以自我强化，从而更加具有认可度和执行力。因此，《行动计划》的各项制度在制定过程中，要引导各级政府、行业企业、相关院校乃至广大师生、社会民众积极参与，广泛听取各方意见和建议。

三是制度的执行比制定更为重要。一项制度的出台或许不易，但制度的执行比制定可能更为艰辛。制度的执行既需要机构、人员、经费、机制等一系列保障，更需要制度文化的长期建设，让遵守制度成为一种习惯。而当前能否建立一整套行之有效的考核与奖惩机制，对制度的执行尤为关键。为此，《行动计划》明确教育部协调相关部门牵头制定国家层面的政策、制度和标准，省级政府是实施《行动计划》的责任主体，各相关部门要统筹规划、落实任务。同时，通过强化管理督查、营造良好环境，并附列“高等职业教育创新发展行动计划任务、项目一览表”，保证《行动计划》的有序推进。

来源：《中国教育报》2016 年 1 月 5 日第 5 版

新常态下高职院校创新发展的着力点

武汉职业技术学院　李洪渠

《高等职业教育创新发展行动计划（2015—2018 年）》（以下简称《行动计划》）是高等职业教育战线贯彻落实 2014 年全国职业教育工作会议精神，面向“十三五”改革发展的时间表和路线图，必须精准领会其要旨，明确新常态下高职院校创新发展的着力点。

创新发展是新常态下高职教育的必然选择

时代呼唤高职教育创新发展。随着知识经济的发展，创新越来越成为经济发展的核心驱动力和世界各国发展战略的必然选择。今年 3 月，中共中央、国务院《关于深化体制机制改革加快实施创新驱动发展战略的若干意见》发布，创新驱动发展成为新时期实现中华民族伟大复兴的战略抉择。在我国经济进入新常态的背景下，与经济社会联系最直接、最密切的职业教育，必须主动认识和适应经济发展新常态，通过创新将办学要素重新组合，转变发展方式、增强办学活力，不断提高在促进经济提质增效升级中的人力资源保障水平。高职教育是培养高层次技术技能人才服务国家经济转型升级的主阵地，是实现职业教育现代化的重点领域和关键环节，必须更加自觉地担当起引领职业教育发展、进一步提高服务以“中国制造 2025”为代表的国家战略的能力。

问题倒逼高职教育创新发展。在经历了近 20 年以追求快速的规模扩张为主的粗放式发展之后，我国高职教育的发展模式一定程度上面临着难以为继的尴尬。这些问题集中表现为：生源市场逐年萎缩，部分省市、院校出现“生源荒”；不少高职院校办学理念相对封闭、滞后，管理水平较低；人才培养模式僵化、单一，学生综合素质不高、可持续发展能力不强等。改变这一现状，因循守旧没有出路。以创新推动高职教育发展，从根本上说，是全面提升人才培养质量、为广大青年打开通向成才成功的大门、升级职业教育价值创造功能的迫切要求。

创新发展的“引线”是质量，导向是服务能力

习近平总书记在关于职业教育工作的重要指示中强调，要“着力提高人才培养质量”。

刘延东副总理指出，坚持以质量为核心的内涵式发展，是职业院校的立校之本。《行动计划》坚持问题导向，针对高职教育的“病灶”开方，将提高质量放在了突出位置。通观《行动计划》全文，“提升人才培养质量”“以提高质量为核心”“质量持续提高”成为贯穿始终的鲜明的主线，“质量”一词当仁不让，成为出现频度最高的关键词之一。从这个意义上几乎可以说，《行动计划》不仅是行动路线图，更是质量宣言书。这对于指引高职院校的人才培养瞄准产业链和价值链的中高端，将资源配置和工作重心转移到内涵建设上，无疑将起到及时、强大的导向作用。

贯彻落实《行动计划》设定的各项任务，高职院校必须把提高质量作为首要和核心任务，坚定不移地推进内涵式发展，实现自身由内而外的全面升级，实现从“做大”到“做精”的华丽转身，全面提升为服务“中国制造2025”等重大战略提供技术技能人才支撑的能力，不断提升服务经济社会发展的水平。

高职院校立足区域发展，结合实际抓落实

《行动计划》犹如一幅高清“全景图”，清晰地界定了国家、社会、行业组织和高职院校在协同推动高职教育创新发展中的任务。那么，高职院校如何立足区域发展、结合自身实际抓好落实呢？这就提出了新常态下高职院校创新发展的着力点问题。

着力点一：创新办学发展理念，提升社会贡献力。《行动计划》将“服务发展的能力进一步增强”作为主要目标之一，明确提出优质专科高职院校要“提升学校对产业发展的贡献度”，将“社会贡献”和政府规划、办学质量一起，作为激励和促进民办高职教育发展的依据。《行动计划》对“贡献”的关切，理应引起高职院校足够重视并加以深入解读。

着力点二：创新人才培养模式，落实全面质量观。《行动计划》对质量的关注无以复加，这一顶层设计在高职院校人才培养过程中的“落地”，首先需要的仍然是观念的突破。人才培养质量无疑是衡量办学水平最重要的标准，高职院校必须贯彻全面质量观，使受教育者在知识、能力和素质各方面都有必需的增量，不带着明显的缺项进入社会。高职院校的人才培养在突出“职”的特色的同时，应更加注重对“高”的追求，凝练形成融人文素养、职业精神、职业技能为一体的育人文化。职业教育是面向人人的教育，落实全面质量观，还应面向全体学生、帮助每个学生在自身基础上获得全面发展。

着力点三：创新合作发展机制，推进校企一体化。产教融合是职业教育成功的基石，离开这一基础平台，职业人才的成长就只能是缘木求鱼。《行动计划》从优化政策环境、创新实现形式等方面对推进校企合作制度化、促进产教融合发展设计了明确而具体的路径、任务。如研制“职业教育校企合作促进办法”、推动职业教育集团化发展、探索混合所有制办学、开展现代学徒制培养等。

着力点四：创新师资建设途径，促进教师“双师”化。《行动计划》从“加强教师队伍建设”和“改进教师管理”两个方面明确了今后三年高职院校师资队伍建设的路径及要求。

对高职院校来说，既有可喜的机遇，也面临刚性的指标要求和现实挑战。机遇在于获得了源头参与和自主管理的机会，挑战则在于兼职教师的建设管理。囿于人事管理权限等，兼职教师队伍的管理堪称高职院校的隐痛：少不了、难管好，这急切呼唤高职院校先行先试、大胆探索，也寄望于校企合作促进政策尽快出台。

着力点五：创新教育教学手段，积极拥抱信息化。信息化的巨浪正以前所未有的广度和深度迅猛而深刻地改变着世界。高职院校唯有主动张开双臂紧拥信息化，抓紧抓好利用现代信息技术改造传统教学、提升教师队伍信息技术应用能力和学校信息化管理水平等，才能获得与时代共舞的资格，赢得后发先至的机会。

来源：《中国教育报》2015年12月17日第9版

提质增效，打造丝路优质高职院校

兰州资源环境职业技术学院　时宁国

《高等职业教育创新发展行动计划（2015—2018年）》（以下简称《行动计划》）出台后，甘肃省公布了《统筹推进高水平大学和一流学科建设实施方案》，同步启动高职教育与本科教育的提质工程。作为甘肃省重点支持的国内一流高职院校项目建设单位，兰州资源环境职业技术学院以《行动计划》为引领，将深化产教融合、提升培养质量、积累技术技能、扩大开放办学列为学院创新发展的核心工作，倾力打造国内一流的优质高职院校。

提升能力，增强活力，走产教融合之路

学院建立了10个具有现代学徒制特点的企业冠名学院，围绕区域产业发展，加大投入，提高10个技术研发中心的产出率。探索具有混合所有制特点的二级单位运行方式，盘活6个生产经营性实体。提高职教资源输出质量，做实做强甘肃资源环境职教集团，争创国家骨干职教集团。

学院建立健全了三级联系企业、四类行家里手讲台、专业建设咨询委员会、专业群紧靠规模企业等校企互动机制。三级联系企业，指分层次联系企业，学院领导每人联系一个以上大型集团公司，部门领导每人联系一个以上二级企业，专业教师每人联系一个以上车间、区队或项目部。四类行家里手讲台，指的是以专业群为单位，每月开展一期行家里手进校园活动，邀请行业企业高管讲企业文化、技术能手讲工匠精神、创业成功者讲创业历程、优秀毕业生讲成长经历。学院建立以企业专家为主体的专业建设咨询委员会，每年审定一次专业人才培养方案，探讨专业改革发展中的突出问题。专业群紧靠规模企业，指每个专业群紧靠一个规模以上企业，开展现代学徒培养和技术服务。

深化改革，优化结构，落实质量主体责任

学院将学生综合素质教育放在和职业能力培养同等重要的地位，按照“道德素质强、职业技能强、吃苦精神强、创新意识强”的人才培养目标要求，践行全员、全程、全面、

全景的“四全育人”。开展覆盖课堂教学、顶岗实习、课外活动、假期社会实践的“四维推进”体验式人才培养，在课堂教学和顶岗实习中设置“素质教育五分钟”育人环节，实施过程化评价方式。建立以学生为中心的教学模式，60%以上的课程实现翻转课堂或体验式教学，各专业群生企比控制在50：1以下、现代学徒制培养规模占比30%以上。

在专业建设方面，采取“错位设置、非均衡建设、星级管理、专业群发展”的建设策略。探索建立专业竞争力综合评价体系，将用人单位满意度、毕业生满意度、在校生满意度、毕业生就业情况及产教融合情况作为5个关键绩效指标，每学年定期评定、反馈、诊改，每3年调整专业星级，调配资源投入。计划到2020年，形成气象、采矿、民族工艺、珠宝加工等15个专业群，实现国家级骨干专业占比15%左右、省级骨干专业占比35%左右的目标。

在内部质量保证方面，以课堂教学和实习实训为突破口，完善质量标准，优化各类管理平台和信息采集方式，平稳推进诊断与改进工作。学院构建“两线监控、三级管理、五个系统、六维评议”的教学质量诊改体系，对接人才培养状态数据采集平台，开发院级质量监控信息平台，固化数据分析和预警反馈流程，形成全员、全过程、全方位的内部质量保证机制。

企校协同，双创并进，加快技术积累转化

学院按照“企校协同、双创并进”的思路，加强技术技能积累和转化。

设立专项调研经费，围绕区域产业技术发展与转型升级的关键词，开展企业生产实际专项调研，更新教学内容，确定应用技术研究方向；加大协同创新中心的建设力度，在现有的应用气象、采矿技术等5个协同创新中心基础上，新建智能制造、现代服务等5个协同创新中心。

与企业协同实行教师年度轮训制，针对不同层次教师，开展国外、国内和校内培训。计划培育10名以上省级教学名师、10名以上行业技能大师和10个省级以上专业教学团队，建立10个大师工作室。

将创新创业工作纳入人才培养和科研工作中。建立大学生创新创业孵化基地和创新创业商务中心，设立大学生科技创新基金，每年投入30万元，为大学生创业项目转化提供服务和支持。

面向社会，对外合作，提高服务附加值

学院按照“开放办学、长短并重、多维服务”的思路，面向区域建设开放型服务基地，共享学院场地、设施、师资等教育资源。

发挥甘肃省安全生产培训学院（与甘肃省安全生产监督管理局共建）、中国气象局气象

干部培训学院甘肃分院（与甘肃省气象局共建）、甘肃省退伍军人培训基地以及甘肃省第八国家职业技能鉴定所等社会服务平台的作用，开展面向管理人员、普通职工的各类培训；建立社区联席会议制度，面向社区开展民主法治、文明礼仪等教育活动，面向全市大中小学生开展科技知识普及教育活动；发挥骨干专业优势，积极承办全国和甘肃省职业院校职业技能大赛。

发挥地处丝绸之路黄金段的地理优势，服务国家“一带一路”倡议。依托学院气象、环保、采矿、地质、冶金等专业，办好甘肃省商务厅支持的大学生海外就业服务中心，建设甘肃省教育厅支持的中亚五国资源环境类技术技能人才交流培训中心。与中亚国家职业院校及教育机构开展师资共培和技术攻关项目，同时实施学生交流计划和面向当地企业员工的技术技能培训。服务企业“走出去”战略，在提升学生专业技能的同时，开设语言、文化类专项课程，提升其海外就业的适应能力。引进国际职业标准、专业课程、教材体系和数字化教育资源，选择类型相同、专业相近的境外高水平院校联合开发课程，探索建立教师交流、学生交换、学分互认等合作机制。

新的征程，新的起点，“资环人”将围绕质量、开放、融合这几个关键词，打造丝路优质高职院校，为全面建成小康社会提供技术技能人才支撑。

来源：《中国教育报》2016 年 12 月 20 日第 10 版

精优强深特，念好优质校“五字经”

浙江建设职业技术学院　何辉

《高等职业教育创新发展行动计划（2015—2018年）》是高职院校“十三五”发展的总纲和指引。浙江建设职业技术学院以开展优质高职建设计划为契机，念好精优强深特“五字真经”，全面提高整体办学实力与人才培养质量，将学院建成具有鲜明建筑特色的“浙江引领、国内一流、国际知名”高水平高职院校。

做精体制，成为现代院校治理领跑者

创新一元多体办学体制。重点开展混合所有制改革，试点成立一家股份制二级学院。探索“3年校企双主体交替系统培养+3年行业执业工程师跟踪认定”的基于行业联合学院的现代学徒制实践。

创新四层协调发展机制。完善实施行业主管部门牵头的建设行业促进学院发展委员会、学院牵头的校企合作理事会、二级学院牵头的校企合作部、专业牵头的专业建设委员会四层组织架构协调运作机制。

推进学院现代治理行动。以学院章程为依托，健全学院内部管理体系，完善党委领导下的校长负责制、教职工代表大会制度、学术委员会制度、校企合作理事会章程、学院内部控制等制度。以二级学院建设标准为重点，明确二级学院责权利，激发二级学院活力。

推进创新创业教育行动。构建“广撒种子抓启蒙、导师启航训技能、帮助扶持一对一三阶段”“自主学习、生涯教育、专业学习三课堂”“大学生创新创业竞赛、二课堂创新创业评价、创业园与梦工场孵化三平台”“制度、队伍、服务三保障”培养体系。

深化教育教学管理改革。以质量为核心优化中高职衔接人才培养；以因材施教为目标完善“文化素质+职业技能”招生模式；以生为本细化学分获取认定标准、完善学分获取认定制度、探索跨校学分积累转化等学分制改革；以浙江省高职院校“诊改”试点工作为依托，积极开展诊断实施工作。

做优专业，成为建筑品牌专业领军者

实施专业强身健体计划。实施品牌化战略，将建筑工程技术等4个优势专业打造成在全国同领域具有影响力和竞争力的品牌专业；做深做精特色专业，将建设工程监理等具有鲜明行业特色的专业建设成为特色鲜明的全省一流品牌专业。

实施集群内涵提升计划。在原有“1+1”校企合作学院基础上，实践“1+1+X”行业联合学院、“1+1+1”中高职一体合作体、“1+X”产学研协同专业发展联盟、“1+2+X”国际建筑产业技术应用联盟等校企合作模式。推进核心课程、素质教育课、专业能力支撑课、专业能力拓展课的岗位化课程标准开发，分批推进四大专业群专业核心课程的数字化建设，建成4个共享型教学资源库、4个校内生产性实训基地、2个职业能力培养虚拟仿真实训中心、160个紧密型校外实习基地。

实施魅力课堂创新计划。开展“构建和谐师生关系，打造满意魅力课堂”活动，根据课程内容与职业资格标准对接要求，优化人才培养方案；通过学院专任教师与行业能工巧匠对接，开展校企合作课程建设；实施课堂教学与工程实境对接，打造空中课堂、数字课堂等魅力课堂。

组建产学一体专业发展联盟。以优质专业集群为基点，协同中高职院校、行业协会、同类企业、科研院所等，共建建筑工程技术等4个专业发展联盟，开展课程、师资、信息等共享合作。

做强服务，成为高职院校社会服务领航者

服务“中国制造2025”战略。面向建筑业产业重点发展方向，政校行企共建产教协同中心，建设城乡规划等6个科技创新研究所，打造绿色建筑技术、美丽乡村建设、现代建筑产业化、海绵城市建设、地下空间技术等9个建筑科技创新工作坊。

服务国家终身教育战略。整合中德建筑新技术实训中心、产教协同中心、建筑技艺传承创新中心，政校行企共建全国一流的浙江省建筑产业公共实训基地；打造建筑业行业培训服务中心，开展企业职工培训和继续教育，服务国家终身教育战略。

服务建筑强省发展战略。搭建对外技术服务平台，建设15个技术研发中心、重点培育2个省级技术研发中心、建设7个企业流动图书馆，提高专业技术协同创新能力；主动服务区域经济社会创新发展，针对浙江省美丽乡村建设等中心工作开展专题服务。

服务国家精准扶贫战略。精选5所以上欠发达地区建设类职业院校，在专业建设、师资培养、实训基地建设等方面重点开展对口援助，服务国家扶贫战略，发挥示范辐射效应。

做深合作，成为职教国际合作领先者

成立国际合作学院。完善与美国贝茨技术学院合作的建筑设计技术专业高等专科教育项目；满足建设行业对国际化人才的需求，与美国、加拿大等国外院校开展建筑电气工程技术、建筑工程技术（国际施工方向）等合作办学项目。

创建中德建筑职教联盟。建立中德建筑职教联盟，引进国际高水平优质教育资源，对接国际先进技术标准，开发专业标准和课程体系，合作开展建筑类技术技能国际人才培养；成立中德建筑新技术中心，建设完成中德合作被动式房屋示范工程，建设 5 ~ 6 个先进实训室，形成国际新技术实训基地。

建立国际资源中心。建立建设行业新技术国际资源中心，围绕企业自主创新、产业结构调整、产业技术升级、产业政策制定等开展技术咨询与服务；建立中国古建筑数字信息资源库，与合作国家和地区高校机构进行文献信息资源交流。

做特校园，成为现代鲁班成长领路者

打造建筑人文校园。建成 1.4 万平方米的建筑博物馆，集古代建筑技术与文化教育实践区、当代建筑技术与文化教育实践区、智能建筑技术与文化教育实践区、建筑产业与企业发展创新实践区、建筑科技大师陈列展览区于一体，推动校园文化建设再上新台阶，软硬件建设取得标志性成果。

打造智慧服务校园。以打造服务感知型智慧校园为目标，以全国职业院校数字校园实验校建设为契机，实施“智慧管理服务”“智慧魅力课堂”“智慧建筑工场”“智慧自主学习”“智慧成长社区”五大工程，构建新型智慧教育生态系统。

打造绿色生态校园。建成国内外建筑节能技术和建筑节能设备的示范中心。深化金都绿色大课堂，办好金都绿色建筑联合学院。实施绿色校园升级工程，把校园建成绿色建筑、人居生态示范基地。

来源：《中国教育报》2017 年 1 月 10 日第 10 版

瞄准“五个一流”，推动卓越校建设

湖南铁道职业技术学院　钟建宁

《高等职业教育创新发展行动计划（2015—2018年）》为高等职业教育创新发展指明了方向，湖南省“卓越职业院校建设计划”对打造湖南职教品牌做出了具体部署。湖南铁道职业技术学院筹集资金3 000万元，按照继承与创新并重、技术与人文融通、“卓越校”与“十三五”同步规划的建设思路，全面推进卓越校各项建设任务。

服务轨道交通发展，建设一流专业

学院主动适应轨道交通行业和区域经济发展方式转变，迎合产业升级新要求，优化专业结构布局，调整人才培养规格，拓展特色专业群建设。

建立专业动态调整机制。对接轨道交通产业需求，制定专业预警监控指标体系。收集政府、企业、行业、咨询公司等数据，建立专业人才需求数据库；记录学院近3年各专业的新生报到人数和报到率、毕业生就业率和就业质量、企业对学生的满意度等数据，建立专业人才供给数据库；定期进行比对分析和综合评价，动态调整专业布局及人才培养规格。

建设轨道交通特色专业群。重点建设轨道交通装备制造、轨道交通运输、电子信息、轨道交通管理与服务4个特色专业群。到2018年，将3个省级重点专业群建设成轨道交通行业“三高人才”培训中心和技术技能积累基地；将轨道交通综合实训基地建设成集技术服务、产品开发、产业孵化、实习实训等功能于一体的示范基地。

创新产教融合机制。分步推进校企合作，初级阶段开展社会实践、顶岗实习，建立就业合作关系；中级阶段校企双方共同开展订单班培养、员工专项培训等合作；高级阶段实现校企双方共同开展人才培养、员工培训、基地建设、技术合作的双向嵌入全方位合作。

实施人才强校战略，打造一流师资

健全考核机制，加强内培外引，打造师德高尚、业务精湛、国际视野、结构合理的教师队伍。

构建教师道德素质模型。从履行职责、诚实守信、勇担责任、乐于奉献、热爱学生、为人师表、教书育人 7 个维度，构建立体化教师道德素质模型，细化师德标准，量化考核指标，完善师德档案，健全长效机制。

内培外引名师大师。柔性引进行业、职教领域领军人物和企业技术技能大师，打造大师引领的“教练型”教师团队和“专家型”教师研究群体。通过“国内培训 + 国外培训”“专题培训 + 项目实战”“师德培训 + 技能培训 + 课程开发培训”，以及访学、进修等途径，加强骨干教师队伍建设。建设期内，实现重点专业群具有副高以上专业技术职务的骨干教师达 50% 以上，校级特色专业群具有副高以上专业技术职务的骨干教师达 45% 以上。

深化综合改革，实现一流治理

构建依法办学、自主管理、民主监督、社会参与多元评价的现代大学治理结构，为学院人才培养和改革发展提供有力支撑。

完善现代大学治理结构。修订体现职业教育办学特色的学院章程；按照省企共建的办学模式，加强与中国中车股份有限公司及所属企业的联系和资源共享；建立基于职教集团平台的学院理事会，完善办学多方评价机制，促进学院开放、与社会融合。

健全质量保证体系。按照 ISO9000 质量管理标准，推进制度、标准和流程建设，完善办学多元评价制度、质量诊改机制和质量年度报告制度，将常态化与专项性检查相结合、过程性评价与结果性评估相结合。

突破关键领域改革。推进分配制度改革，建立公平与绩效结合、体现岗位差异和贡献度的考核与激励制度。探索社会力量参与学院办学，开展混合所有制试点项目 1 ~ 2 个。

深化人才培养模式改革，铸就一流质量

提升人才培养质量，提高毕业生就业竞争力，整体就业率保持 95% 以上，毕业生起薪高于全国示范校平均水平 400 元以上。

推进系统化人才培养改革。系统设计专业、课程、教育教学活动，深化理实一体教学模式改革，推行基于移动终端的空间教学法，完善优质数字资源开发、应用、服务机制，100% 的专业和教师采用信息化教学；实施“学生网格化管理实施方案”，实现学生管理精细化。

推进校企协同育人。完善“校企双向嵌入、双主体”专业人才培养模式，在电子信息专业群开展现代学徒制，实施“三明治”式工学交替人才培养模式；实行“3+”导师带学生模式，即企业兼职教师为实践技能导师、学院专任教师为理实一体化导师、辅导员为职业生涯导师。

完善创业实践和服务体系。以学生创业需求和服务为集结点，建立与学生创业规划、设计、验证、孵化、运营、发展路径全程契合的创业实践和服务体系。每年举办校内学生模拟创业大赛，推动校园创业模拟市场常态化，启动学生创业孵化园建设，建成两条校内创业街、20个门店型学生创业实体、5个公司（工作室）型学生创业实体、5个校企合作型创业实践基地。

实施文化育人工程，建设一流学校文化

坚持立德树人，将企业文化融入人才培养方案，渗透到学生日常的学习生活和校园文化活动中，不断升华“以学习者为中心”的办学理念、“和、搏、乐”价值观等学院核心文化。

汇融企业文化。积极引进ISO质量管理、精细化管理、6S管理等企业管理方法、理念，将企业管理的精粹融入教学和管理。推进轨道交通产业文化、铁路优秀企业文化进校园、进教材、进课堂，在广大学生中大力倡导精益求精、严谨、专注、敬业的工匠精神。结合制度体系建设，促进科学规范、特色鲜明、执行有力的制度文化建设，推进行为管理向文化管理的转变，提高学院文化软实力。

打造学生文化品牌。打造“5+5”校院两级文化活动品牌，校级层面开展社团文化节、寝室文化节、心理健康节等活动，院级层面开展牵引之星文化艺术节、黛蓝电脑信息文化节、南峰文化艺术节、运管文化艺术节、启航科技文化节等活动，将创先争优、跑在前头，勇往直前、负重前行，崇尚严实、严守规矩的“火车头精神”融入学院文化之中，推动活动育人。

卓越校建设的号角已经吹响，湖南铁道职院将不断提高办学效益、增强服务能力，努力把学院建成特色鲜明、国内一流、国际知名的高职院校，为国家建设世界轨道交通装备强国和湖南省千亿轨道交通产业集群发展提供优质技术服务和人才支撑。

来源：《中国教育报》2017年1月17日第4版

促进内涵升级，培养高铁工匠

武汉铁路职业技术学院　程时兴

武汉铁路职业技术学院从深化教学改革、培养杰出人才、创新技术技能、打造国际品牌等方面明确未来创新发展行动的目标、内容、路径和举措，与“一带一路”建设同步，与欣欣向荣的高职教育发展同步，与世界一流高铁建设同步，高举特色旗帜，培养高铁工匠，服务铁路发展。

凝聚“提档共识”，突出内涵升级，深化教学改革

主动适应国家经济建设和社会发展提档升级需求，持续深化教育教学改革，促进内涵升级，实现学院沿着现代职业教育的轨道全面提档加速、创新发展。

适应高铁建设需求，升级专业品质。按照做特、做精、做强的原则，对接高铁产业链，升级高铁专业群，重点建设15个骨干专业。推进高铁专业现代学徒制国家试点，构建校企招生与招工、培养与需求、教学与生产、教师与师傅、监控与督导、教学运行与生产调度、毕业与就业等一体化育人模式，形成校企“双主体”育人长效机制。

对接职业标准，升级课程体系。以高铁岗位群任职要求和职业资格标准为依据，优化课程体系，更新课程内容；引入实际案例，建设立体化专业教学资源库；深化双证书制度改革，探索将课程考核与职业资格鉴定有机结合的评价模式。建设精品在线开放课程、创新创业教育课程；建设高铁专业课程国际化标准，引领国际高铁职业教育发展。

融入生产要素，升级实训基地。完善国家高速铁路实训基地建设，形成服务高铁专业布局的全功能实习实训基地。投入800万元，与中国武汉铁路局集团有限公司等企业合作，共建既能满足学校教学需要，又能满足企业职工培训需要的高速动车组检修职业能力培养等5个虚拟仿真实训中心；投入400万元，在武汉铁路局动车段等企业，建设高速动车组检修等8个生产性实训基地。

强化技术技能，升级师资水平。实施优秀教学团队、教练型教学名师、青年岗位能手、教学名师工作室、技能大师工作室等建设工程。建成“双师型”教师培养基地，高铁专业师生比达到1 ∶ 16，双师素质教师占专业教师总数的95%，企业一线专兼职技术骨干占专

业教师总数 60% 以上，培养省级以上名师，建设教学名师工作室、技能大师工作室。

坚持“轮轨模式”，突出需求导向，培养杰出人才

坚持突出企业需求导向，形成学校与企业“轮轨匹配”办学模式，培养具备工匠精神的杰出技术技能人才。

培养学生严谨守纪的工作作风。针对铁路运输安全正点的岗位需要，推行半军事化校园管理，实施实训室 6S 现场管理，将安全意识和职业素养培养贯穿于学生日常管理全过程；落实顶岗实习精细化管理，突出学生实习安全管理、纪律监督管理、岗位职责考评管理，通过协议明确师徒职责，传承和弘扬职业精神；发挥楚天技能名师、技能大师工作室的引领和示范作用，言传身教，培育学生工匠精神。

培养学生善学会学的学习能力。针对高铁技术持续快速更新的特点，不断优化人才培养方案，改革教学方法与学业评价方式，引导学生课前预习、课堂参与、课后巩固练习，将学习过程状态纳入课程考核；引导教师指导学生充分利用网络课程资源开展自主学习；探索线上教学与线下辅导相结合的课程教学改革。

培养学生善断精准的卓越技能。针对高铁装备尖端复杂的岗位难点，确定专业卓越技能培养目标，制定学生卓越技能个性化培养方案，推行实训室开放管理，加强职业技能大赛的政策和经费扶持，实现技能大赛项目化、课程化和常态化，引导学生掌握“一招鲜”“杀手锏”等卓越技能。

强化“接轨思维”，突出校企协同，创新技术技能

突破关门搞科研的传统思维禁锢，依托湖北轨道交通职业教育集团，强化与高铁企业技术升级需求接轨，校企协同创新高铁技术技能。

强化科研与需求接轨，建立校企协同创新机制。完善教授企业驻站制度、技术问题校企联合分析会议制度，面向高铁工艺流程、设备改造、服务标准等领域，及时发现和解决关键技术和共性技术难题；校企联合组建协同创新团队，共同开展技术研发和应用推广，及时将科研成果转化为教学内容，促进技术技能积累创新与人才培养同步发展。

强化学术与技术接轨，巩固校企协同创新平台。以市场为导向，与企业共建高速铁路病害整治技术等协同创新中心；做强铁道机车车辆、轨道交通运营管理、铁道工程技术、轨道交通控制、电气自动化等研究中心，将学校打造成为高铁应用技术协同创新基地。

强化纵向与横向接轨，催生校企协同创新成果。积极开展新产品、新技术、新工艺、新装备、新标准研发，完成省级及以上应用技术纵向研究课题 5 项和市厅级 50 项、企业横向应用技术研发 20 项、新技术成果应用推广 5 项等。

紧跟“高铁步伐”，突出走出国门，打造国际品牌

秉承“高铁到哪儿，服务就到哪儿”理念，紧跟中国高铁“走出去”步伐，服务“一带一路”倡议，按照“引进留学生、输出教学资源、建立海外基地”的三步走规划，为“一带一路”沿线国家培养高铁工匠。

引进留学生，走稳第一步。在总结前期中泰联合培养高铁技术人才合作项目基础上，继续落实与泰国班派工业社区教育学院合作协议，接收由泰国教育部从泰国14所院校选拔的40名留学生，按照学校、孔子学院、泰方学校“三位一体”模式，三方共同确定留学生培养目标，实行分段培养、学分互认，培养高铁技术技能人才，走稳“三步走”战略第一步。

输出优质资源，迈出第二步。在全面总结向印度、肯尼亚等国家输出优质教学资源成功经验基础上，进一步拓展“一带一路”沿线国家高铁技术技能人才培养合作领域，主动介入，完成两种铁路专业教材在印度出版、全球发行的教材输出项目，完成铁道机车等5个专业教学标准和实训室建设标准向泰国输出项目，迈出“三步走”战略的第二步。

建立海外基地，走好第三步。按照与泰国等“一带一路”沿线国家的合作意向，统筹布局，稳妥推进，加快规划建设高速铁路技术技能人才海外培养基地，与泰国职业院校共建两个高铁技术人才培养实训基地，探索在泰国建立以学校为主体、以培养泰国高铁技术人才为主要任务的驻泰国高铁技术技能人才培养基地，走好“三步走”战略的第三步。

来源：《中国教育报》2017年4月18日第10版

释放办学活力，做服务发展的高职引领者

中山职业技术学院　吴建新

《高等职业教育创新发展行动计划（2015—2018年）》（以下简称《行动计划》），是指导和推进高等职业教育创新发展的总纲领。广东省启动实施一流高职院校建设计划，全面落实《行动计划》要求。作为广东省一流高职院校建设单位之一，中山职业技术学院将在建设期内投入2.3亿元，围绕办学体制机制创新、一流教师队伍建设、高水平专业建设、自主创新能力提升、国际合作与交流五大领域，完成12个项目，努力建设成为特色鲜明、国内一流、世界有影响力的现代化高职院校。

以专业镇产业学院推进产教深度融合

学校依托优势专业和专业群建设了4个专业镇产业学院，形成专业镇政府、学校、行业企业、境外机构、其他社会组织或个人等多种力量参与办学的多元办学体制机制，统筹规划专业镇产业学院发展。“主体学校＋特色学院”两级管理体制，实现了产教联动、产学研结合、镇校企共赢。

混合所有制的产权制度是专业镇产业学院的特色。专业镇产业学院与行业内大型企业合作，以商会基金会为平台吸收企业注资，与中国香港职业训练局合作共建培训学院，吸纳社会个体投入，以《产业学院章程》明确投资主体的权益关系。

专业镇产业学院实行管、办、评分离的管理模式和董事会（理事会）治理制度，调整董事会结构，设置监事或监事会，面向社会公开选聘产业学院院长，调整产业学院内部机构设置治理制度，以《董事会章程》明确各方权责利。

专业镇产业学院形成“产学研一体”的运行格局。成立中山市智能制造协同创新中心等多元协同创新机构，构建多元投资主体高度协同、深度参与、广泛合作的专业共建长效机制，建立集行业企业生产性教学资源、学校教学性生产资源、境外机构国际优质教学资源于一体的多元主体全程参与的人才共育机制。

以内部管理体制改革提升治理能力

学校以大学章程为统领，深化内部管理体制改革，提升治理体系和治理能力现代化水平，推进现代大学制度建设，增强发展动力，释放办学活力。

实行以学生发展为核心的学分制改革。形成双导师指导下的以学生自主选择专业、自主选择课程、自主安排学业进程、自主建构知识体系为显著特征的学习模式；制定适应学分制改革的人才培养方案，优化课程体系；形成“按学年注册、按学分选课、按学分毕业”的开放灵活、科学规范的学分制教学管理模式。

实行以激发活力为方向的人事制度改革。建立岗位分类分层管理模式和动态调整机制、岗位与业绩相结合的人才评价机制、评聘双轨运行的人才良性循环系统、绩效工资分配模型和经费总额动态包干运行机制等，探索更加开放、灵活的人才引进、培养和使用机制。

实行以简政放权为重点的二级学院管理制度改革。建立健全权责明确、规范有序、运转高效的校院两级管理制度，推进以下放人、财、事权为核心的二级学院改革试点，形成二级学院自我发展、自我约束、自我激励的良性机制。

实行以教授治学为主导的学术权力运行机制。完善学术权力与行政权力既相对分离又相互支撑的制度体系，创新学术组织体系，改革学术事务管理方式、学术资源整合方式，建立科学的运行机制。

以一流专业建设铸造现代大国工匠

学校改革人才培养模式，全面提高学生专业素养和实践创新能力，培养多规格、个性化、高素质的现代大国工匠。

完善校企共同创新、专业共建、人才共育、师资共培、资源共享、实习就业共担的合作制度，形成行业、企业全面参与人才培养的管理与质量监控体系。

实施“1234”师资水平提升计划——成立 1 个教师发展中心；推动岗位聘任改革、评价办法改革 2 项人事制度改革；实施校企人员结对提升计划、双师工作室建设计划、专业主任负责制计划 3 项教学团队建设计划；落实高层次人才柔性引进工程、专业领军人才培育工程、卓越教师培养工程、高水平专兼结合教师团队建设工程 4 项名师培育工程。师资提升计划造就了一批行业内地位高、国内外有影响、能把握世界前沿技术的技能大师、专业带头人和教学名师。

深化“一镇一品一专业”专业建设布局，打造一批国内一流、省内领先专业。创建 15 个左右省级及以上品牌专业，建设电梯工程技术等 6 个全国领先、与国际接轨的省级一类品牌专业，力争成为全国一流、世界有影响力的国家级骨干专业。

依托现有大师、名师、企业、教师、学生五位一体工作室，加强技术技能积累，构建“校企合作、工学结合”人才培养课程体系。加强多类型工作室之间的合作，合作完成企业大项目，推动项目化教学成果转化。

依托创业教育学院、产学研园、中山市大学生创业孵化基地，为学生科技创新、创意设计、创业计划和科技成果提供转化平台。依托校内外实训基地，建设一批高水平学生科技创新基地，促进专业教育与创新创业教育有机融合。

与中职学校合作开展中高职一体化工作，与师范学院等探索高职本科协同人才培养，打造“中职—高职—本科”人才培养立交桥，建立技术技能人才成长通道。

与马来西亚国家电梯协会等合作建立东南亚电梯行业人才培训基地；与日本、德国知名电梯企业合作建立海外师资培训基地；与中国台湾、中国香港合作打造亚太地区专业教育与培训机构；引入国际职业标准和国际认证，争取 1 ~ 2 个专业加入“悉尼协议”。

以开放的科研服务支撑国家发展战略

学校以专业镇和中小微企业为服务对象，改革科研管理机制，打造产学研协同创新格局，提升服务国家战略和区域发展能力。

依托产学研园协同创新环境，形成“政府支持、学校主导、产学合作、项目驱动”的园区运作机制，实现“创新在院校、创业在中心、实业在镇区”的“总部 + 基地”协同创新格局。

以产学研园为平台，建设技术研发、技术服务、多样化学习三大社会服务平台。建设期内，专利申请量达到 1 000 项，政府购买服务、技术性服务和培训服务收入总额达到 1 亿元，继续教育与培训人数共 15 万人次。

引进中山市生产力促进中心和中国台湾中国生产力中心，探索“政校企行四方联动”的科研合作机制，共建技术转移中心、合作研究基地、产学研联盟，形成信息互通、资源共享、经费共担、成果共享的互利互惠科研合作模式。

建立健全以高地项目为点、应用研发项目为面的科研工作体系，重点扶持面向中小企业、提高本地区创新能力的产业共性与关键技术研究。

来源：《中国教育报》2016 年 12 月 27 日第 10 版

示范引领，推进中国特色高职教育创新前行

浙江金融职业学院　周建松

高等职业教育作为中国高等教育的“半壁江山”，在新的历史发展时期如何定位、如何发展，不仅关系到国家整个教育结构和体系的优化，更关系到经济社会发展和青年成长成才。因此，国家在“十一五”时期实施“国家示范性高等职业院校建设计划”，在此基础上“十二五”时期又实施了国家骨干高职院校建设项目，“十三五”时期《高等职业教育创新发展行动计划（2015—2018年）》启动优质学校建设，旨在通过项目推动，促进高职院校合理定位、创新发展，从而不断迸发生机和活力。浙江金融职业学院作为一所有责任感的高职院校，在强化自身、重视内涵、提高质量的同时，通过项目设计和实际行动，切实承担起服务战线、引领发展，进而推动中国特色高职教育创新前行的使命。

理念引领，系统总结高职教育理论和经验

一所优质的高职院校必须践行特色鲜明、人民满意、师生幸福的办学宗旨，贯彻好以生为本的办学理念，实施“以学生为中心”的教育教学和管理，切实抓好专业课程建设、师资队伍建设，提高院校治理水平和社会服务能力，并注重投入产出绩效，同时注重对高职院校办学治校进行顶层设计和系统化构建。

一要系统总结办学历史和经验，回顾高职教育18年和新高职教育18年两个时期的政策体制和办学实践，总结形成具有规律性的成果，探索形成高职教育文化和理念。

二要系统梳理不同时期、不同类型高职教育办学模式，发现和总结实践证明是行之有效的做法和可行的模式，在学习借鉴的基础上进行梳理归纳，形成可传承的经验。

三要系统归纳各种类型和层次专业的人才培养模式，围绕面向市场、服务发展和促进就业的目标，探索形成行之有效、富有高职教育特点的人才培养模式，供整个高职教育战线学习借鉴和推广应用。

服务引领，凝练形成优质校创新发展样本

作为一所有较高培养质量和办学水准的高职院校，必须回答好为谁服务、怎样服务的

问题，真正以自己的服务质量和贡献，推动学校自身的发展、高职教育战线的进步和社会的繁荣。

要把服务学生成才成长放在首位。学院始终坚持学生第一、以生为本的理念，始终牢记教书育人、立德树人的责任，努力做到关爱学生进步、关注学生困难、关心学生就业，实施“学生千日成长工程”，引导学生品德优化、专业深化、技能强化、形象美化、首岗适应、转岗顺达、长期发展，职业发展可持续。

要把服务区域和行业作为基本任务。学院紧紧围绕浙江万亿金融产业、杭州打造互联网金融创新中心城市、钱塘江金融港湾建设，以大金融视野、新金融理念和互联网金融思维，重点建好 5 ~ 6 个重点专业和相关优势骨干专业，并通过校政行企合作和订单式人才培养，为区域经济和行业发展培养好职业化专业人才。同时，以协同创新理念，建设好浙江地方金融发展研究中心，力争成为推动浙江省金融发展的高端智库。

要把服务引领战线整体发展作为自身职责。在国家示范性高等职业院校建设时期，学院就坚持“创建高职教育百花园、引领高职教育千花盛开”的理念。围绕优质重点校建设目标，学院将充分利用全国高职教育研究会会长单位等众多平台，发挥对全省和全国高职教育的示范、引领、带动和推动作用，真正输送出可复制的宝贵经验和优质样本。

品质引领，以卓越业绩彰显高职教育魅力

当前，高职教育虽已是高等教育“半壁江山”，但整个高职教育战线尚缺乏足够自信，全社会对高职院校还在观望，不少人认为它仍是低水平、低质量的代名词。因此，优质学校的建设目标，首先要提升自己的品质，以此来彰显高职教育的特色、生命力和强大魅力，增强高职教育的模式自信、类型自信和文化自信。

学院着力抓好高职毕业生的优质就业和优岗发展，坚持就业导向，积极推动毕业生顺利就业、对口就业、优质就业，提前落实就业，批量实现就业，巩固金融系统大面积订单式人才培养的银领学院建设成果，并进一步完善机制、提高质量，增强在校内外、业内外、全社会的影响力。

学院积极探索素质教育与专业教育相融合的培养机制，在突出以专业建设为龙头，落实办好专业、注重学业、强化职业、重视就业、鼓励创业、成就事业“六业贯通”理念的同时，抓好系统化素质教育体系构建，即重视思想政治教育，解决好做人高度；重视业务素质教育，解决好做人深度；重视文化素质教育，解决好做人厚度；重视心理健康教育，解决好做人宽度；重视身体生命教育，解决好做人长度；重视创新创业教育，解决好做人强度。

学院努力打造教师、学生、校友发展共同体，持续推进学校品质建设。坚持学生是第一主体、教师是最重要主体、校友是最广泛主体理念，在着力抓好学生培养的同时，重视教师队伍建设，全力建设青年教师培养成长的“金翅膀机制”、中年教师稳定发展的“金台

阶机制”、老年教师幸福安康的“金降落伞机制”，切实提高师资队伍的水平和质量。与此同时，重视和加强校友会工作，关爱每一位校友，探索形成校友“会同学、看老师、回母校、共发展”的机制，推动高品质幸福金院的实现。

文化引领，探索高职可持续发展新机制

一种类型的教育要生生不息，必须探索形成自身的文化。学院以培育优质银领、服务区域经济、打造百年品牌为目标，致力于在文化上自信与自强。

学院把推动高职教育文化建设作为自己的使命和责任，办好全国高职教育文化建设与可持续发展论坛，持续做好高职教育文化建设理论研究和交流推广工作。继续构建和完善以诚信文化、金融文化、校友文化为主题的三维文化体系建设，创建更多的文化品牌，开展更丰富的文化活动，推动文化育人有效实施，培养有文化底蕴的技术技能人才。

学院围绕“诚信校园、精神家园、成长名园、生活乐园”目标，景观、设施和故事一起抓，将校园美化、绿化、文化融为一体，真正实现陶冶情操、愉悦生活、促进和谐的境界，打造高职院校文化校园建设样本。

浙江金融职业学院在办学41年间为社会培养了5万余名动手能力强、岗位适应快、实践水平高的优秀毕业生，创造了“5 000行长同一个母校”的传奇和神话，在国家示范性高职院校建设时期获得了128项成果和优秀等级评价。在新一轮优质高职学校创建和建设过程中，将以理念引领、服务引领、品质引领、文化引领的特殊贡献，推动中国特色高职教育创新先行，做名副其实的探索者、引领者。

来源：《中国教育报》2016年12月13日第10版

创新体制机制，探索高职院校发展“杭州方案”

杭州职业技术学院　贾文胜

杭州职业技术学院在总结固化国家骨干高职院校建设成果的基础上，以创新为引领，以体制机制改革为抓手，以提质增效为基调，以产教融合为主线，全面推进学校内涵建设，力争把学校建设成为“国内一流、国际上有一定影响力”的优质高职院校，打造地方高职院校发展新样本。

试水二级学院混合所有制，推进办学模式改革

按照混合共建、委托共管、发展共赢的原则，整合行、企、校三方资源，由杭州职业技术学院、浙江省特种设备检验研究院（2019 年 6 月更名为浙江省特种设备科学研究院）和电梯企业按照“行校企资产混合”“产学研协同发展”“投资方共同治理”的原则，共同出资组建企业法人性质的混合所有制公司，按照《公司法》相关规定设立和运行，按照公司章程约定由股东会推选董事会成员和经营班子（含财务负责人），实行董事会领导下的总经理负责制，公司成为三方共育的新“生命体”，受托管理特种设备学院日常工作，试水混合所有制二级学院办学。

以创建特种设备学院为抓手，开发“学训合一”的课程体系，打造“市场化特征明显、设备实时更新”的实训基地，建设“身份合一、统一管理”的高水平师资队伍，持续提升服务特种设备行业的能力。依托混合所有制优势，实现可持续发展，把特种设备学院建成全国一流的特种设备技术技能人才培养基地。

完善运行机制，推进校企合作模式改革

从 2008 年开始，学院引进区域主导行业的主流企业建设“校企共同体”，相继建立 7 个“人财物融通、产学研一体、师徒生互动”的新型二级学院实体。下一步将进一步完善“校企共同体”的六大运行机制，即在产学对接上，创新管理共同体领导机制、产学研共同体融合机制、专业共同体建设机制；在工学结合上，创新资源共同体互助机制、文化共同

体交融机制；在双师共育上，创新师资共同体互补机制。完善以“共同规划、共构组织、共同建设、共同管理、共享成果、共担风险”为主要特征的校企合作治理结构。

探索构建“校企共同体”多元发展模式，以杭州动漫游戏学院建设为重点，探索“政行企校”合作模式；以西子航空工业学院、安恒信息学院建设为重点，探索“专企融合”模式；以彩虹鱼康复护理学院建设为重点，探索“企业托管”模式；以特种设备学院建设为重点，探索“行企校”合作模式。

实践现代学徒制，推进人才培养模式改革

以教育部重大攻关课题“高职院校现代学徒制运行机制研究”为抓手，联合全国同类高职院校，集聚研究和实践资源，建立现代学徒制研究中心，深入开展相关理论研究。在实践层面，寻求各方利益契合，构建利益驱动机制；搭建联合管理平台，构建沟通协商机制；组建“双师”结构团队，构建教师合作机制；校企协同课程开发，构建课程开发机制；建立多方评价体系，构建质量保障机制。

培养高层次现代学徒制的研究与实践专家，重点推进学校电梯工程技术、数控技术、服装设计、信息安全与管理、电子商务等专业现代学徒制人才培养模式改革，完善校企融合、协同育人、同伴互助、创新发展的长效机制，促进学校内涵发展和人才培养质量提升。

构建创新创业教育体系，推进教学改革

面向全体学生、结合专业教育将创新创业教育融入人才培养全过程，构建创新创业教育体系。在教育过程中践行“规划成长，兴趣为本”“能力提升，创新为要”“创业发展，实战为上”理念；整合国家和省市的政策资源，以及中科创大创业教育投资管理有限公司、浙江大学全球创业研究中心等理论和实践资源；组建通识教育教师团队、专家团队（包括专业人士、大师名师、能工巧匠等）、导师团队（包括企业家、创业成功人士、专家学者等）；搭建通识教育、创新实训、专门化教育、创业实践四大平台。

制定《创新创业教育融于专业教育实施指南》，修订各专业人才培养方案；制定《课程改革与教学创新实施方案》，推进各专业教学和课程改革，实现创新创业教育面向全体学生、融于人才培养全过程。

深耕文化梯度育人，推进文化育人改革

以“融惟职道、善举业德”的校训精神为内核，通过融入区域文化、融合大学文化、融通企业文化，从公民素养、学生素养和职业素养三个维度，依据学生成长规律，进一步分级、分层梯度式推进文化育人，落实立德树人。在内容上，注意从学生素养、职场素养

和公民素养三个培养梯度逐步推进；在载体上，注意从可视文化（校园环境）、制度文化、精神文化三个培养梯度循序推进；在重点上，注意按照职业价值观、通用职业素养和专业职业素养三个培养梯度渐进推进；在主体上，从学校总体推动、二级学院为主、广大教师为重三个层面共同推进。通过分步实施、循序渐进、梯度登高、重点提升，努力形成具有鲜明杭职院特色的文化梯度育人理论体系、实施操作模式、运行考核机制，形成一批有影响力的活动品牌和文化作品，实现自然景观与人文景观和谐统一，文化育人与技术技能提升高度融合。

拓展公共实训基地，推进社会服务改革

公共实训基地“杭州模式”是“多元主体、多元治理、多元共享、多元服务”的公共实训基地建设与管理模式。以学院和杭州市共建的杭州市公共实训基地为依托，在现有“杭州模式”成果的基础上，进一步深化产教融合、优化科研管理和社会服务机制、提升师生科技研发创新的积极性。构建应用技术协同创新中心，打造“教师—师傅”团队和校内研发团队等技术技能积累载体，提升应用研发水平和成果转化率；全方位开放学校优质资源，反哺基础教育；把杭职院建设成为杭州市公共实训基地，全面增强学校的社会服务能力。

来源：《中国教育报》2017 年 3 月 28 日第 10 版

第六篇 根植区域，服务地方

高职院校大多具有鲜明的区域属性，根植区域、服务地方，是高职院校的重要使命，也是办好高职教育的内在要求。《行动计划》提出，支持建设与地方经济社会发展需要契合度高的优质高职院校，引导高职院校集中力量办好当地需要的特色优势专业（群），支持紧贴产业发展、校企深度合作、社会认可度高的骨干专业建设，实现高职院校的布局结构、专业设置与区域产业发展结合更加紧密。

按照《行动计划》部署，高职院校激发改革动力，积极行动起来，在区域经济社会发展中重新定位办学方向，聚焦服务面向，优化专业结构，重构人才培养体系，为产业发展提供更匹配、更有力的技术技能人才支撑；深化校企合作，与当地企业合作办学、合作育人、合作发展，以市场为导向，多方共建应用技术协同创新中心，服务企业特别是中小微企业的技术研发和产品升级，形成一批校企命运共同体；面向社会，服务人人，加强社区教育和终身学习服务，促进学习型社会建设。

本篇选编了 10 篇高职院校负责人的文章，从优化专业结构体系、升级人才培养规格、深化产教融合校企合作、提升技术技能创新服务水平、推动学习型社会建设等维度，生动展现了高职院校伴随区域产业转型升级的新思路、新举措、新作为，对于高职教育战线如何提升对经济社会发展的贡献度和支撑力具有借鉴意义。

植根区域经济，在支撑产业中创新发展

日照职业技术学院　冯新广

根植区域，面向市场，围绕产业发展这个“能量极”向心“公转”；深化内涵，围绕人才培养这个“核心轴”持续“自转”。日照职业技术学院以优质校建设为契机，努力建成人民满意、国内一流、国际知名的优质高职院校，铸就产教融合校企合作的典范、面向职场培养人才的典范、服务区域发展的典范。

深化产教融合，构建校企协同育人新生态

以混合办学推动创新发展。探索混合所有制办学模式、管理体制和运行机制，发挥企业办学主体作用，充分释放办学活力。学院与山东豪迈集团在潍坊市和高密市共建日照职院豪迈分院，整合汇聚优质资源，培养企业升级发展和县域经济发展急需的机电、数控类专业技术技能人才。以章程为基础，建立与多元产权结构相适应的治理结构，健全资产管理、收益分配、质量监控及风险防范等制度，形成产权明晰、权责明确、科学高效的运行机制。

以跨界整合促进协同发展。政行企校多元联动、资源共享、优势互补，推进技术技能人才培养与产业转型升级衔接配套，促进教育链与产业链有机融合。牵头建设日照市建设职业教育集团、创意设计职业教育集团，以利益链为纽带，围绕招生就业、专业建设、课程开发、技术研发、技能培训等，分别成立专门机构和合作平台，共建生产性实训基地和技术创新平台，实现集团成员间的深度合作和协同发展。

以互利共赢实现融合发展。实施校企协同育人，使人才培养融入企业生产服务流程和价值创造过程。创新产教园区模式，建设校内文化创意产教园区和电子商务产教园区，实现学生培养、产品研发、创新实践、创业项目孵化等功能，企业生产经营和学校人才培养融为一体。探索“1+1+N”研培基地模式，每个二级学院联合1个行业、携手多家企业，跨专业融合、多团队协作，搭建科技研发和人才培养培训基地，提升专业服务产业能力。

聚焦内涵建设，形成面向职场人才培养新常态

对接产业建设一流专业。专业设置随区域产业发展动态调整，专业方向根据产业升级适时更新，确保专业建设与产业升级同步协调，有效提升人才培养与产业发展的契合度。建设智能制造、汽车服务、创意设计三个专业群，服务山东省全国先进制造业基地建设，助推日照高端装备制造、汽车及零部件和文化创意产业发展；建设水产养殖技术、旅游管理两个特色专业，服务山东省“海上粮仓”和日照市“旅游富市”发展战略。

面向职场优化课程体系。从职场要求出发，从学生成长入手，建立对接产业发展中高端水平、适应学生全面发展需求的课程体系。以“基础通用、专业平台、岗位导向”的专业课程为主体，把通识教育和创新创业教育融入专业教学全过程，形成面向职场的课程体系。建立学分积累与转换机制，扩大学生的专业选择权、教师选择权、课程选择权和岗位（发展方向）选择权，为学生提供个性化学习支持。

人才强校推动教师成长。坚持人才强校战略，深化实施教师成长工程，优化教师成长发展机制，建设高水平教师队伍。构建“校本培训、企业锻炼、国内访学、海外研修”立体多元培养培训体系，探索“教产岗位互通、专兼教师协作”双师型教师培养模式，提升教师队伍整体素质；实施“教练型”名师带动计划、高层次人才引进计划和高技能人才柔性引进计划，培养名师、大师和精英团队。

立德树人构建长效育人机制。以立德树人为根本，以理想信念教育为核心，把思想政治工作贯穿教育教学全过程和各环节。以社会主义核心价值观为引领，通过目标引领、主体带动、平台打造、内容融入、项目管理的途径，搭建课堂教学、社会实践、校园文化、专业实践、组团发展和学校治理等育人平台，形成课上课下有机衔接、校内校外相互补充、学校企业联合互动的长效育人机制，增强思想政治工作的时代感和实效性。

强化需求导向，生成服务区域发展新势态

提升科技研发能力。建立技术技能积累创新机制，提升技术服务含金量，助推产业转型升级。依托专业优势，建设日照航空院士工作站、日照智慧城市研究中心、鲁南智能制造协同创新中心，开展新技术研发、科技成果转化、应用技术推广和社会服务，引领日照通用航空产业、鲁南智能装备制造业发展和日照智慧城市建设。建设校企协同、师生联合的研发团队，解决企业生产一线技术难题。

搭建创新创业平台。拓展创新创业教育教学和实践平台，校企协同获取外部资源，营造创新创业氛围。搭建文化创意中心、众创空间和创业学院等创新创业平台，以开展创新创业教育为重点，开发包含研究方法、学科前沿、创业基础和就业创业指导类系列创新创业课程，开展创新创业项目实践与孵化，打造日照创意设计人才和电子商务人才集聚区、大学生创新创业培养实践高地、小微企业孵化基地等。

拓展社会服务功能。发挥场地、设施、师资、教学实训设备、网络及教育资源优势，向行业企业和社区开放服务，成为企业职工培训和社区教育中心。搭建日照市技能培训鉴定基地，面向行业和区域内企业员工、农民工等开展技能培训和技能鉴定。充分发挥数控技术、建筑技术等日照市公共实训中心功能，面向区域内中高职院校师生开展实训教学和技能培训，面向行业企业员工开展技术交流服务。

来源：《中国教育报》2017 年 4 月 4 日第 10 版

激发活力，引领航空职教创新发展

长沙航空职业技术学院　朱厚望

教育部印发《高等职业教育创新发展行动计划（2015—2018年）》（以下简称《行动计划》），为高职战线树立起创新改革的“新标杆”。

作为湖南省首批卓越高职院校建设单位，长沙航空职业技术学院坚持“对接产业、产教融合、校企合作、协同创新”的办学理念，以及“立足军队航空修理、面向地方航空产业、服务湖南经济建设”的办学定位，以办学体制机制创新、教育教学改革与建设、教师队伍建设等10大项目为主线，139项任务为抓手，全面激发活力、凝聚战力、提升创力，开启挑战与探索的创新之旅。

激发活力：创新体制机制

创新产教融合新机制。持续推进全国首个航空职业教育与技术协同创新中心、湖南省通用航空协会、全国航空工业职业技术教育飞行器维修专业指导委员会等产教融合、校企合作战略平台建设，探索多元化办学模式，拓展协同创新领域。争取地方政府和行业企业支持，与地方航空企业组建湖南航空职业教育集团；以特色专业群为载体，以校企共建专业为纽带，与深度合作的地方航空企业共同组建“产权明晰、利益共享、合作共赢”的混合制二级学院；巩固和深化人才培养、产学研基地共建、课程体系开发等领域的校企合作，积极拓展产业孵化、科技创新等领域，丰富协同创新内涵，提升协同创新能力。

健全内部质量诊断与改进机制。以全面质量观为先导，以办学质量、教师和学生个人发展、利益相关方满意度同步提高为出发点和落脚点，系统设计、统筹谋划，精准推进内部质量保证体系建设与诊改工作；系统梳理现有的内部质量保证体系，分析、解构各层级质量保证要素，完善基于“互联网+”的内部质量保证体系；以质量标准、管理制度和长效机制为重点，健全以质量方针为指导，以质量目标为统领，遵循质量生成规律、符合学院发展实际的质量标准和工作标准体系；创新学校、企业、教师、学生、家长等利益相关方全员参与、全程监控、全方位保障的诊改新机制；以专业国际化认证、课堂教学形态转变、教师和学生个人发展为突破口，以人才培养状态数据平台为支撑，通过大数据分析，精准查找各层面存在的问题，立知立行、对症下药，追根溯源、标本兼治，确保人才培养质量稳步提升。

凝聚战力：深化内涵建设

以专业群建设为核心。完善专业随产业发展持续改进、动态调整机制，优化专业结构。新增特种加工技术等专业，调整、改造、撤销与航空产业发展不相适应的专业，专业数稳定在25个左右。全面推进专业集群发展，构建航空机电设备维修、航空电子设备维修、航空机械制造、航空服务与管理四大特色专业群，形成覆盖航空全产业链的专业体系。加强课程建设，健全产业技术进步驱动课程改革机制，引入国际先进职业标准、行业标准，校企联合开发课程；全面推行基于6S的职业院校实践教学星级评价，将职业精神与职业技能的培养深度融合，培育学生“爱岗敬业、严谨专注、精益求精”的工匠精神。

以教师队伍建设为重点。实施教师队伍管理机制优化工程、以“双师”素质为重点的教师素质提升工程、以大师名师为引领的团队建设工程。实施“筑巢引凤”计划和卓越教师培养计划，推进专业教学团队和社会服务团队建设。着力培养、引进校内专业带头人，面向企业、科研院所聘请具有创新性构想和战略思维的专业带头人。

以治理能力建设为关键。以文化建设为核心、作风建设为重点、制度建设为保障，推进治理能力建设。以章程为统领，建立党委统一领导、主官分工负责、教授专家治学、民主监督管理、行业企业参与的治理结构，健全群众参与、专家咨询和集体决策相结合的决策机制。以文化为引领，打造航空文化育人体系，将“敬仰航空、敬重装备、敬畏生命”的航修精神和“零缺陷、无差错”的职业素养融入教育教学全过程。实现管理到治理、制度到文化、单一到多元的转变，打造良好政治生态系统。

提升创力：促进技术技能积累

提升科研和服务能力。创新驱动，持续提升科研和服务能力，是高职院校实现自身可持续发展的必然选择。学院将建设航空装备数字化修理技术中心、智能制造技术研究中心、航空装备修理技术研究所等科研实体平台，打造科研创新团队，实现技术积累和转化能力的不断提升。优化培训管理，探索军队士官、飞行器驾驶员、无人机操控手等项目培训。

提升创新创业能力。完善创新创业教育与专业教育有机融合机制，推进课程建设，建成省级以上创新创业课程4门。组建专兼结合、校企共享的创新创业师资队伍，加快创新创业教育信息化建设。强化创新创业实践，各专业至少设置两个创新训练项目，实现创新创业教育全覆盖。建设专业学院创新创业工作站和学院创业孵化基地，举办创新创业竞赛、论坛等系列活动，组建大学生创业协会，促进学生自主创业，成功孵化一批创业项目。

提升开放办学水平。坚持开放发展，牵头成立湖南省职业院校卓越建设论坛、专业建设联盟、大学生创新创业教育联盟，推广、应用成功经验与做法。结对帮扶湖南芷江民族职业中专学校，发挥高职带动中职共同发展的辐射作用。走出国门，服务国家“一带一路”倡议，支持航空装备“走出去”战略。深入推进与加拿大、德国的合作项目，积极拓展与俄罗斯、美国、澳大利亚等国家的交流与合作，在教师互派互访、学生互换、学分互认等领域实现全面突破，推进人才培养国际化。

站在职业教育蓬勃发展的新起点上，长沙航空职业技术学院将全面实施《行动计划》，持续激发活力推进体制机制创新，凝聚战斗力强化内涵建设，提升创造力促进技术技能积累，努力建成军地融合、特色鲜明、省内引领、国内一流、国际知名的高职学院。

来源：《中国教育报》2017 年 3 月 7 日第 10 版

深耕内涵，打造地方高职教育跨越发展新标杆

滨州职业学院 石忠

滨州职业学院以服务黄河三角洲高效生态经济区和山东半岛蓝色经济区建设为己任，深化校企合作，提升对经济社会发展的贡献度和支撑力；深耕内涵，提升人才培养质量，打造山东高等职业教育新标杆。

重点突破，强化办学基础能力

完善多主体办学格局。探索股份制、混合所有制、集团化办学的体制机制和现代学徒制、订单培养等多种形式办学模式，建设中兴学院、中德合心国际交流学院等混合所有制二级学院，牵头成立国际护理教育集团。推动二级学院人权自主、财权自主和事权自主，实现二级学院从教学主体到办学主体的转变。

通过“校企互聘互兼”建设高水平师资队伍。完善“双师型”教师认定和考核管理办法，规定各重点建设专业有企业兼职经历的教师不少于40%。实施教师全员培训，每年选派20%教师参加国家级和省级培训。加大人才引进力度，选拔院级教学名师、专业带头人和骨干教师，培养造就一批社会知名度高、行业影响力大的“教练型”教学名师和专业带头人。

完善“一中心两平台四支撑系统”智能校园建设。全面提升教学、实训、科研、管理、服务信息化应用水平。重点推进信息技术与教育教学深度融合，推行线上线下混合式教学，形成课堂教学新形态。目前采用混合式教学的课程达到80%。

深耕内涵，强化人才培养能力

构建“面向市场、优胜劣汰”的专业调整机制。增加机电一体化技术等传统工科专业“智能”含量及管理服务类专业“新职业”形态，增设高档数控机床、老年护理等专业方向，开发云计算技术等新兴专业，促进专业向“中国智造”“互联网+”“现代服务业”转型。对接滨州市重点发展的高端铝产业、汽车轮毂及轻量化材料等高端产业、港航交通及生活性服务业发展，重点建设护理、机电一体化、航海技术等专业群。

构建“厚基强技、全面发展”的人才培养体系。建立“平台＋模块”专业课程体系，由通识平台课程、专业群平台课程等组成平台课程，由专业核心课程、专业拓展课程、第二课堂等组成岗位能力模块。完善“能力进阶＋实习实训”实践教学体系，建立“职业通用能力实训、专业基础能力实训、专业综合能力实训”和“认识实习、跟岗实习、顶岗实习”校内外实践教学体系。完善“通识教育＋综合实践”素质教育体系，形成“课内课外相结合、校内校外相结合、养成与渗透教育相结合”的素质教育体系。

构建“纵横联动”的质量管理与保证体系。实现“五纵五横一平台”网络化覆盖、“8字形”纵横联动、“机制与文化”双引擎助推的常态化自主诊改工作机制，履行教育质量保证主体责任。

构建“崇德尚能，责承天下”的大学育人文化。实施物质文化提升工程、精神文化培育工程、行为文化养成工程、品牌文化凝练工程，培养师生的责任意识和精益求精的工匠精神。开展“一院一品牌，一院一特色”文化特色创建活动，打造与专业建设契合度高、与历史文化接续性好、与地域文化融合性强的校园文化品牌。围绕黄河三角洲文化元素，融合孙子文化、忧乐文化、革命老区文化、黄河三角洲民俗文化和非遗文化，打造黄河三角洲文化研究传承中心。

服务区域，强化支撑发展能力

加强技术技能积累，引领区域科技创新。把开展应用类技术开发研究作为主要科研方向，把科技服务的重点放在为地方经济服务和解决行业、企业共性技术问题上。建设重点实验室、技能大师工作室等校企融合的科研平台，组建棉花育种、油莎豆综合开发等“师企生”一体的科研团队，打造具有鲜明区域性和行业性特征的科技创新中心、成果转化中心、公共实训中心。

拓展技术技能培训，助力经济转型升级。服务魏桥创业集团、华润纺织有限公司等龙头企业，送教进企、引训入校，与行业企业共同开发培训项目，开展企业员工技术技能教育培训。面向中小微企业和“三农”，开展低收入人群、转岗人员、失业人员技能培训，推进农村劳动力转移培训，发展公益性的继续教育，服务精准扶贫。

建设大学科技园，带动“大众创业，万众创新”。与滨州高新区“滨州众创园”和滨州经济开发区“众创空间”合作，创建省级大学生创业孵化示范基地，建设4 000平方米的大学生科技园。大学生科技园集学生创新创业孵化、教师科技研发、校企合作、成果转化于一体，建设知识产权学院、众创空间和孵化中心，组织师生开展科技创新、初始创业。同时面向社会公众开放服务，推进科研仪器设备、企业注册管理、知识产权服务、孵化与投资服务的资源共享，为小微创新企业成长和个人创业提供低成本、便利化、全要素的开放式综合服务平台。

深化国际合作交流，服务地方企业“走出去”。围绕装备制造、纺织等优势企业“走出去”战略，与区域重点企业开展合作，紧贴企业海外用人需求和人才规格，优化课程内容，引进、开展有关国际职业资格认证，培养具有国际视野、通晓国际规则的技术技能人才和适应中国企业海外生产经营需要的本土人才。积极参与中国—东盟自贸区升级版建设，合作共建柬埔寨海事学院，按照中国标准开发适应柬埔寨的教学标准与内容。

来源：《中国教育报》2017 年 3 月 21 日第 10 版

打造区域技术技能人才培养高地

宁波职业技术学院　张慧波

作为一所地方高职院校，宁波职业技术学院紧紧扎根于地方、服务于地方，办学 17 年来为社会培养了大批优秀的技术技能人才，有力推动了区域经济社会发展。面对新的发展形势，学院结合国内外职业教育发展趋势和学院发展现状，将服务区域经济社会发展需求和服务学生成长成才作为学院发展的根本宗旨，打造高职教育的“宁职品牌”，全面提升学院办学品质。

明确学院发展重点。学院提出“十三五”事业发展规划 10 大工程、48 项任务，其中加强创新创业教育、提升专业建设水平、加强教师队伍建设、推进信息技术应用、深化校企合作发展、扩大职业教育国际影响是 6 个发展重点。

加强创新创业教育。未来 5 年，学院将依托学院工程训练中心、管理素养中心、素质拓展中心等平台，搭建结构完整、运行顺畅的创新创业人才培养体系。探索建立跨院系、跨专业交叉培养创新创业人才的新机制。通过开展弹性化的创新创业教育改革，遴选一批具有发展潜质和创业意愿的学生，在完成两年专业学习的基础上，转入创业学院进行为期一年的集中学习培养，加强创新创业意识培养，提升创新创业能力。

提升专业建设水平。以优化专业布局与结构为突破口，面向国家和区域产业发展新布局，对接高端装备制造业、信息经济产业、新兴文化产业、港口服务业、环保产业，打造智能装备制造技术类专业群、电子信息类专业群、文化传媒类专业群、电商物流类专业群、绿色化工类专业群，推动学院专业由对接和服务产业向提升和引领产业发展。到 2020 年，学院将打造紧贴产业发展、校企深度合作、国内有影响的品牌专业 2 ~ 3 个、品牌培育专业 2 ~ 3 个，省内有影响的优势专业 5 ~ 7 个、特色专业 3 ~ 5 个；建成 1 ~ 2 个市级特色学院、3 ~ 4 个校级特色学院。

加强教师队伍建设。加强高水平“双师双能”队伍建设，健全企业兼职教师聘请与培训制度。完善教师国内访学、访问、培训、顶岗和社会实践制度，鼓励并支持教师在职学历提升和职业技能培训，提升教师“双师”能力；创新兼职教师聘用机制，开展职业教育教学法等岗前培训，提升兼职教师教学能力。

推进信息技术应用。构建服务“学生成长、教师发展、学校改革”的综合信息化服务体系，消除信息资源孤岛，建成数据共享、服务融合、基于移动的智慧校园平台，为学院教育质量诊断与改进提供准确的信息和数据。推动“互联网+”课堂教学，加强信息化优质课堂教学资源建设与共享，以国家级教学资源库建设为引领，力争每个品牌专业建设一门省级精品资源共享课程和一个省级专业教学资源库，每个重点专业建设一个校级专业教学资源库；开发数字化图书馆、精品共享课程、专业教学资源库等在线教学资源库功能，进一步提高数字图书资源的建设利用水平；每个专业打造5～10门线上线下混合式教学课程，引入优质在线课程300门，注册学生达2万人次；整合优化网络教学平台，集成现有的在线学习资源，建成统一的在线学习门户；加强信息化教学环境改造和建设，完成10个集混合式教学、探究式学习、分组分层教学、翻转课堂等多种教学模式于一体的新型智慧教室建设。

深化校企合作发展。积极探索多种形式的校企合作，以深入推进现代学徒制试点为契机，深化校企合作，推进“院园融合”的人才培养模式改革。进一步完善校企合作管理制度，创新校企合作的运行与保障机制，实现校企合作办学、合作育人、合作就业、合作发展的新格局，提升校企合作的有效性。“十三五”期间，实现累计孵化企业400家、服务企业600家。

扩大职业教育国际影响。积极对接国际化专业标准，引进国际化技术技能实训、实践课程，深化拓展中外合作办学项目。在加强援外培训规模、类型与内涵建设基础上，积极推进海外办学项目，组建“一带一路”职教联盟，助力区域企业“走出去”。加大教师海（境）外3个月以上访学、进修力度，提高教师国际化能力；严把质量关，加大语言类和专业类外籍教师的引进力度；培养学生国际化视野，积极推进学生海（境）外交流计划；加强留学生招生与管理工作。预计到2020年，专任教师海（境）外3个月以上留（访）学、进修数累计达到教师总人数的20%；国（境）外文教专家占专任教师总数的5%；外派交换生、交流生人数占全校学生总数的0.8%；外国留学（交流）生人数达到400人。

学院将从组织、制度、经费及监测执行4个方面系统加强规划执行的保障。成立由党政主要领导和各院系、各部门主要负责人组成的学校规划实施工作领导小组，建立二级学院专业评估与绩效考核制度，建立课堂教学效率分类测评认证制度。加强经费投入，优先保障教学投入，按照学院重点发展战略和任务，加大对内涵建设的投入。分解落实工作任务，根据规划的发展目标与主要任务，落实各部门工作责任，成立项目监测执行办公室，考核各部门完成规划情况。

创新发展的蓝图已经绘制，宁波职院将推进校企合作有效化、教育信息化和办学国际化，“跨境、跨界、跨专业”协同发展，将学院打造成为区域技术技能人才培养、科技创新、技术服务和文化传承创新的高地，将学院建成综合办学水平高、服务发展能力强、师生满意度高、国内一流、国际知名的优质示范高职院校。

来源：《中国教育报》2017年1月3日第10版

创新发展，智造梦想挺起工业脊梁

陕西工业职业技术学院　崔岩

教育部印发《高等职业教育创新发展行动计划（2015—2018年）》（以下简称《行动计划》），对高职教育未来几年发展进行顶层设计和路径指导。与此同时，陕西省启动实施的高职教育“一流学院、一流专业”建设，将占据陕西高等教育“半壁江山”的高职教育拉进统筹推进一流大学建设的阵营。

陕西工业职业技术学院根据陕西省贯彻落实《行动计划》的部署举措，预计投入2亿元，以启动实施4项具体计划为主线，以细化45项任务和16个项目为抓手，力推内涵建设、现代治理、开放服务、质量保障再提升，实现省内引领发展、国内铸就卓越、国际打造品牌，铿锵回应“示范永远在路上、质量永远无止境”的时代命题。

内涵提升推动率先发展

坚定不移地以提质增效为基调，启动实施教育教学综合改革计划，着力推进四大战略，全面推进从注重规模速度的粗放式发展向注重质量内涵的集约式发展转型，从硬指标的显性增长向软实力的隐形提升转型。

推进一流学院战略。培育招牌名师、培养名片学生、催生优质成果、铸就卓越品牌，力促核心竞争力提档升级，跻身全国优质高职院校和全省一流高职院校行列，力争教育教学成果的数量和等级名列全省首位，综合实力位居全国示范高职院校第一方阵前列。

推进一流专业战略。按照对接产业、聚焦内涵、分类指导、凸显优势、重点突破、引领发展的思路，以跨界融合为特征重塑制造业价值链，培育产业发展新动能，促进智能型制造类专业做优做强、稳定发展，高端型制造类专业做新做好、优先发展，服务型制造类专业做精做特、扶持发展。

推进文化引领战略。进一步凝练具有自身特质的大学精神，持续加强“一院一品”建设工程，倾力塑造体现现代工业元素的工匠文化精品，打造省级校园文化建设成果、国家级校园文化建设成果，有效发挥以文化人、以文养心的育人功能，全面提升人才人文素养和道德情操。

推进“互联网+”战略。加快智慧校园、先进教室、未来教育建设步伐，建成基于

IPV6、网宽 10G、资源 100T 的网络条件和以大数据、云服务为核心的信息环境，深植数字化于校园各个系统、工作过程和基础设施之中，着力推动教学效果、管理效率和服务效能的同步提升。

现代治理推动创新发展

锲而不舍地加大改革攻坚力度，启动实施体制机制革新计划，深化管理体制和运行机制创新，借助制度创新激发创造活力，切实增强自主发展能力。

以“一章八制”为统领，推进现代大学制度建设。健全完善大学章程和党委领导下的校长负责制、教职工代表大会制度、学术委员会制度、理事会制度、教师申诉制度、学生申诉制度、财经委员会制度、信息公开制度，理顺明晰党委、行政、学术、民主监督四者相互独立、支撑、制衡的体制格局和二级管理模式的组织构架，建立责权利划分合理的运行机制，形成事前有标准、事中有监督、事后有考核的闭合制度体系和规程标准，让依法治校成为管理的新常态。

以陕西装备制造业职教集团为平台，打造百校千企集结的职教航母。将陕西装备制造业职教集团升级建设为国家级骨干职教集团，创建辐射全国的材料成型职教集团，突出资源整合与集成创新有机结合、面上提升与局部超越有机结合，重构校企合作、产教融合的良好生态，创新校校联合、校政联手、校企联姻及向国外教育机构延伸的协同互助模式，探索多元化办学新机制，实现集团化办学全要素、多领域、高效益的新突破。

以西咸新区职教改革试验区建设为契机，创设高职教育创新发展试验田。利用学院牵头省内高职院校与西咸新区共建的职教改革试验区，在构建产教合作协同创新职教联盟、建立陕西特色的现代职业教育体系、现代学徒制试点、股份制或混合所有制改革、高新技术成果推广应用、产教信息互通平台建设、校企“双主体”职教改革、国际职业教育交流合作 8 个方面先行先试，为破除体制机制障碍进行有益探索实践，树立起全国职教领域综合改革的新典范。

开放服务推动协同发展

持之以恒地遵循大职教理念，启动实施社会服务互惠计划，以开放共享汇聚多元主体和创造发展机遇，以优化服务寻求广泛支持和拓展生存空间。

服务“中国制造 2025”战略。依托陕西装备制造业职教集团，发挥跨行业、跨地域合作的校企战略联合体作用，多方联合进行人才培养、开展技术攻关、承担重大课题、建立研发平台，积极创建全国机械行业高素质技能人才培养中心、应用技术协同创新中心、先进制造技术促进与服务中心、校企共建生产性实训中心，切实增强服务产业优化升级和地方经济发展的能力。

服务“大众创业、万众创新”战略。依托省级大学生创新创业试点院校，校企携手基于分类指导构建“播种子、闻花香、摘果实”三层培养机制，基于认知规律搭建“小舞台、操练场、大熔炉”三大实践平台，基于课程、组织、服务构筑三大保障体系，建设校内外学生创业创新示范基地，建成陕西省众创空间孵化基地，扶持创业先锋，打造创客品牌。

服务国家终身学习战略。依托省职业教育学会，发挥改革发展利益统一体的作用，引领带动各兄弟院校利用相对优势，开展开放性继续教育教学，打造特色服务品牌，建立健全个性化、网络化教学服务体系，满足社会多样化学习和人的全面发展需要。

服务国家“一带一路”倡议。依托国际合作项目，发挥优质教育资源共享体的作用，加快推进人才培养国际化建设，从堆数量、求增量的交流活动向强调质量、注重实效的合作项目转变，开展与英国、新西兰、俄罗斯、韩国高校合作的师生互换交流项目等。

质量保障推动持续发展

学院矢志不渝地围绕人才培养这一根本任务，启动实施质量保障支撑计划，重点在提振师资水平、构建质量保证体系、提升管理水平方面下功夫，让内部质量保证体系“落地生根”。

以一流师资保障一流质量。坚持能力提升与学历提升并举、教学水平与学术水平提高并进，通过教育理念提升、知识技能更新、工程实践轮训、国际视野拓展、名师分层培育等，培育师资团队。

以教学诊改保证一流质量。制定分层分类、全面多维、突出特色的教学诊断与改进试点实施方案，分段推进教学诊断与改进工作。在专业试点基础上，总结学院、专业、课程、教师、学生各个层面的经验，形成学院层面和各相关部门自主诊改流程，并在全院各层级质量保证机构逐步拓展。

以一流管理支撑一流质量。探索实施分类管理、分类评价的人事管理制度，能上能下、能进能出的聘用机制，以岗定薪、奖优罚劣的分配制度，充分激发人力潜能。突出教学环节管理，制定人才培养过程中关键要素的质量标准，实现教育教学质量标志性数据易采集、可量化。

未来3年，在《行动计划》的有力促进下，学院定会以内涵品质的新提升谋求创新发展，以服务现代制造的新振兴支撑强国之基，以无愧于时代的满意答卷挺起中国工业的脊梁。

来源：《中国教育报》2016年11月22日第10版

创新发展，服务云南“辐射中心”建设

云南机电职业技术学院　李善华

云南机电职业技术学院以“创新发展，构建一流，辐射南亚东南亚，服务‘一带一路’”为指导思想，结合云南省行业转型升级发展需求，系统规划学院“十三五”发展目标和任务，预计投入3.27亿元，建设优质教育资源，健全创新创业体系，提升社会服务能力，全面提高教育教学水平，服务云南建设“面向南亚东南亚辐射中心”。

集聚优质职教资源，打造一流品牌专业

建设一流装备制造类专业。按照“对接产业、优势带动、课程改革、信息化建设、网络化开发”的骨干专业建设思路，重点对接云南先进制造、民用航空、轨道交通等产业发展，优化学院专业设置和专业结构。在已建成的装备制造类优势专业基础上，围绕先进制造服务业建设飞机机电维修、动车机电维修类专业及专业群，引领带动其他专业发展；加强信息化建设，开发网络课程资源库，以“互联网＋制造”模式，实现优质教学资源共享，推动教育教学改革。

建设一流生产性实训基地。对接产业链和生产流程，整合、优化现有校中厂、实验实训室，加大投入和引进力度，建设国家级综合型生产性实训基地和省级“政校企”共建实训基地。健全教材开发、真实环境技能培训、产学研一体的生产性实训基地运行机制，服务骨干专业群技能培训。建立以虚拟仿真系统为支撑的实训中心，搭建开放性、扩展性、兼容性、前瞻性的虚拟仿真实验、实训教学管理和资源共享平台，满足多专业、多学校和多区域开展虚拟仿真实验、实训教学的需要。

打造一流“双师型”教师队伍。深化职称评聘制度改革，完善培训机制，通过“学历教育＋企业顶岗实训”“老中青传帮带”“教产轮训”“校企互聘”等方式，提高教师综合素质；以校企共建为纽带，优化专兼职教师资源库，建成先进装备制造技术技能师资培养培训基地，完成骨干教师国外培训100人次、国内培训400人次，打造一支优质“双师型”教师队伍。

引进一流校外教学资源。主动对接国内东、中部高职院校，通过搭建师资培训、人才

培养、信息资源共享等合作平台，建立校校协同机制，与国内一流高职院校携手发展。引进先进国家职业教育经验和国际先进企业的技术标准，重点建设机电设备维修与管理（中德合作）、机电一体化（中德合作）等国际合作专业。引进美国德州仪器高阶微控制器国际能力认证等智能制造行业国际职业资格证书，将学院打造为区域性国际职业资格培训和认证中心，辐射南亚、东南亚。

以创新创业为抓手，提高教育教学水平

建立创新创业教育的多方联动机制。建立报告联动机制，发挥行业办学优势，用好行业和第三方研究机构的人才供需报告。建立专业预警和退出管理机制，实施需求导向的专业结构和创业就业导向的人才培养规格调整。建立符合学校实际的创新创业激励机制，设立创新创业奖学金，开展创新创业分类培养，启动创新创业优先培养计划。健全学分积累与转换制度，实施弹性学制，将学生参与院级以上活动认定为课堂学习。

把创新创业教育融入人才培养全过程。以教育部高职教育专业教学标准为基础，将创新精神、创业意识和创新创业能力作为评价人才培养质量的重要指标，使其融入专业教学质量标准和人才培养方案，贯穿人才培养全过程。根据学院人才培养定位和创新创业教育目标要求，以骨干专业为重点，调整、优化专业课程设置，开发创新创业教育专门课程（群），各专业至少有6门课程融入创新创业内容。在基于工作过程的项目化教学中，使专业知识与创新创业教育有机融合。

搭建创新创业实践服务平台。搭建跨系、跨专业交叉培养、融合培养的创新创业人才服务平台，培养一支多行业组成的创新创业师资队伍，促进人才培养由单一技能型向多技能融合型转变。整合校内资源，建设大学生创业孵化基地和小微企业创业基地，建立院内生产性实训基地、虚拟仿真实训中心、实验实训室面向在校学生开放制度。借力行业资源，在103个校外实训基地探索建立大学生创业平台。

产教融合教研相长，提高社会服务能力

打造高新技术应用科研团队。依托校内生产性实训基地、虚拟仿真实训中心等实验实训平台，建立科学管用的内培外引机制，组成“云岭学者”“云岭产业技术领军人才”“省中青年学术和技术带头人”“省技术创新人才”等高水平科技人才队伍，发挥“名师”“名匠”的骨干作用。建立应用技术服务团队遴选与培养机制，在大数据、“互联网+”、先进装备制造、航空设备产业等方面形成技术人才品牌。

开展应用技术研发和职业教育研究。依托学院“云南省高校复杂制造技术研究与应用工程研究中心”开展应用技术研究，促进应用技术的产出与转化。发挥云南机电职教集团作用，整合行业协会、企业、科研单位、学校等多方资源，开展云南重点产业发展与人才

需求、国际先进职业标准及证书体系等职业教育前瞻与应用研究，助推云南特色现代职业教育体系构建。

推动科研资源与服务共享。与云南省高校莲华科技成果孵化转化示范园、云南省高校知识产权管理与服务中心等平台合作，共享学院科研设施、专业团队，服务实体经济发展。依托学院“云南省机电加工省级科普教育基地”，开展现代制造技术科普体验活动，组建青少年制造技术兴趣班，创办“一线制造大讲坛”，提高公众科学素质和人文素质。针对云南产业及“一带一路”沿边国家产业对职业人才培养培训的需求，提供高质量、互动开放式的培训教学，提升服务社会及地方产业的能力。

来源：《中国教育报》2017 年 4 月 11 日第 10 版

将高职院校建成技术技能积累的资源集聚地

长沙航空职业技术学院　朱厚望

教育部颁布《高等职业教育创新发展行动计划（2015—2018年）》（以下简称《行动计划》），旨在提高职业教育人才培养质量，提升服务“中国制造2025”的能力和服务经济社会发展的水平。《行动计划》对高职院校加强技术技能积累提供了强有力的政策支持，首次明确提出将高职院校打造成技术技能积累的重要资源集聚地，更加注重技术技能积累在服务产业发展中的重要作用。

推进专业对接产业，夯实高职院校技术技能积累的基础

要把高职院校建成技术技能积累的资源集聚地，专业与产业对接是基础。一是要结合区域经济发展实际，对接“中国制造2025”十大重点发展产业，优化专业结构，明确高职院校办学定位，调整服务面向及专业建设方向，实现专业体系的重构。二是要构建专业动态调整机制，紧跟产业发展趋势、行业产业发展要求，及时撤销与区域经济及产业对接不紧密专业，新增产业发展急需专业，确保专业与产业升级同步协调。三是要推进专业集群化发展，按照“专业基础相通、技术领域相近、职业岗位相关、教学资源共享”的原则，构建专业集群，并以品牌专业、特色专业、精品专业为引领，辐射带动群内其他专业发展，实现专业的集聚效应和产业链的全覆盖。专业结构优化调整之后，高职院校一方面要使教学内容对接职业岗位标准，为企业培养具有国际视野的高技术技能人才；另一方面，要坚持学历教育与培训并举，为行业企业在职员工提供多渠道、多形式的终身学习与培训服务。

深化校企合作，丰富高职院校技术技能积累的实践形式

校企合作共建技术积累创新联合体不仅能够将学校打造成资源集聚地，为技术技能积累提供创新驱动的平台，还将促进校企资源共享和服务企业发展。一是“多方共建应用技术协同创新中心”。针对校企合作缺乏桥梁的问题，《行动计划》强调学校、行业、企业多方联动，支持高职院校与行业企业深度合作共同建立应用技术协同创新中心，学校应采取积极能动的行为去全力促成和推进技术技能积累创新。学校还要站在服务产业发展的高度，

专注并致力于技术技能的传承和应用，育人与技术服务并重，推动技术技能积累机制和制度的构建。二是“鼓励校企共建以现代学徒制培养为主的特色学院”。应用技术协同创新中心是多方的技术联盟，混合制二级学院则是多方产权混合，校企合作共建，使校企以更加紧密的合作方式促进技术技能积累。以混合制二级学院为现代学徒制试点的切入点，使我国民间师徒传授式技术技能积累模式与高等教育接轨，将技术技能积累模式纳入国民教育体系，以此奠定技术技能积累创新的发展基础。三是支持学校与企业合作建立技能大师工作室。当前高职院校缺乏技能大师，学校应在政策大力支持下，主动与企业高级专业技术人才、行业中有影响力的领军人物、公认的高水平能工巧匠合作，建立股份制大师工作室，发挥其在人才培养、技术技能传承、应用技术开发与推广等方面的关键作用。四是推进集团化办学。引导国有大中型企业、省级以上行业协会、科研机构、高等职业院校等，围绕区域经济和行业企业发展对人才的需求，牵头组建各类职业教育集团，发挥职业教育集团在促进技术技能积累中的重要作用，通过人员互聘、资源共享、风险共担的原则，探索建立基于产权制度和利益共享机制的集团治理结构与运行机制。

开展现代学徒制培养，创新高职院校技术技能人才培养模式

目前，我国高职院校现代学徒制人才培养尚处于探索阶段，《行动计划》为开展现代学徒制培养试点指明了方向。一是推动政行企校多方参与现代学徒制培养。地方政府探索实施现代学徒制的支持政策和保障措施，行业开发现代学徒制的各类标准，企业探索参与现代学徒制的有效途径、运作方式和支持措施，学校探索开展现代学徒制的人才培养模式和管理制度。二是发挥企业在校企协同育人中的主体作用。现代学徒制的育人主体为学校和企业，责任主体也应转变成学校和企业，让企业一同承担育人的责任、风险和义务。三是高职院校采取单独考试的办法从企业中招生。《行动计划》鼓励企业参与学校招生，赋予高职院校在现代学徒制人才培养中的单独招生自主权，并规定现代学徒制的招生对象可以是企业员工。四是技术兵种与高职院校联合定向培养直招士官。将定向培养直招士官纳入现代学徒制培养范畴，军地共同参与士官招生育人的全过程，促进军民融合、协同育人的深度发展。

加强应用科研能力建设，深化高职院校技术技能积累的内涵

《行动计划》把握我国经济发展变化和建设任务要求，贯彻“创新驱动”要义，提出“持续深化教育教学改革、大幅提升技术创新服务能力”，以及“与人才培养和教师能力提升相结合开展应用技术研发”，为深化技术技能积累内涵，实现职业教育与经济同步发展指明行动方向。这就要求高职院校在传播与实践现有应用技术的同时，加强应用科研能力建设，担负起技术创新的责任。要确定符合自身实际的科研定位，将自身智力资源与企业生

产要素紧密结合，主动参与区域企业的技术研发和新产品开发，甚至为企业提供技术创新规划、技术评价，将校企合作的范围从人才共育拓展到技术共研，真正使自身成为科技成果的辐射源，乃至成为企业产品开发和技术创新的依靠力量。

注重文化传承与创新，强化高职院校技术技能积累的底蕴

当前，我国正在由“制造大国”向“制造强国”迈进，不仅需要大批技术过硬的工匠和技术工人，更需要工业精神的弘扬和工匠精神的培育。《行动计划》把“技艺传承创新”作为深化校企合作发展、建立技能大师工作室开展活动的核心内容，把“传承创新民族文化与工艺”作为促进文化传承创新与传播的重要内容。可以看出，技术技能积累不仅仅是工艺技术的传承，同时也是一种文化的传承和积累，有文化、有深度的技术才会更有生命力。高职院校作为高等教育的重要组成部分，应在文化传承创新这一基本职能的发挥中彰显“专注、执着、向善”的工业精神，注重与产业、行业、企业文化的深度融合与衔接，在“文化育人”的理念下培养面向生产、建设、服务和管理第一线，适应时代发展需要，具备精益求精、专心敬业工匠精神的高素质技术技能型人才。要把“推进技术技能积累”和“发挥文化育人作用”有机融合在一起，在文化传承创新中提高育人水平，在文化育人实践中切实推动技术技能积累。

来源：《中国教育报》2015年11月26日第9版

加强技术技能积累，服务铁路高速发展

陕西铁路工程职业技术学院　王津

《高等职业教育创新发展行动计划（2015—2018 年）》以提升质量为主线，为高职院校创新发展绘制了精确的路线图。陕西铁路工程职业技术学院结合铁路行业发展需求，承担了 44 项任务和 16 个项目，逐项制定建设计划书，扎实推进任务和项目建设工作，瞄准专业建设、创新创业教育、教学诊改、国际交流合作等方面重点突破，助推学院在“十三五”时期实现新跨越。

强化专业对接产业，提升发展内涵

以骨干专业建设为抓手，围绕铁路行业与陕西区域经济发展需求，调整优化专业结构，校企合作推进专业建设，创新专业人才培养模式，培养适应铁路行业企业需要的技术技能人才。

对接铁路产业优化专业结构。构建以交通土建类专业为主干，铁路运输类、装备制造类为两翼，服务区域经济类专业为延伸的专业发展格局，扎实推进 15 个专业综合改革项目建设，力争建成国家级骨干专业 8 个，提升专业服务产业发展能力。

创新校企合作办学体制机制。以陕西铁路建筑职教集团为基础，创建国家骨干职教集团，构建学院对接集团公司、系部对接分公司、教研室对接项目、教师对接技术人员的校企合作机制，探索建立基于产权制度和利益共享机制的集团运行机制，建立基于学分转换的集团内部教学管理模式，扎实推进建筑工程系混合所有制二级院系建设。

以需求为导向创新人才培养模式。深化“学分制、菜单式、模块化、开放型”人才培养模式改革，与企业共同制定专业人才培养方案，把企业精神、企业文化和岗位对员工的能力素质要求融入课程之中。从校企联合招生、联合教学、联合管理、联合就业方面开展铁道工程技术等专业现代学徒制试点，校企共建铁道综合实训工区等生产性实训基地和虚拟仿真实训中心，遴选行业人才需求量大、受众面广的专业和课程，建设 8 个专业教学资源库和 23 门精品在线开放课程，推进信息化教学改革。

完善质量保证体系，提升办学水平

完善质量标准和制度，引入知识管理和知识生命周期理论，构建内部质量保证体系，树立质量文化，开展自主诊改，促进质量提升。

着力构建质量保证体系。在专业与课程建设、师资队伍建设、学生全面发展建设、行政管理服务、后勤管理服务5个层面建立内部质量保证机制，构建发展规划、质量标准与制度、过程诊断与改进、绩效评价与考核、质量文化塑造、质量管理信息化应用6个体系，形成质量保证体系主框架；加强人才培养工作状态数据采集平台的应用，建立基于平台数据的预警机制。

完善自主诊改工作机制。依据标准，依托校本数据平台，坚持问题导向，对照质量保证体系文件，查找5个层面存在的问题与不足，进行深入、具体的反思和剖析，围绕问题制定对策，开展各层面的自主诊改，建立常态化、周期性的质量改进螺旋，持续创新诊断改进理论，形成学院质量特色。

全面推行人才培养质量多元评价制度。深入开展毕业生跟踪调查，引入第三方评价，将毕业生就业率、就业质量、企业满意度、创业成效等作为衡量人才培养质量的重要指标，完善人才培养质量监测体系。实施人才培养质量年度报告发布制度，加强对各专业人才培养质量年度报告的监督管理，提高人才培养质量年度报告的量化程度、可比性和可读性。

深化创新创业教育，提升培养质量

基于“课程教学+实践载体+发展平台”的创新创业教育模式，完善教学资源，丰富实践载体，搭建发展平台，加大项目扶持，提高创新创业与专业教育融合度，促进学生全面发展。

构建创新创业教育体系。以学生创新意识培养和创新思维养成为重点，将创新创业教育融入校风和学风，营造创新创业文化氛围；融入培养方案，培养学生创新创业知识；融入第二课堂，打造创新创业活动载体；完善创新创业学分认定办法，实施弹性学制，为学生创新创业营造良好环境；融入技术服务和顶岗实习，搭建学生创新发展平台，实现学生创新创业知识、能力、意识的提升。

打造创新创业实践平台。以道桥工程系、轨道工程系为创新创业试点，优化专业课程体系，改革教学方法、考核内容和形式，突出创新创业意识培养；继续举办“互联网+”创新创业大赛、科技作品竞赛等活动，激发创新创业兴趣；整合学院资源，建设创新创业孵化基地，吸纳优秀项目入驻，每年设立50万元创新创业扶持基金；建设应用技术协同创新中心，导师带徒组建创新团队，通过创新试验、科技研发等形式，让学生实践创新。

开发创新创业教学资源。加强创新创业教研室建设，聘请行业专家、创业成功者担任创新创业指导教师，组建专兼结合的创新创业教师团队，建设窦铁成、叱培洲等技能大师工作室；编写具有科学性、先进性、适用性的创新创业教材，开发创新创业在线开放课程。

扩大境外合作办学，提升国际影响

加强与职教发达国家的战略对话，引入铁路行业职业标准和优质资源，开发国际培训项目，积极开展国际职业教育合作。

加强与职业教育发达国家的交流。引进国际先进成熟的职业标准、专业课程、教材体系和数字化教育资源，聘请外籍教师来院任教，选派优秀教师和管理人员赴境外进修 90 人次以上，组织学生到境外修学、游学 120 人次以上。

积极探索合作办学。利用中俄交通大学校长联盟、中国—东盟轨道交通教育培训联盟等平台，发挥学院铁路行业教学资源优势，探索与俄罗斯迪拉芙沃斯托克国立经济与服务大学的交流合作，面向柬埔寨、印度尼西亚、老挝等东盟国家开展合作办学项目，联合培养外国留学生。

未来 3 年，学院将投入 1.5 亿元资金保障任务（项目）建设，使学院核心发展力、综合竞争力、改革创新力、社会影响力显著增强，办学特色更加鲜明，成为“省内示范、行业领先、国内一流、国际知名”的优质高职院校。

来源：《中国教育报》2017 年 2 月 14 日第 4 版

从服务产业迈向引领产业

湖南汽车工程职业学院　邓志革

湖南汽车工程职业学院以湖南省卓越职业院校建设计划（以下简称卓越校计划）为契机，主动适应湖南经济和汽车产业发展新要求，实现由“对接汽车产业、服务汽车产业”向“提升汽车产业、引领汽车产业”转型。

立足三个围绕创新办学理念

围绕汽车产业办出特色。按照“立足汽车行业、服务汽车产业、培养汽车人才、打造汽车品牌”的办学思路，学院主动服务湖南汽车产业转型升级发展，深度融入汽车产业来建设特色专业体系，培养汽车高素质技术技能人才。

围绕前沿技术打造品牌。学院紧跟新能源汽车、智能汽车、车联网、汽车精密制造等汽车产业最新业态，抢占汽车技术技能人才培养制高点，打造高素质人才培养高地、高水平师资培训高地和汽车产学研新成果孵化高地。

围绕文化治理注入活力。为激发每位教职工创新创造激情，释放每一位学习者学习的原动力，学院决策层、执行层、监督层相对独立又相互合作，“政行企校”多方联动，增强学生就业竞争力的同时塑造美好的心灵。

强化三个坚持创新建设思路

坚持系统推进、重点突破。学院从政策、人力、经费等方面加大卓越校计划建设的投入力度，整体推进各项任务；以产教融合、校企合作为主线，在特色专业群、教师队伍、治理能力建设等重点领域取得突破性进展，形成一系列具有示范辐射效应的标志性建设成果。

坚持创新驱动、成果导向。学院以“政行企校四轮驱动”的体制机制激发办学活力和合力，提高办学水平；卓越职业院校建设过程可监控、成果可考核、经验可推广。

坚持示范引领、整体提升。学院推进全面内涵建设和科学发展，提升核心竞争力、社会影响力、办学吸引力和对产业的服务贡献力；带动其他职业院校协同创新、共同发展。

推进五项建设创新发展举措

推进“覆盖前后市场、兼顾新旧能源”，突出智能化和车联网的汽车专业集群建设。完善专业动态调整机制，形成以汽车专业群为主体，电子信息和财经商贸专业群为补充的“一体两翼”专业格局；依托“长株潭国家自主创新示范区”“长株潭城市群国家新能源汽车推广应用示范区域”，密切跟踪汽车产业最新发展态势，带动汽车专业群结构优化升级；全面对接和深度融入汽车产业链，以汽车新技术为引领，新增智能交通技术运用等汽车类新专业，重点建设新能源与智能汽车、整车与零部件制造、汽车营销与服务三个特色专业群，汽车产业链专业占专业总数的一半以上，在校生规模占 60% 以上。

推进“名师(大师)引领、双师主体、专兼结合”的高水平教学团队建设。按照职业身份、职业素养、职业成长三个维度，通过引、转、培、练、赛、研六条途径，完善评聘分离、能上能下、动态管理的教师管理机制；健全教师绩效考核、“双师”标准及教学团队建设、兼职教师聘任与管理等制度；“双师比”达 90% 以上，兼职教师承担专业课时比例达 50%，实习指导教师及兼职教师全部具备高级职业资格或中级专业技术职务；每个汽车特色专业群建设 3 个以上“名师（大师）工作室”，培养 5 名以上正高职称、双师素质的专业带头人，副高以上职称、双师素质的骨干教师占比达 50% 以上。

推进“德育首位、教学中心、科研先导”的发展格局建设。实施大学生思想道德素质提升工程，完善德育工作序列化方案，强化思想素质、文明素质、心理素质、人文素质、职业素质五种素质，职业礼仪规范、职业行为规范、职业道德规范三种规范，忠诚敬业、客户至上、团队协作、精益高效、学习创新五种品格；深化现代学徒制等工学结合人才培养模式改革，推进现代化教学模式和学分制改革，以宝马、保时捷等校企合作基地为平台，共同培养具有国际视野、通晓国际规则的技术技能人才；加强科研基地、队伍和机制建设，联合行业企业打造汽车科研成果展示的窗口、应用推广的试验田和示范引领的先行区。建设期内主持省级以上课题及技术服务项目 100 项以上，每年推广新技术应用项目 5 项以上，技术服务收入 100 万元以上，为企业创造经济效益 500 万元以上。

推进“依法治校、自主管理、民主监督、社会参与”的治理体系建设。坚持和完善党委领导下的校长负责制，完善以学校章程为核心的制度体系，形成干部依法管理、教师依法施教、学生遵纪守法的良好育人环境。推行大部制改革，形成运行高效的大教学、大思政、大服务工作格局。开展“掌上校园”建设，形成咨询机构、决策机构、执行机构、监督机构相互制衡、执行有力、运转高效的治理结构。探索“多元参与、共同治理”的现代高职院校治理模式，建设北京汽车（中南地区）技术服务中心等混合所有制服务共同体。

推进“多维度、全过程、常态化”的教学质量诊断与改进机制建设。聚焦专业、教师、课程、课堂等人才培养工作要素，建立教学工作诊断与改进制度。强化教学过程监控，建立健全学生到课率和听课率考评、教师课堂教学评价及教学运行管理等制度；建立健全学生专业技能考核、毕业设计评价、毕业生综合素质评价等监控制度；建立以学生作品为载体，以职业知识、职业技能与职业素养为评价核心，过程考核和结果考核相结合的课程考核评价体系；构建政府、学校、行业、企业和第三方评价机构共同参与的多元化教学质量评价机制，促进教育教学质量不断提升。

来源：《中国教育报》2017年2月21日第4版

创新驱动，融合助推航空产业腾飞

西安航空职业技术学院　赵居礼

《高等职业教育创新发展行动计划（2015—2018 年）》（以下简称《行动计划》），是指导和推进高等职业教育创新发展的总纲领。陕西省启动实施一流学院、一流专业建设，为陕西高职教育发展作出具体部署。西安航空职业技术学院以《行动计划》和“双一流”建设为指引，筹集资金 2.5 亿元，主动适应航空产业发展，服务“富裕陕西、和谐陕西、美丽陕西”建设大局，加快融合发展，实施创新驱动，扩大开放办学，全面推动学院从“示范”到“优质”升级转型。

融合发展，创新办学体制机制

以完善内部治理体系为核心，完善质量保证机制，加快航空产教融合，创建特色学院，打造产教融合发展的升级版。

完善治理体系，提升治理能力。坚持党委领导、院长负责、教授治学、民主管理，健全现代大学治理结构，推进理事会制度建立；优化内部机构设置，深化两级管理改革，建立运转高效、富有活力的校院两级管理机制，建立绩效导向的全员考核激励机制，整体提升学校管理效能。

推进诊断与改进，完善质量保证机制。以“目标、标准、设计、组织、实施、诊断、创新、改进”质量螺旋为主线，以人才培养工作状态数据采集与管理平台为基础，建立健全自我质量保证体系；强化人才培养质量年度报告和就业质量年度报告制度，完善监督保障机制。

加快航空产教融合，构建校企合作平台。坚持与航空产业融合发展，牵头成立飞机机载设备专业教学指导委员会和通用航空专业教学指导委员会，校企共建“汽车制造工程中心”等 8 个生产性实训基地；建成“航空零部件再制造协同创新中心”等 3 个应用技术协同创新中心；健全陕西航空职教集团运行机制，积极推进国家示范职教集团建设，搭建校企长效合作平台。

创建特色学院，创新育人体制。系统推进校企合作，创建特色学院，突出二级学院的人才培养主体地位。扩大现代学徒制试点规模，成立具有现代学徒制特点的二级学院；紧跟通用航空产业发展，成立通航学院；落实军民融合发展战略，成立士官学院；坚持“人才共育、过程共管、责任共担、成果共享”原则，改革组建具有混合所有制特征的电子工程学院。

聚集内涵，优质资源扩容升级

优化专业布局和结构，深化教育教学改革，提升师资水平，提升专业服务能力，探索多样的人才培养模式，推动办学水平全面提升。

打造航空专业体系，创新人才培养模式。坚持专业设置对接产业需求，紧跟航空产业升级步伐，对照航空产业链上下延伸，动态优化专业设置和专业结构，优先支持紧贴航空产业发展的 11 个骨干专业建设。按照培养高素质技术技能人才的要求，大力推进专业人才培养模式创新实践，探索实践本科层次职业教育实现形式和培养模式。

加快信息技术应用，促进课堂教学改革。加快推进信息化建设和应用，投入资金 2 400 万元，成立全国航空职业院校移动云教学大数据研究中心，按照省级标准，建设 5 个高职专业教学资源库、10 门精品在线开放课程、1 个虚拟仿真实训中心；发挥课堂云教学中的先行先试作用，推行泛在、移动、个性化的学习方式。

优化人才队伍结构，加强师资队伍建设。健全职称制度体系，完善品德、能力、业绩导向的职称评价标准；完善以老带新的青年教师培养机制，建立教师轮训制度；建成焊接技能大师工作室和汽车维修知名大师阚有波工作室；实施教学名师引领计划，培育国家级教学名师。

打造五大服务平台，提高社会服务能力。投资 1.3 亿元，建成航空机务大楼和航空产业基地产教融合培训大楼，搭建社会服务载体；建成陕西省专业技术人员继续教育省级示范基地，开展专业技术人员继续教育培训；升级改造航空科技馆，开发集航空科普教育、爱国主义教育、航空博览旅游为一体的社会服务功能；建成现代航空制造工程中心，开发生产、教学、实训、培训一体化功能；建成国家“双师型”教师培养培训基地，提高教师职业教育教学能力。

创新驱动，加强技术技能积累

坚持创新驱动，利用航空专业人才资源优势和区位优势，完善技能大赛制度，重视文化育人与技术技能积累的有机融合，使学院成为区域技术技能资源的聚集地。

打通区域内技术技能人才成长通道。实施职业教育改革试验区建设工程，发挥学院示范带头作用，搭建区域内 9 所中高职院校校际“立交桥”，建立“中职—高职—本科”技术技能人才成长通道，构建适应航空城发展的现代职业教育体系。

建立和完善技能大赛制度。持续发挥学院在全国技能大赛、数学建模大赛、电子设计大赛中的优势，形成“校级—省级—国家”梯队培养的竞争机制，以赛促学、以赛促教、以赛促改，全面提高技术技能水平。

提高技术积累和转化能力。建成4个以上具有持续发展能力的工程技术或协同创新中心，打造4个以上具有持续创新创造能力的科研创新与科技服务团队，提高学院技术技能积累与转化能力。各级各类科研经费到款额年均增长15%以上，新增注册职务专利40个以上。

促进文化育人与技术技能积累的融合发展。持续加强校园文化建设，彰显“专注、执着、向善”的工业精神，统筹开展人文素质教育实践活动，在文化传承创新中提高育人水平，在文化育人实践中推动技术技能积累。

开放办学，推进对外交流合作

加强对口交流、支援和合作，持续推进学生对外交流，加强师资培训国际化水平，积极跟进国家“一带一路”倡议，支持航空装备“走出去”战略，扩大学院对外交流与合作。

智力支持贫困地区和革命老区。支持云南玉溪发展通用航空所需要的技术技能人才；扶持铜川职业技术学院、米脂县职教中心等集中连片扶贫开发地区、革命老区的职业院校，派遣专家和骨干教师进行对口部门和对口专业“点对点”传帮带智力支持。

持续推进学生对外交流。依托“中美高端技能型、应用型人才联合培养百千万交流计划”平台，引进优质航空工程教育资源，扩大学生交流，实施联合培养；持续推进大学生赴美带薪社会实践项目，扩大规模，提高质量。

依托平台提升师资培训国际化水平。发挥学院中德培训中心平台作用，提升师资培训的国际化水平；选拔重点专业教师和优秀管理人员有针对性地开展境外培训。

支持航空装备“走出去”战略。加大与“一带一路”沿线国家的合作和交流，实施中航国际加蓬职教项目，援助加蓬建立职业院校，在航空维修、航空物流等方面开展培训，支持我国航空装备“走出去”战略，提升学院国际影响力。

“十三五”开局之年，学院将进一步转变理念，实施优质院校引领计划，加强技术技能积累，助推地方经济发展和国家航空产业腾飞。

来源：《中国教育报》2016年12月6日第10版

第七篇

稳步推进，成效明显

《高等职业教育创新发展行动计划（2015—2018年）》（以下简称《行动计划》）顺应政府职能转变，创新“教育部规划管理、省级统筹保障、院校自主实施”的管理模式，形成国家、省、学校三个层面协同实施、整体推进态势。

《行动计划》提出7个方面的改革要求，设计了65个任务、22个项目。国家层面搭建管理平台，强化过程监控，建立年度绩效评价制度，督促地方推进落实；各地基于区域发展需求和职业教育基础，自愿承接任务项目，自主拟定实施方案，省级统筹主体意识明显提升；高职院校是《行动计划》的建设主体、责任主体和受益主体，充分激发改革活力、增强内生动力，实施了一系列改革创新举措，呈现蓬勃发展的良好局面。2016年项目启动搭建“四梁八柱”，2017年“全面施工”整体推进，2018年“内部装修”全面收官。据统计，经过三年实施，各地共启动任务1 310项，启动率99%；启动项目397个，启动率 96%；启动项目实际布点 22 806 个，布点率 184%。《行动计划》顶天立地、遍地开花，促进了高职教育改革向纵深推进，提升了高职教育整体发展水平。

本篇选编的 4 篇专家文章，既有项目启动时对《行动计划》总体设计、任务安排和建设要求的系统介绍，也有实施过程中对年度执行情况、中期执行情况的阶段性展示，介绍了各地、各行业职业教育教学指导委员会、各高职学校的成功经验和典型成效，展现了高职教育在各方面的创新做法和最新进展。

各地落实《高等职业教育创新发展行动计划（2015—2018年）》举措综述

宁波职业技术学院　张启明

南京工业职业技术学院　王博

温州职业技术学院　童卫军

2015年9月，教育部印发《关于确定〈高等职业教育创新发展行动计划（2015—2018年）〉任务（项目）承接单位的通知》，发布了31个省级教育行政部门和新疆生产建设兵团教育局（统称各地）以及46个行业职业教育教学指导委员会（以下简称行指委）贯彻落实《高等职业教育创新发展行动计划（2015—2018年）》（以下简称《行动计划》）的实施方案。各地（行指委）在认真领会文件精神基础上，准确把握区域职业教育办学实际，以提升高职教育发展质量为主线，科学设定行动目标，主动规划建设内涵，按照综合改革的要求谋篇布局，描绘了今后三年高等职业教育的发展蓝图，切实推动高职教育朝着发展质量持续提升、综合改革进一步深化、创新发展机制更加完善、保障体系更加健全的目标前进。

规划新局面：职教体系日臻完善，多方统筹保障落实

实施目标聚焦高职教育整体实力提升。各地（行指委）实施方案从全面推进区域或行业内高职教育创新发展角度，统筹设计了涵盖高职教育各个领域的目标体系。一是对接区域经济社会发展实际，形成更加合理的院校及专业布局；二是大幅提高技术技能人才培养质量、应用技术研发能力和社会服务水平；三是着力提高服务区域经济社会发展和产业转型升级能力，增强服务“中国制造2025”的能力；四是进一步创新产教融合、校企合作机制；五是提升高职院校治理能力，健全院校内部质量监控机制；六是不断提升师资队伍水平；七是全面提高职业教育信息化水平。目标体系基本涵盖了高职教育发展方方面面，致力于高职院校办学水平整体提升，助力具有较强竞争力的高素质技术技能人才培养高地加快形成。

落实现代职业教育体系顶层设计多措并举。各地实施方案均明确提出要以专科层次职业教育为核心，错位发展，构建中职、专科、本科、专业学位研究生层次职业教育相贯通的现代职业教育体系。例如，陕西开展五年制连读试点，推进中高职衔接，围绕培养“中国制造2025”急需人才开展专升本应用型本科专业试点；山东完善对口贯通分段培养体系，重点鼓励支持举办“三二连读”专科教育，完善高职院校与本科高校“3+2”对口贯通分段培养模式；黑龙江设立“龙江学分银行”推动高职院校逐步实行学分制，依托“互联网＋职业教育”，实现跨校跨领域跨学段选课，建立以学分为基本单位的学习成果认定积累制度。

省级统筹主体意识明显提升。《行动计划》所列87个任务和项目中，由省级教育行政部门牵头落实或参与落实的有71项，占到81.61%，充分体现了地方的落实主体地位。从实施方案上报情况看，各地承接任务1 306项、项目12 272个，预估投入经费204.12亿元，显示出各地勇于承担高职教育发展主体责任，加快推进高职教育创新发展的决心。比如，江苏健全多部门组成的职业教育工作联席会议，主动协商有关部门，协调项目预算、政策措施，明确职责分工，保证任务落实；湖南明确，院校所承担任务及项目的完成情况能列入教学业绩考核的，都作为指标内容列入考核体系，并作为年度财政奖励资金分配要素和衡量学校总体工作的重要内容。

资金保障以改革和绩效为导向。各地明确逐步健全多渠道筹措经费和财政生均拨款稳定投入机制，加大总体投入水平，缩小区域差异；进一步改革预算拨款方式，向改革力度大、办学效益好、就业质量高、校企合作紧密的学校倾斜，向管理水平高的学校倾斜，向紧贴产业转型升级的专业以及农林水地矿油等艰苦行业专业倾斜。预估投入经费省均达到6.38亿元，其中安徽、广西、广东、北京、山东等地超过10亿元。各地均明确要按照教育部、财政部有关要求落实生均拨款政策，到2017年，专科高等职业院校年生均财政拨款平均水平不低于12 000元。

行指委积极推进校企深度合作。行指委积极发挥指导作用，重点关注“推进产教融合、校企合作”“促进职业教育更好服务产业发展”等方面，46个行指委共承接任务324项、项目1 774个，预估投入经费总额23.12亿元。投入7.55亿元开展骨干专业建设，凝练专业方向、改善实训条件、深化教学改革，提升专业发展水平；投入1.78亿元紧密依托行业企业建立“双师型”教师培养基地，提升教师的专业教学能力和实践动手能力；投入5.04亿元共建生产性实训基地，推动行业内规模以上企业与高职院校开展深度合作；投入2.68亿元建设虚拟仿真实训中心，根据行业特点和岗位特征，将现场操作安排困难或危险性高的专业领域实习实训通过信息化手段实现；投入1.28亿元引导和扶持企业与高等职业院校联合开展“现代学徒制”培养试点；投入2.69亿元以市场为导向多方共建应用技术协同创新中心，推动行业企业与高职院校开展合作办学、合作育人、合作发展。

发展新动能：夯实基础服务社会，开放创新提升能力

同步经济发展服务国家战略。各地实施方案中，有25个省级行政区明确在优化院校布局，调整专业结构，建立产业结构调整驱动专业设置与改革、产业技术进步驱动课程改革的机制，重点面向“中国制造2025”进行专业调整和人才培养，优先保证新一代信息技术等战略性新兴产业，加强现代服务业人才培养等方面进行规划。吉林重点支持建设新型工业、现代农业以及民族文化传承等领域的专业，建设50个骨干专业；四川省财政三年累计投入2.72亿元，围绕服务四川“7+3”产业发展规划优化专业结构布局，立项建设100个省级重点专业；新疆生产建设兵团（兵团）制定《兵团建设丝绸之路经济带核心区战略规划职业教育建设规划方案》，立足兵团参与丝绸之路经济带核心区建设的战略；云南主动融入“中国制造2025”、国家“一带一路”倡议、“工业强省”战略、长江经济带、大湄公河次区域的区域及周边发展战略，引导高职院校推进专业链紧密对接区域产业链、创新链，整体提升专业发展水平。

区域协调发展提升整体水平。各地在探索基于增强发展能力东中西部合作机制的同时，也注重通过区域内学校布局与调整推进高职院校协调发展。天津突出重点领域，完善和提升京津冀协同发展装备制造业等8个现代职业教育产教对接平台，构建文化产业、民族教育等12个现代职业教育产教对接平台，推动环渤海职业教育和成人教育协同发展；新疆建立对口援疆、区内帮扶工作机制，制定《自治区示范性职业学校对口帮扶南疆职业教育项目实施方案》，确定新疆农业职业技术学院等19所示范校帮扶喀什地区中等职业学校等26所薄弱职业学校，有效推动区内职业教育的整体发展；湖南支持省内经济社会发展急需的相关专业，优先扶持贫困地区产业发展紧缺专业，定位服务产业发展方向，形成“对接产业、相对集中、错位发展、优势互补”的专业结构布局，并要求省内高职院校对照卓越职业院校标准进行建设，推动全省高职院校整体办学水平的提高。

明确办学主体形成质量保障机制。《行动计划》要求以高职院校章程建设为统领，明确建立健全依法自主管理、民主监督、社会参与的高职院校治理结构。四川2015年已分两批完成40所公办高职高专院校章程核准工作，到2016年3月完成18所民办高职院校章程核准，实现高职院校“一校一章程”。

31个省（区、市）承诺全面推进高等职业教育质量年度报告制度，强化对质量年度报告发布情况和撰写质量的监督管理，进一步提高质量年度报告的量化程度、可比性和可读性。山西支持第三方撰写发布省级高等职业教育质量年度报告；青海将适时在省级层面对高等职业教育质量年度报告进行相应的排序，督促各高职院校做好、做实质量年度报告相关工作。

30个省（区、市）在实施方案中承诺开展高职院校教学诊断与改进工作。浙江在开展高校教学巡查诊断工作基础上落实高职院校教学诊改工作；河南2016年开展高职院校教学

诊断与改进工作，2018 年抽样复核不少于 20% 的高职院校诊改工作质量，2017 年支持 3 个对用人单位影响力大的行业组织开展专业层面的教学诊改试点工作；黑龙江建立“黑龙江高职院校诊改档案”。

建设优质资源，夯实发展基础。31 个省（区、市）在优质高职院校、骨干专业，以及 30 个省（区、市）在生产性实训基地等优质资源建设中设立项目和重点投入，预估投资总额超过 162.42 亿元，其中骨干专业建设 3 770 个，预估投入 67.81 亿元；开展优质专科高等职业院校建设 313 所，预估投入 63.65 亿元；建立校企共建的生产性实训基地 1 653 个，预估投入 30.96 亿元。

优质高职院校建设要求高职院校办学定位准确、专业特色鲜明、社会服务能力强，在技术技能积累、杰出人才培养、国际合作交流等方面处于领先水平，具有较强的影响力和综合实力。湖南启动了省级卓越职业院校建设计划，遴选 20 所左右院校，投入 5.4 亿元；广东实施一流高职院校建设计划，投入 6 亿元建设 20 所左右全国领先、世界有影响的优质高职院校。

专业建设是高职院校特色办学的逻辑起点，是对接社会需求、主动适应经济发展和产业升级的桥梁和纽带，是强化内涵、提升人才培养质量的突破点和着力点。陕西投入 3 亿元，将 150 个骨干专业建设列入本省高等职业教育中长期规划重点支持项目；江西投入 9 亿元，开展精品专业建设工程，围绕本省产业发展需求，重点支持建设 300 个专业点，引领示范本校其他专业或同类型高校相关专业的改革建设，打造一批精品专业群。

实践教学体系是高职教育的特色所在，校企共建生产性实训基地是以与规模以上企业深度合作为基础，以专业为依托，科学构建实习实训体系，实现学校教学环境与企业现场环境、学校文化与企业文化有机融合，是提高职业院校实践教学水平和人才培养质量的主要场所。河北投入 1 亿元，支持校企共建生产性实训基地 50 个左右；广西投入 2.4 亿元，将实训基地建设纳入职业教育十大工程；重庆探索“四个互动”“九个融合”办学模式，积极开展生产性实训基地建设。

构建数字资源，改造传统教学。高职教育数字教学资源建设是顺应“互联网 +”发展趋势，利用信息技术推进教育教学改革、突破时空局限，实现优质教学资源共建共享的重要手段。各地建设省级高职教育专业教学资源库 297 个，投入 4.39 亿元，其中北京投入 1 亿元立项建设 20 个。建设省级高职教育精品在线开放课程 3 332 门，投入 4.83 亿元，其中山东投入 1.2 亿元立项建设 1 200 门。建设职业能力培养虚拟仿真实训中心 192 个，投入 3.04 亿元，其中山西投入 4 500 万元立项建设 3 个。新疆以实现“宽带网络校校通”“优质资源班班通”“网络学习空间人人通”为目标开展职业教育信息化基础能力建设。

“双师”建设优化教师队伍结构。共有 27 个省（区、市）和 32 个行指委计划建设 571 个“双师型”教师培养基地，投入 4.86 亿元。山东优化教师管理方式，20% 编制员额由学校自主聘用兼职教师，落实高职院校职称评审自主权。湖北建立“楚天技能名师”制度，聘请能工巧匠、技术能手担任职业院校专业兼职教师。吉林充分发挥长春一汽有限公司、中国北车股份有限公司等国有大型企业的优势，在学校和企业建设 3 个“双师型”教师培养培训基地。海南建立全省统一的兼职教师信息共享平台，将传统技艺大师、现代能工巧匠、省级劳模骨干兼职教师纳入兼职教师资源库，供省内高职院校资源共享。

协同创新提升应用研发能力。共有 28 个省（区、市）建设应用技术协同创新中心 449 个，投入 8.29 亿元。江西预算投入 2 500 万元建设应用技术协同创新中心 5 个，技术应用面向中小微企业，协助企业开展、实施电子商务业务，提供技术，使技术贡献率占企业产出 65%；湖南重点支持推动高职院校与行业企业共建 30 个应用技术协同创新中心，鼓励开展应用技术研究、新技术研发、技改攻关、新产品研发、成果转化（推广）、技术标准（规程）研制、经营策划研究等项目，专项支持一批高职院校应用技术创新研究课题，鼓励师生将拥有自主知识产权的成果进行自主创业或与企业合作转化。

服务“走出去”战略，提升国际化水平。高职教育“请进来”，继续学习发达国家职业教育的先进经验，同时加强建设“走出去”，推动建立与中国企业和产品“走出去”相配套的职业教育发展模式，提升国家竞争能力。一是助力优质产能“走出去”，培养支撑企业在当地生产运营需要的技术技能人才。26 个省（区、市）计划扩大与“一带一路”沿线国家的职业教育合作，服务“走出去”企业需求。天津通过国际化提升工程，鼓励有条件的学校积极拓展海外职业教育市场，在境外建设 5 个“鲁班工坊”。二是探索开展对发展中国家职业教育援助。18 个省（区、市）将探索援助发展中国家职业教育的渠道和政策，一批高职院校积极探索“走出去”，在发展中国家办学，将中华民族优秀文化和高质量职业教育及培训项目服务海外。

增强办学活力深化产教融合。29 个省（区、市）推动职业教育集团化发展，开展多元投入主体依法共建职业教育集团的改革试点。31 个省（区、市）校企共建以现代学徒制培养为主的特色学院，推动高职院校与当地企业合作办学、合作育人、合作发展。22 个省（区、市）探索混合所有制办学，鼓励社会力量以资本、知识、技术、管理等要素参与公办高等职业院校改革。

一是丰富集团化办学的实现形式。各地共投入 4.95 亿元建设骨干职教集团、连锁型职教集团，以及遴选 10 省级行政部门开展多元投入主体依法共建职教集团的改革试点。北京市适应北京产业转移疏解和京津冀地区产业链分工合作的需要，探索建立京津冀职业教育集团；江苏引导省内营业收入超百亿企业特别是行业龙头企业牵头组建覆盖全产业链的职业教育集团，计划到 2018 年，建成 8 个左右全国性职业教育集团，实现职业院校参与职业教育集团的覆盖面达 80%。

二是重点推进现代学徒制深化产教融合。各地投入 5.16 亿元校企共建 522 个以现代学徒制培养为主的特色学院。山东允许符合条件的高职院校采用单独考试招生的办法从企业员工中招收符合高考报名条件的学生，使学生兼具企业员工身份，校企联合保障学生权益、保证合理报酬，落实学生责任保险和工伤保险；浙江开展现代学徒制试点，构建“六共同”育人机制，努力实现人才培养和人才使用的无缝对接；青海推进高职院校与当地企业“四个合作”，开展建设4个以现代学徒制培养为主的特色学院。

三是推动具有混合所有制特征的办学实践。海南现有混合所有制性质院校1所；吉林经济管理学院已开展混合所有制职业院校办学试点；江西计划建设省级混合所有制二级学院4个，预算投入2 000万元，形成“人财物融通、产学研一体、师徒生互动”的新型二级学院实体；福建2016年出台股份制和混合所有制职业院校建设指导意见，试点支持公办高职院校与企业合作举办混合所有制性质的二级办学机构。鼓励企业、个人以资金、技术、实物等向公办高职院校注资入股，参与学校办学和管理。

深化“双创”改革服务创新创业。29个省（区、市）促进专业教育与创新创业教育有机融合，利用各种资源建设创业教育实践平台。浙江积极推进高职院校建设创业学院，创新办学体制机制，围绕特色小镇、产业集聚区发展，利用各类资源建设更多的创业基地、创客中心、创新工场等众创空间；天津支持20所高职院校开展市级“众创空间”建设，充分利用各种资源建设大学科技园、大学生创业园、创业孵化基地和小微企业创业基地，作为创业教育实践平台。

25个省（区、市）整合多方资金，支持学生创新创业活动。山东财政安排资金，支持实施“山东高校创新创业教育能力提升行动计划”，推动各高职院校优化经费支出结构，多渠道统筹并安排资金支持创新创业教育改革。

28个省（区、市）探索创新创业相关活动在折算学分、学习认定、转专业、弹性学制等方面作灵活尝试。河北对自主创业学生实行持续帮扶、全程指导、一站式服务，举办或支持参加各级各类大赛，并对获奖项目择优纳入省级科技计划；内蒙古实施自治区级大学生创新创业训练计划，建立创新创业档案和成绩单，客观记录并量化评价学生开展创新创业活动情况；黑龙江允许创业学生调整学业进程，可以保留学籍8年。

29个省（区、市）开发建设创新创业课程473门，投入5 835万元。四川拟在2017—2018年由省财政设立“高校深化创新创业教育改革专项”，计划建成50门省级创新创业教育课程、100门资源共享的省级创新创业教育在线课程，支持建设100种省级创新创业教育教材。

融合培育人文素养和职业精神。各地要求高职院校加强文化素质教育，坚持知识学习、技能培养与品德修养相统一，将人文素养和职业素质教育纳入人才培养方案，加强文化艺术类课程建设，完善人格修养，培育学生诚实守信、崇尚科学、追求真理的思想观念。海南构建具有鲜明企业特色的高职校园文化，推进优秀企业文化进校园、职业文化进课堂，促进职业技能培养与职业精神的融合；河北利用学校博物馆、校史馆、图书馆、档案馆等，发挥学校历史沿革、专业发展历程、杰出人物事迹的文化育人作用，围绕传播职业精神组织第二课堂，弘扬以德为先、追求技艺、重视传承的中华优秀传统文化；安徽将中华优秀传统文化教育融入课程和教材体系，充分挖掘和利用本地优秀文化教育资源，开设专题性地方课程和校本课程，加强徽文化及非物质文化遗产等特色专业建设，对应安徽特色传统手工技艺和非物质文化遗产建立集民族工艺传承创新、文化遗产保护、高技能人才培养、产业孵化于一体的职业教育基地。

未来新思考：齐头并进需努力，百花齐放待有时

部分实施方案地方特色不明显。各地实施方案均能围绕《行动计划》要求的任务（项目）进行规划和设计，明确了具体政策措施、详细时间表和路线图。河南成立《行动计划》领导组、推进工作组和项目检查组，细化涵盖 47 个任务和 16 个项目的安排表，逐条明确配套政策、建设进度安排与经费预算，将投入预算经费来源落实到省级财政、学校、企业、外方等具体建设方。部分地方根据区域高职教育现状和发展需求创新设立了符合区域特色的任务和项目。广东实施“创新强校工程”，以人才培养为中心，坚持“有所为，有所不为”，目标通过 5 年建设形成地方特色现代职业教育体系的“广东模式”。但也存在没有提交实施方案（16 个行指委没有提交实施方案）或提交的实施方案地方（区域）特色不明显等问题。辽宁、四川、广西、内蒙古、甘肃等地承接的任务和项目数不到 35 个，远低于 54.22 个的平均值；个别实施方案去除摘自《行动计划》中的任务（项目）描述后无法找到完整的举措或观点；部分地区对于设定的建设任务前期论证不够充分、缺乏有力的举措、可实施性不强，需要通过后续补充方案明确建设举措。

多元主体及混合所有制办学探索有待加强。与民办高职教育相关的 4 个任务，平均仅有 14.75 个省 (区、市) 承接，远低于任务承接均值 23.75 个，个别民办高职教育发达的省份甚至未承接任何其中的一个任务。综合各地实施方案，其中“举办具有混合所有制特征的二级学院”(97 个)、“现代学徒制试点”(522 个)、“多方共建应用技术协同创新中心”(449 个) 3 个项目承接数量接近或不到《行动计划》的预设计划数量，也低于全部项目承接数量达到预设计划数 1.5 倍的均值，有 4 个省级行政部门在这 3 个与企业深度合作密切相关的项目中仅承接 1 个项目开展建设。

区域均衡发展难度增大。以骨干专业、优质学校和校企共建实训基地三个重点建设项目为例，西部地区的甘肃、内蒙古、云南、新疆以及东部地区的辽宁、上海等地建设数量校均不足 2.5 个，低于全国校均 4.3 个的建设数量；西部地区的甘肃、内蒙古、云南，中部地区的吉林、河南以及东部地区的辽宁、上海校均投入不足 500 万元，远低于全国校均 1 211 万元的经费投入；西部地区的广西（建设数量校均 7.0 个、经费投入校均 4 400 万元）、中部地区的安徽 (建设数量校均 5.87 个、经费投入校均 3 280 万元)、东部地区的北京（建设数量校均 8.4 个，经费投入校均 4 200 万元）和天津（建设数量校均 7.39 个，经费投入校均 2 769 万元）均远超平均数。随着各地项目陆续推进实施，高职教育发展省际落差也将会持续加大。

各地（行指委）的实施方案已经发布，落实《行动计划》的号角已经吹响。如何统筹汇聚各方资源切实保障预期支持，如何精准把握任务举措轻重缓急协调推进方案整体落实，如何激发高职战线激情活力促使创新发展再上新台阶，将成为有待各地（行指委）解决的

重大课题。我们有理由相信，通过三年建设，高等职业教育整体实力显著增强，人才培养的结构更加合理、质量持续提高，服务“中国制造2025”的能力和服务经济社会发展的水平显著提升，促使高等教育结构优化成效更加明显，推动现代职业教育体系日臻完善，为实现“两个一百年”的奋斗目标和中华民族伟大复兴的中国梦提供坚实的人才保障！

来源：《中国职业技术教育》2016年第13期

高职创新发展扬帆起航，行动计划落实后程可期

——《高等职业教育创新发展行动计划（2015—2018年）》2016年执行情况综述

教育部职业教育与成人教育司　高志研

2017年4月，教育部印发《关于2016年〈高等职业教育创新发展行动计划（2015—2018年）〉执行情况及有关工作完成情况的通报》（教职成司函〔2017〕33号）（以下简称《通报》），对承接任务（项目）的32个省级行政部门和47个行业职业教育教学指导委员会（以下简称行指委）的年度执行情况进行通报。《通报》显示，2016年，只内蒙古自治区和公安、食品药品、外经贸行指委尚未启动承接的任务（项目）；全国其他省级行政部门和有关行指委共启动承接任务1 329项（启动率80%），项目501个（启动率70%），项目布点12 283个（启动率87%）；28个省级行政部门和25个行指委投入专项资金470 561万元。

高职教育创新发展扬帆起航

《高等职业教育创新发展行动计划（2015—2018年）》（以下简称《行动计划》）启动之际，恰逢"十三五"规划编制之时，很多地方和院校科学规划承接任务，将落实《行动计划》与制定和实施"十三五"规划相融合，扎实推进。

科学规划，主动融合。各地注重顶层设计，主动对接国家战略和区域经济发展，科学规划实施方案，积极将《行动计划》作为引导和推动地方及高职院校制定和执行"十三五"规划的重要行动指南，精准发力，制定地方版《行动计划》实施方案，加快推进现代职业教育体系建设。一是地方和行指委从支撑国家战略和区域经济发展角度出发，主动对接新时期区域经济发展和产业转型升级对职业教育的需求，将承接任务和项目作为区域高等职业教育发展的重要工作载体，不断提高职业教育服务地方经济发展和支撑国家重大战略的能力。二是所有省级行政部门和行指委均编制《行动计划》实施方案，其中北京等20个省级行政部门印发了地方版《行动计划》实施方案，引导和推动一大批高职院校编制院校版《行动计划》实施方案，形成"国家—地方（行指委）—院校"三级梯队推进的格局。三是

认真研究任务（项目）内涵，统筹规划资金分配，实现精准发力。如上海坚持“财政引导、过程管理、科研支撑”，按照“承诺预算支持的优先、实施方案可操作性强的优先、预期成果量化程度高的优先”的原则，根据院校申报的项目和任务数量，分A、B、C三类，分别按照2:1、1.5:1、1:1的不同比例配套经费，同时将承接的49项任务、12个项目划分为重点任务、难点任务、创新任务、深化任务和统筹任务5类，实行精细化管理。

次第推进，全面落实。地方和行指委按照《行动计划》要求，以加快启动承接任务（项目）为重点，以建立健全任务推进机制为抓手，勇于担当，主动作为，有序推动高职教育战线提质增效。一是认真履责，着力推动承接任务（项目）的落实，实现《行动计划》良好开局。如广西安排省级财政专项资金51 887万元，启动所有承接任务（项目）建设，推动承接任务（项目）的全面落实。二是建立健全任务（项目）管理常态化机制，在落细落小落实上下功夫，加快推进落实。如云南实施“五位一体”的工作运行模式，即发布一个总体实施方案，制定一个项目和任务管理办法，开发一个信息管理服务平台，建立一个《行动计划》整体建设方案备案制度，建立一项由省级教育主管部门指导和授权，教育行政部门研究智库和第三方评估机构共同参与的《行动计划》执行绩效情况定期评价机制；五项工作紧紧围绕该省高职教育创新驱动、跨越式发展这一目标而形成有机统一整体。三是以承接任务（项目）为载体，层层传导压力，逐级压实任务，将承接任务（项目）分解到所属高职院校，推动所属高职院校整体发展。如辽宁以《行动计划》为抓手，稳步推进本地高职教育创新发展，形成所属46所高职院校全部覆盖的格局。

强化监督，确保实效。按照“进一步强化管理监督”“做好事中监督管理”的要求，教育部搭建了覆盖“国家—地方（行指委）—院校”三级体系的《行动计划》管理平台，完成了2016年执行绩效的采集工作，通报了地方和行指委承接任务（项目）执行情况；地方和行指委加强过程监督，建立动态调整机制。一是教育部建立了《行动计划》年度执行绩效采集机制，对承接任务（项目）的地方和行指委开展了执行绩效采集工作，推动了任务落实，强化了过程监控，了解落实难点，解决突出问题，固化建设成效。二是教育部建立了年度执行绩效通报制度，对承接任务（项目）的地方和行指委执行绩效情况进行了通报，进一步加强承接任务省级行政部门和行指委之间的信息交流，督促各单位全面落实承接任务（项目）。三是教育部建立了年度绩效评价机制，组织专家对地方和行指委年度执行情况进行评价，全面总结建设经验，精准分析问题，有针对性地提出改进措施。四是地方和行指委建立了专家指导监督组织，加强了承接任务的职业院校建设指导和监督。如河北成立了《行动计划》实施工作领导小组，遴选122名专家组建了省级高职教育改革发展专家库，根据业务划分为9个专家组，指导督促各项工作有序推进。五是地方和行指委建立竞争择优、动态管理机制，强化目标导向和过程管理。如浙江省在推动优质校建设过程中，对于列入建设规划的5所重点校和15所优质校实施中期评估考核制度，考核成绩不佳的院校予以淘汰，空缺出的名额将以适当方式增补。

重点领域关键环节推进有力

2016年以来，地方和行指委准确把握社会需求，主动服务国家战略，不断扩大优质教育资源，增强院校办学活力，加强技术技能积累，完善质量保障机制，提升思想政治教育质量，高职教育战线在创新发展的重点领域、关键环节推进有力。

扩大优质教育资源。真正的教育公平不排斥卓越。面对新的经济形势和国家战略部署，中央和地方坚持扶优扶强扶特原则，引导和支持具有较强实力的高职院校合理定位、办出特色、差别化发展，推动高水平职业院校和骨干专业建设，加大“双师型”教师建设力度，不断推进信息技术应用。

23个省级行政部门启动292所优质专科高等职业院校建设，打造一批办学定位准确、专业特色鲜明、社会服务能力强、综合办学水平领先、与地方经济社会发展需要契合度高、行业优势突出的优质专科高等职业院校。如广东省教育厅、财政厅联合确定18所一流高职院校建设单位，计划利用4年时间，打造一批全国一流、世界有影响的高职院校，为广东省实现“三个定位、两个率先”总目标提供坚实的技术技能人才保障和强有力的智力支持、技术支撑；贵州启动优质高职院校建设，主动适应该省传统优势产业与新兴战略产业，服务贵州“工业强省”“城镇化带动”“精准扶贫”等重大发展战略，助力产业转型升级，为贵州经济社会发展培养高素质的劳动者和高端技术技能型人才。

30个省级行政部门启动3 159个骨干专业建设，23个行指委启动298个骨干专业建设，重点支持紧贴产业发展、校企深度合作，以及社会认可度高的专业优先发展，提升院校服务产业发展能力。如重庆对接区域支柱产业、十大战略性新兴产业、十大战略性新兴服务业、七大特色效益农业，市级财政按照文科类专业80万元/个、理工科类专业100万元/个，立项建设骨干专业150个，同时学校按照1:1配套，打造高职院校专业建设标杆，整体提升该市高等职业教育专业建设水平；山东根据各院校实际和自身特色优势，结合该省经济社会发展特别是战略性新兴产业、支柱产业和特色产业需求，每个院校确定办学理念先进、产学研结合紧密、特色鲜明、就业率高的1个专业群进行重点建设，每个专业群投入200万元建设资金，建设周期为2年，推进品牌专业群建设，带动学院整体发展与提升，形成核心竞争力。

22个省级行政部门建立“双师型”教师培养培训基地641个，18个行指委建立“双师型”教师培训基地114个，147所国家示范（骨干）高职院校制定“双师型”教师标准，认定“双师型”教师74 564人，不断完善专兼结合的教师培养培训制度，加快建成一支师德高尚、素质优良、技艺精湛、结构合理、专兼结合的高素质的“双师型”教师队伍。如广州铁路职业技术学院打破管理体制限制，依托专业实训室，校企共建以企业技能大师与学校名师共同冠名的“双师工作室”，培养出了南粤优秀教师、广东省高职专业领军人才、羊城学者等10多名在行业企业具有影响力的名师，6个专业教学团队获得省级优秀教学团队。

按照建设“人人皆学、处处能学、时时可学”的学习型社会要求，加快推进信息技术融入职业教育改革发展的核心领域、融入教学管理和管理模式创新过程。教育部统筹推进教学信息化应用，启动两批职业院校数字校园建设实验校建设，其中高职院校共计125所，开通了职业院校数字校园建设实验校项目管理平台和微信群，进行日常管理，开展校际交流，实现专家咨询指导、成果交流和资源共享，提高项目学校的协作和整体实施的效率和质量。与此同时，各高职院校积极探索教学信息化和课堂教学的融合，重庆工程职业技术学院建成共享型专业教学资源库云综合平台，各种视频、课件、教学计划、工具软件、虚拟实训容量达10T，用户达1.1万人，开展远程辅导、虚拟仿真实训、触控操作等信息化教学革新，促进以学生为中心的个性化、智慧化学习方式转变。

增强院校办学活力。地方和行指委充分发挥基层首创精神，打通外部机制和内部体制改革、院校功能拓展等关键环节，鼓励和支持行业、企业等社会力量参与职业教育，增强院校办学活力，推动职业教育集团化发展，推进现代学徒制试点工作，探索混合所有制办学，不断扩大职业教育国际影响力。

29个省级行政部门建设389个职业教育集团，17个行指委建设35个职业教育集团，探索多种形式的集团化办学模式，全面增强办学的活力和服务能力，促进优质资源开放共享。如天津轻工职业技术学院牵头成立京津冀模具现代职业教育集团，主动适应京津冀三地模具行业协同发展对技术技能人才、共享资源和技术服务的需求，服务区域经济社会发展需求和产业发展布局，支撑京津冀协同发展国家战略，助力三地模具行业协同发展。

28个省级行政部门推进427家单位开展现代学徒制试点工作，7个行指委推进29家单位开展现代学徒制试点工作，提高人才培养质量和针对性。2016年，教育部备案审核了163家首批现代学徒制试点单位（牵头单位为高职院校的试点单位共计100所），共计参与企业1 878家，院校370所，试点专业535个，涉及学生36 228人，各试点共承诺投入资金5.9亿元，推动职业院校和企业共同开展试点工作。如天津现代职业技术学院与天津海鸥表业集团有限公司联合创办精密机械技术专业（钟表方向），签订“企业学徒协议书”“学校培养协议书”，明确学生双重身份，企业为学徒提供午餐补助、工服、工伤保险与津贴等方面待遇，并按1 000元/月、1 200元/月、1 400元/月三个等级发放津贴，校企联合开展工学交替的育人模式，校企双导师联合实施教学过程，发挥企业重要办学主体作用。

16个省级行政部门建设127所具有混合所有制特征的二级学院，进一步深化职业教育办学体制改革，优化公办职业教育资源结构，提高职业教育社会服务能力。如浙江交通职业技术学院与中兴通讯共同投入1 000万元（校企各占50%），成立以混合所有制为特征的智慧交通学院，学校教师和企业工程师组成混编师资团队，共同实施教学、科研、培训和行业应用创新，校企共建新一代通信实训平台，构建“智慧交通”主题实训体系，建设研发、培训中心，服务“互联网+”行业创新战略。

153所高职院校招收13 376名留学生，其中65所高职院校提供奖助学金1 798万元，对外援助 58 个国家的 114 所院校建设，推进职业教育“走出去”，扩大中国职业教育国际影响力。地方和行指委广泛参与国际职业教育合作与发展，利用学校品牌和专业优势吸引境外学生来华学习，不断扩大规模，加快推进高等职业院校到国（境）外办学，为周边国家培养熟悉中华传统文化、当地经济发展急需的技术技能人才，提升我国职业教育软实力。如中国有色金属工业人才中心支持优质产能“走出去”，组织 7 所高职院校 21 名教师赴赞比亚，培训当地员工 6 个工种共计 100 余人，带动我国技术、标准、服务走出去，培养我国有色企业海外生产经营需要的本土人才。

加强技术技能积累。地方和行指委对照产业发展需求，优化专业设置，加强创新创业教育，依托应用技术协同创新中心、技能大师工作室，丰富院校技术技能积累实践形式，将高职院校打造成技术技能积累聚集高地。

23 个省级行政部门建立 362 个省级应用技术协同创新中心，7 个行指委建立 29 个应用技术协同创新中心，着力提升应用技术研发能力和社会服务水平，形成院校与行业企业共同推进技术技能积累的创新机制。如江苏农牧科技职业学院依托学院建成的水禽基因库和姜曲海猪保种场 2 个国家级保种与研发机构，将 7 个品种水禽推向市场，每年带动 2 000 多户农民发展优质水禽养殖，向全国 10 多个省市成功推广优质商品苗鸭、鹅 1 000 多万只，创造直接经济效益 10 多亿元。铜仁职业技术学院依托“民族中兽药分离纯化技术”国家地方联合工程研究中心，服务民族中兽药发展，累计完成 1 500 个政府订单合作培养指标，指导 2 万余户农户发展农业生产，受益人口近 10 万人，在服务武陵山区“三农”发展中贡献职教力量。

26 个省级行政部门建设 549 个技能大师工作室，12 个行指委建设 174 个技能大师工作室，发挥技艺大师、非物质文化遗产传承人在带徒传技、技术创新与交流、技能攻关、文化传承、工匠精神培养等方面的积极作用。如江西陶瓷工艺美术职业技术学院以景德镇“四大名瓷”中的粉彩瓷、古彩瓷为切入点，建成由中国工艺美术大师李文跃教授领衔的“粉彩非遗大师工作室”、由中国陶瓷艺术大师朱辉球教授领衔的“古彩大师工作室”，共拥有技能大师 11 人，其中国务院政府特殊津贴专家 3 人、中国工艺美术大师 2 人、国家级非物质文化遗产项目代表性传承人 2 人。

地方和行指委加快落实创新驱动发展战略，将创新创业教育纳入人才培养全过程，将学生创新意识培养和创新思维养成融入教育教学全过程，设立专业化众创空间，打造一批“双创”示范基地，着力培养“大众创业、万众创新”生力军。如北京电子科技职业学院，教师利用暑假调研走访企业，最终确定 88 家合作企业，校企共同开发创新创业课程 42 门，联合实施教学过程，企业为学生提供全套课程解决方案，提供人员培训、学生参观和实习机会等。温州职业技术学院建成 2 万平方米创新创业空间，为创业学生提供低成本的生产经营场所和企业服务，细化、规范服务流程，打造适用于不同阶段的学生创业全方位、阶梯型服务平台。

完善质量保障机制。质量决定兴衰，不断完善依法治校能力，逐步推进教育内部保证与教育外部评价协调配套的现代职业教育质量保障体制。

862所院校完成高等职业院校章程制（修）订工作，702所院校的章程通过上级教育主管部门核准。642所院校设立学术委员会，232所院校设立理事会，135所院校设立董事会，院校的自治能力不断增强，治理结构不断完善。《高等学校章程制定暂行办法》逐步落实，依法自主管理、民主监督、社会参与的高等职业院校治理结构不断健全。

坚持内外发力，强化教育教学的内外质量监控体系建设，建立健全评估和约束激励机制，巩固院校、地方和国家三级高等职业教育质量年度报告制度，开展教学诊断和改进工作，形成从上到下、从内到外的质量控制体系。如河北出台《高职院校内部质量保证体系诊断与改进实施方案》等4项制度，开展专项培训，推动全省47所院校启动教学诊断与改进工作，高职院校覆盖率达83.93%。常州工程职业技术学院以绩效考核和目标管理为抓手，以信息化平台为支撑，建立畅通运行的内部质量保证体系，促进学校内部治理形态由静态管理转向动态治理，由粗放型管理转向精细化治理，由基于经验的管理转向基于大数据的科学治理，由外部驱动管理转向自主治理。

提升思想政治教育质量。坚持把立德树人作为中心环节，把思想政治工作贯穿教育教学全过程，实现全程育人、全方位育人。重视文化传承与创新，推动职业技能培养和职业素养相融合。

紧密围绕“高校培养什么样的人、如何培养人以及为谁培养人”这个根本问题，不断提高学生思想水平、政治觉悟，使学生成为德才兼备、全面发展的高端技术技能人才。如四川交通职业技术学院构建党建工作全程跟踪、全程记录、全程检查、全程考核的质量管理体系，坚持把党支部建在学生社团、公寓、实践基地，建在科研平台、实验中心，充分发挥党组织在专业建设、素质教育、技能训练中的战斗堡垒作用。北京财贸职业学院为54名将满18周岁的学生代表在北京通州文庙举行成人礼仪式，遵照我国汉代成人礼的程序，师长为青年学生“加冠”“加笄”，让学生明尊师重道之礼，让师长明传道授业解惑之责。

质量之魂，存于匠心，大力弘扬工匠精神，厚植工匠文化，加大恪守职业操守、崇尚精益求精的工匠精神培养，加快培育“中国工匠”，助力中国经济发展进入质量时代。如重庆化工职业学院在人才培养过程中，将良好的品德修养、优良的职业精神与精湛的技术技能相融合，在校期间注重从专业教学、社会实践、技能大赛、校园活动、德育课程等多个方面培养德才兼备的高素质技术技能人才。山东经贸职业学院围绕专业人才培养目标，遵循人才培养规律，按照“专业基础技能—岗位操作技能—职业综合技能”的职业能力递进关系，构建“校内仿真 + 校内全真 + 校外顶岗”的实践教学体系，创新“专业技能 + 素质教育 + 职业发展 + 文化渗透”的立体化校企合作育人模式。

保障机制监督体系尚待健全

在创新发展取得初步突破的同时，地方和行指委在落实承接任务（项目）过程中统筹指导作用还需进一步加强，项目实施进度还需整体推进，承诺投入资金需要进一步落实，监督管理有待继续加强。

部分地方和行指委统筹指导作用需要进一步加强。少数地方（行指委）对《行动计划》认识不到位，仅作为承接的一个项目推动，未能和本地区、本行业的经济发展和行业发展需求相结合，承接的任务和项目在一定程度上存在内涵认识不清、定位不明，从而影响和制约承接任务（项目）的建设效果。部分地方（行指委）对《行动计划》研究深度不够，编制的实施方案地方特色不够鲜明；对各院校的承接任务（项目）缺乏统筹，部分地方（行指委）和职业院校承接的任务梯次推进效果不够明显。

承接项目实施进度需整体推进。一是地方和行指委之间启动程度不均衡，承接任务中，各省级行政部门启动率为87%，行指委启动率为51%；承接项目中，各省级行政部门启动率为80%，行指委启动率为57%；承接项目布点中，各省级行政部门启动率为92%，行指委启动率为52%。省级行政部门承接任务（项目）启动情况总体良好，行指委承接任务（项目）需要加快推进。二是任务之间启动不平衡，大多数任务（项目）的承接地方和行指委启动情况良好，部分任务中，承接省级行政部门还需加快推进，如RW-10、RW-29、RW-33，未启动省级行政部门占承接省份比例分别为43%、75%、47%。

资金投入需要进一步落实。根据地方和行指委承接任务（项目）统计，地方预估共投入经费2 057 175万元，行指委预估共投入经费234 128万元，2016年以来，经费投入差距较大。一是地方和行指委之间财政投入专项资金差距较大。北京等28个省级行政部门省级财政投入专项经费451 982万元，其中云南本年度省级财政投入专项经费30 090万元（预估投入经费30 000万元），河北、安徽、江西3个省级行政部门未安排省级财政专项经费；安全等25个行指委合计安排专项经费18 579万元，餐饮、船舶工业、电子商务、工业和信息化、广播影视、环境保护、粮食、煤炭、农业、轻工、食品工业、水利、文化艺术、新闻出版、验光与配镜、外语类等16个行指委未安排专项经费。二是项目和任务之间投入不均衡，部分省级行政部门存在重项目、轻任务的现象。《行动计划》涵盖的65项任务和22个项目，部分省级行政部门重视承接项目的落实和资金投入，对于承接任务重视程度不够，经费投入不足。

任务落实监督管理需要加强。部分地方和行指委在一定程度上还存在管理督查力度不够、事中监督管理效率不高等现象。一是部分省级行政部门（行指委）未能按照要求填报和报送执行绩效数据，内蒙古及公安、食品药品、外经贸行指委4家单位尚未完成数据填报，电子商务、环境保护、新闻出版、邮政、中医药、艺术设计6个行指委尚未函报绩效数据采集汇总表和年度绩效总报告。二是绩效采集质量有待提高。部分省级行政部门（行指委）绩效总报告未能体现地方特色和行业特色，绩效总报告未能涵盖绩效采集要点，少数地方和行指委的绩效总报告相关指标数据和绩效采集数据不一致。如吉林、甘肃、新疆等省级行政部门，绩效总报告和绩效采集数据中优质校建设数量不一致等。

建设任务全面落实后程可期

今后两年，是全面落实《行动计划》的决定性阶段和关键时期，高职教育创新发展期待地方和行指委进一步落实主体责任，深化省级统筹作用，聚焦职教特色优势，建立常态化落实机制，强化过程监督，高标准、高质量完成承接任务。

落实主体责任。承接任务（项目）的32个省级行政部门和44个行指委，应进一步强化主体责任，切实履职尽责。一是要提高思想认识，从职业教育服务国家重大战略和部署的角度，从促进产业升级转型和经济发展角度，从提升学院办学整体实力角度，将主体责任转化为推动建设的原生动力，积极主动落实承接任务（项目）。二是要严守契约精神，各单位提交的《行动计划》实施方案，就是地方和行指委的“责任书”，《行动计划》执行结束后，教育部将对照实施方案检验承接地方和行指委执行绩效情况，各地方和行指委应认真履责，全面落实承接的任务和项目。

深化省级统筹。地方和行指委应进一步发挥省级统筹作用，建立多部门组成的协同推进机制，共同研究解决承接任务（项目）落实中遇到的困难和问题，推进承接任务（项日）落实，强化过程指导，做好事中监督，确保建设实效。一是要充分发挥省级行政部门统筹作用，建立完善管理制度、监督制度、协调工作机制，通过承接任务（项目）的落实，促进高等职业教育整体发展，加快推进现代职业教育体系构建。二是要协调好发改、财政等部门的关系，按照不低于承诺资金的省级专项经费进行投入，引导高职院校设立配套经费，鼓励行业企业积极投入经费，确保承接任务（项目）落实。三是要加大督促落实，各地方和行指委要高度重视承接任务，细化任务分工，明确任务（项目）责任人，加强督促检查，全程跟踪问效，及时解决问题，确保落实成效。

聚焦特色优势。地方和行指委应立足地方区域优势产业，进一步优化院校布局、调整专业结构，聚焦各地（各校）特色优势，系统推进承接任务（项目）落实。一是要理顺在建项目与《行动计划》的关系，统筹规划，着力支持重点地区、重点院校和重点专业加快发展，依托基础较好的特色院校和优质教育资源，促进任务（项目）的整体推进。二是要谋划特色优势任务（项目）对整体工作的引领带动，以优质高职院校、骨干专业、生产性实训基地、教学资源库等项目建设为引领，紧密对接《行动计划》中的各项任务（项目），发挥专项的资金、政策优势，以点带面，服务《行动计划》任务（项目）的落实。

建立常态机制。地方和行指委要将项目化推进方式转变为常态化建设模式，将周期性投入转变为日常性建设，着眼长远、提前部署，建立完善常态工作机制。一是要科学研判《行动计划》任务（项目）的内涵、意义和目标，将各项任务（项目）具体融入各地、各校改革、发展的日常工作中，为各地方（行指委）、各校的创新发展立柱架梁。二是要结合各地方和行指委自身情况，充分论证《行动计划》任务（项目）中关键环节，研究制定任务（项目）的阶段性时间点、观测点、绩效点，力促《行动计划》的运行管理工作不断优化，平稳有序。三是要逐步形成《行动计划》推进中的动态调整机制，地方和行指委充分发挥业务指导作用，会同有关部门加强对相关工作的日常指导、检查与跟踪，及时总结经验、发现问题，根据实际需要不断完善工作要求。

强化监督管理。地方和行指委应进一步加强《行动计划》落实过程中的监督管理工作，充分发挥《行动计划》管理平台的三级监督管理作用，督促各单位按期保质完成承接任务。地方和行指委应进一步规范《行动计划》执行绩效数据采集，组织专家开展合规性检查工作，确保执行绩效采集数据的真实性和有效性。地方和行指委可根据承接院校绩效执行情况，建立承接任务（项目）年度通报制度，组织专家对各单位执行绩效进行评价，编制并发布省级（行指委）《行动计划》年度执行报告，并将执行绩效情况作为省级财政改革绩效奖补分配和相关工作开展的重要参考。

起跑决定后势，开局关系全局。2016年，地方和行指委凝心聚力、创新实干，实现了《行动计划》的良好开局，为推动高职战线创新发展打下良好基础。今后两年，是全面落实《行动计划》的“施工高峰期”，是推进高职教育创新发展的攻坚期，抓统筹、抓落实的任务更加艰巨繁重。我们有理由相信，只要牢牢把握“提高高职教育发展质量”主线，充分发挥省级教育统筹作用，不断完善保障措施，就一定能够推动高等职业教育创新发展，一定能够促进新动能发展和产业升级，带动扩大就业和脱贫攻坚，为推动经济保持中高速增长、迈向中高端水平做出新贡献。

来源：《中国职业技术教育》2017年第13期

《高等职业教育创新发展行动计划（2015—2018年）》2017年执行绩效报告

温州职业技术学院　童卫军

2017年是《高等职业教育创新发展行动计划（2015—2018年）》（以下简称《行动计划》）承上启下的关键年份。以《行动计划》为抓手，2016年各地系统搭建高等职业教育创新发展“四梁八柱”，2017年进入了“全面施工”阶段，为2018年“内部装修”和全面完工奠定了坚实基础。

一、《行动计划》创新高职教育管理模式

为顺应政府职能的转变，《行动计划》创新“教育部规划管理、省级统筹保障、院校自主实施”的管理模式，国家、省级行政部门、学校三个层面协同推进，形成高等职业教育高质量发展的良好局面。

在教育部层面，《行动计划》梳理了65个任务、22个项目，细化各地分工，搭建管理平台，强化过程监控，建立年度绩效评价制度，督促各地推进落实。同时，在国家层面出台系列文件，为高等职业教育创新发展营造良好的政策环境。

在省级层面，32个省级行政部门（含新疆生产建设兵团）制定了省级行政部门实施方案，承接具体项目和任务。根据《行动计划》管理平台数据显示，到2017年底，任务启动率93%，项目启动率88%。有21个省级行政部门任务启动率达到100%，河南和新疆两个省级行政部门任务启动率小于80%，北京未填报数据。有24个省份项目启动率达到100%，宁夏、海南和黑龙江三个省级行政部门启动率小于70%，北京未填报数据，西藏的项目启动率是零。

项目启动后，实际布点情况很关键。据统计，2016年项目布点率达92%，2017年项目布点率达到160%，这是由于各地主动增加布点，很多省级行政部门布点率远超原来承诺的布点率。各省级行政部门项目实际布点数排在前三名的是广东（1 790个）、浙江（1 691个）和江苏（1 582个）。

项目布点最终要看实际经费投入。项目启动前，各省级行政部门预估总投入205.9亿

元，2016年各省级行政部门共投入45.20亿元，2017年投入80.56亿元，合计125.76亿元，省级财政经费执行率达到61.08%。两年来，省级财政投入经费排在前三位的是广西（14.57亿元）、浙江（13.78亿元）和福建（10.61亿元），省级财政投入总额超出预算的有10个省级行政部门。

除了经费投入外，各地还出台了一系列落实高等职业教育发展的政策，其中统筹区域高职教育发展的文件82个，推动高职院校创新发展的文件117个，促进高职院校提高质量的文件156个。

在院校层面，各高职院校发挥创新主体作用，主动承接项目任务。通过两年建设，高职院校在体制机制创新、特色专业群建设、双师型师资队伍建设、技术积累、交流与合作、产业服务能力等方面取得了显著成绩，获得感非常强。

二、《行动计划》实施进展良好

（一）桩基项目引领行动方向

1. 优质学校树立创新发展“新标杆”

优质学校项目是在国家示范性（骨干）高职院校建设项目（国家示范校）成功实施的基础上，高职教育扶优扶强政策的延续和发展，通过对建设基础好、改革意识领先的院校重点投入，实现率先突破，凝聚发展人心，发挥举旗作用。2017年，31个省级行政部门启动优质校建设项目，26个省级行政部门发文确定优质学校建设名单，立项院校数量由2016年的130所增至403所，已占全国高职院校总数近三成。在已立项院校中，国家示范校80所，占比19.85%，国家骨干校83所，占比20.60%，省级示范（骨干）校有160所，占比39.70%，省级以上示范院校总占比达八成，体现了上一轮财政专项引导对高职院校整体实力提升的重要作用。

值得注意的是，有14所国家示范（骨干）高职院校未进入建设名单，同时有80所非示范骨干院校入选建设名单，充分说明“示范”“骨干”不是衡量学校优劣的永久标签，项目实施实际推动了高职院校重新洗牌，传递高职教育“不进则退”的压力，整体调动了高职院校力争上游的发展干劲。在优质校的遴选形式上，有10个省级行政部门采用了梯次建设方案，将优质校明确分为国家级和省级，或者分为重点建设项目和培育项目，在经费投入上体现出差别。各地经费数据显示，用于优质校建设的省级财政专项资金总计投入41.4亿元，拉动地方财政投入23.4亿元，行业企业投入和学校自筹经费51.52亿元，总计达到116.32亿元。优质校的年报数据显示，每所优质校平均在校生规模9 853人，平均横向技术服务、纵向科研经费和技术交易到款额达900万元，生均教仪设备值达1.18万元。综合实力的大幅提升，促进了高等职业教育的高质量发展。

2. 骨干专业助力区域产业转型发展

2017 年，31 个省级行政部门启动骨干专业建设项目，覆盖 834 所高职院校的 408 种专业，建设布点数达 3 815 个。全国骨干专业布局呈现如下特征：一是专业整体布局契合产业发展布局。总体来看，骨干专业第三产业布点占 62.59%、第二产业占 33.03%、第一产业占 4.38%，与同期三大产业国内生产总值比例基本相当；分大类来看，装备制造大类、财经商贸大类、电子信息大类专业布点数量最多，分别占比 16.88%、15.91%、10.69%，符合国家重点发展装备制造业、电子信息技术和现代服务业的发展方向；分专业来看，机电一体化技术、电子商务、建筑工程技术和物流管理等专业布点数均超过 100 个、排名全国前列，均是社会急需的热门专业。二是骨干专业彰显学校办学特色。高职院校的办学特色主要体现在专业设置和专业建设水平上，专业特色化发展是高职院校发展的生命力和核心竞争力所在。各省遴选的骨干专业均是各校的拳头专业和特色专业，契合了高职院校由整齐划一向差异化发展转变的大趋势，体现了《行动计划》支持高职院校特色发展的政策方向。三是骨干专业体现了明显的区域特征。骨干专业建设与本地支柱产业或重点支持产业密切相关，如山西煤炭职业技术学院的选煤技术专业服务山西煤炭支柱产业，杨凌职业技术学院的植物保护与检疫技术和农业生物技术专业正是陕西省西安市杨凌区现代农业发展急需专业。这些紧贴产业需求、服务产业发展，真正体现“当地离不开”。

3. 生产性实训基地建设成为产教融合重要支点

2017 年，全国校企共建生产性实训基地实际启动项目布点 1 933 个，两个基地的平均合作企业为 1.27 个，平均占地面积 26 965.43 平方米，平均实训工位数 166.7 个。每个基地平均专职实训指导教师 12.5 人，企业兼职教师 11 人，兼职教师中企业技术人员平均为 8.61 人，基地规模和指导教师数量可满足实践教学需要。平均开展职业技能鉴定工种 2.56 项，平均鉴定 472.56 人次，平均开展专业技术和专项技能培训 815.91 人次，平均技术成果获得转化 2.04 项。实训基地的产品和服务平均收入 1 409.26 万元，社会服务与技术成果转化能力已初步显现。部分省级行政部门出台了制度文件，并加大了对生产性实训基地的资金投入，如广西壮族自治区制定出台了《广西壮族自治区职业教育示范特色专业及实训基地建设项目管理办法（试行）》，进一步加强和规范专业及实训基地建设与管理，2017 年统筹中央和省级财政 2.9 亿元，支持建设 41 个职业教育示范特色专业及实训基地。

（二）提质升级贯穿发展主线

1. 校企协同育人机制更加健全

一是职业教育集团化办学持续扩大。各地贯彻落实《教育部关于深入推进职业教育集团化办学的意见》，到 2017 年建设骨干职教集团 359 个，其中，区域型 78 个、行业型 171 个、复合型 99 个、其他 11 个，受益学生 877.34 万人，覆盖近 1.7 万余家企业，1 280 个行业组织，骨干集团年度投入资金 15.9 亿元。二是现代学徒制培养试点加快推进。截至 2017 年年底，教育部分两批布局了 364 个现代学徒制试点，覆盖 600 多个专业点、5 万余名学生（学徒），共计参与企业近5000家。现代学徒制试点推进了地方政府健全现代学徒制的支持政策，引导行业开发规范和保证现代学徒制实施的标准，支持企业深度参与现代学徒制的运行，推进了职业院校不断深化现代学徒制的人才培养模式和管理制度改革。三是混合所有制办学在探索中前行。2017年，17个省级行政部门成立（含筹备）混合所有制二级学院150个，比2016年增加了23个，招生专业总数1 322个，各级财政、学校和行业企业累计投入达3.27亿元。在现有混合所有制二级学院中，股份制二级学院145个，具有独立法人资格的混合所有制二级学院21个。混合所有制二级学院作为产教深度融合的创新举措，在法人资格和内部治理模式上不断创新、更加规范。

2. “双师型”教师建设持续深化

为切实提升职业院校教师队伍整体素质，各地和高职院校以《行动计划》为指引，加快构建师德高尚、素质优良、技艺精湛、结构合理、专兼结合的高素质专业化的“双师型”教师队伍。一是师德师风建设持续强化。二是高职名师不断涌现。三是“双师型”教师培训基地建设持续推进。四是教师队伍培养培训机制逐步优化。五是兼职教师队伍参与教育教学更加深入。

各高职院校通过完善聘任与建设机制，加强以企业技术和管理人力、高技能人才为主的兼职教师队伍建设，通过承担专业课程和实践教学任务、指导青年教师、参与教学方法培训等形式，兼职教师教育教学能力得到持续提高。

3. 优质教学资源不断扩大

一是职业教育专业教学资源库推进专业优质资源共建共享。截至2017年年底，国家级专业教学资源库已立项建设88个专业教学资源库、1个民族文化传承与创新资源库（含10个子库）和1个学习平台（数字校园学习平台）。省级专业教学资源库的建设与使用持续向好。2017年，立项省级资源库493个，涵盖课程总门数4 528门，教师用户5.8万人次、学生用户117.5万人次、企业用户8.0万人次、社会用户14.5万人次，总访问量为2.02亿次，点击量10.75亿次，均比2016年实现较大幅度增长。

二是精品在线开放课程建设有序推进。2017年，22门高等职业院校课程获批教育部首批国家精品在线开放课程。各省共确定2 809门省级高等职业教育精品在线开放课程，比2016年新增543门，增幅为23.96%，用户访问量达1.05亿人次。

三是高职院校借助信息化手段不断深化教学模式改革。高职院校发挥精品资源共享课、各级专业教学资源库、在线课程等数字化资源优势，大力推行线上、线下混合式教学模式，丰富项目教学、案例教学、研讨式教学、工作过程导向教学等教学手段，使学生学习自主性得到充分发挥，提升了课堂教学效率。

4. 质量保障体系更加健全

与我国经济由高速增长阶段转向高质量发展阶段相适应，我国高等职业教育由追求规模扩张阶段进入注重高质量发展阶段。2017年，全国高职教育战线立足现状，直面问题，不断完善质量保障机制。各地依次落实并不断夯实生均拨款制度，全国高等职业院校生均拨款水平已超1.2万元；依章程办学已成高职院校共识，设立“一章三会”的高职院校持续增多，章程制度成为保障高职院校建成现代大学的“保险栓”；定期发布国家、省、校三级高职教育质量年度报告已成为高职战线行动自觉，质量年度报告成为高职教育战线与社会交流的重要载体；教学诊断与改进制度作为一种创新机制效果逐步显现，已成为职教战线借以不断提升质量的“利器”；更多地区落实高职教育领域“放管服”，多种政策利好刺激院校内生发展动力；职教理论研究形成一批批“省队”，高职教育研究取得系列成果。

（三）特色优势支撑服务发展

1. 助力“中国制造2025”

2016年12月，教育部、人力资源和社会保障部、工业和信息化部共同编制并印发了《制造业人才发展规划指南》，要求高等职业教育主动适应时代发展的需要，优化院校布局，围绕生产性服务业调整专业结构，优先保证十大重点产业布局，同时加强现代服务业急需人才的培养。2017年各地承接服务“中国制造2025”各项任务的执行情况较好，任务启动执行率达到96%。各承接单位在优化布局调整专业结构，围绕生产性服务业调整专业，加强现代服务业急需人才培养方面取得明显成效，其中，广东、湖南、山东、河北等的成效尤为显著。“中国制造2025”十大重点产业相关专业新增专业点1 253个，年度招生人数43万人；新增现代服务业专业点1 267个。2017年度现代服务业相关专业在校生人数205万人，招生人数78万人，毕业生数64万人。高职院校面向重点产业领域及时调整专业，如工业机器人技术专业，2013年的布点数仅有两个，经过几年的发展，2017年的布点数为406个，2018年计划布点数达536个。

2. 拓展“一带一路”国际影响

各地高职院校对接国际职业教育水准，引入先进工艺流程、产品标准、技术标准、服务标准、管理方法等教学内容，提升国际竞争力和对外服务能力；扩大与“一带一路”沿线国家的职业教育合作，提高中国职业教育对周边国家的辐射力、影响力；通过主动发掘和服务“走出去”企业的需求，培养具有国际视野、通晓国际规则的技术技能人才和中国企业海外生产经营需要的本土人才，探索与我国企业和产品“走出去”相配套的职业教育发展模式；通过与开展国际业务的大型企业联合办学，共建国际化人才培养基地，配合“走出去”企业面向当地员工开展技术技能培训和学历职业教育；在境外建设“鲁班工坊”等办学机构，积极拓展海外职业教育市场，2017年度，329所高职院校在国（境）外与“一带一路”沿线国家开展了351项国际合作；在国内面向“一带一路”沿线国家学生开展学历教育学生5 736人、培训10.35万人次。

3. 促进创新驱动发展

深化高等学校创新创业教育改革，是国家实施创新驱动发展战略、促进经济提质增效升级的迫切需要。2017年，高职院校通过健全创新创业教育课程体系、强化创新创业实践、改革教学和学籍管理制度、改进学生创业指导服务、完善创新创业资金支持和政策保障体系等，不断深化创新创业教育改革，推进了创新创业教育与专业人才培养有效融合。29个承接“健全创新创业教育课程体系”项目的省级行政部门，有26个省级行政部门启动实施该项目，投入经费9.30亿元，开设创新创业课程6 332门，是计划开发建设数量的13倍，开发创新创业教材847门；共有706所院校设置了创新创业教育工作机构，比2016年增加了13所，创新创业教育专职教师达6 846人；全国高职创新创业平台达1 089个，比2016年增加了238个。各地院校在改革创新创业教学和学籍管理制度上进行了多种探索，501所院校制定了创新创业成果转化学分管理办法，376所院校制定了创新创业学生转专业管理办法，443所院校实施弹性学制，放宽学生修业年限，允许调整学业进程、保留学籍休学创新创业。

4. 服务“乡村振兴”

全国涉农高等职业院校围绕农业产业链和流通链，培养培训适应科技进步和农业产业化需要的学生和新型职业农民，创新招生就业、人才培养、农学结合、校企合作、顶岗实习、社会服务等工作机制，推进农科教统筹、产学研合作，积极与涉农企业共建农业职业教育集团，不断提高服务三农的能力，持续推进职业教育精准扶贫。一是发挥技术优势培育新型职业农民。通过广泛开展多种形式的技能培训，培养新型职业农民，不断提升服务“三农”的能力。二是共建农业职教集团和涉农职教改革试验区。2017年，高职院校积极与涉农企业合作，共建农业职教集团，有11个省级行政部门启动建设农业职教集团或涉农职业教育改革试验区，有22个试点投入建设，省级财政经费投入达1 002万元。三是推进职业教育精准扶贫。各地各高等职业院校积极响应国家号召，通过多种途径实施职业教育精准扶贫。

（四）综合改革激发办学活力

1. 分类考试招生制度日趋完善

2017年，《教育部关于做好2017年普通高校招生工作的通知》（教学〔2017〕1号）要求，全国各省要将推进分类招考作为高职院校招生主渠道，突出“文化素质＋职业技能”评价方式的同时，形成符合高等职业教育培养规律和特点的人才评价选拔模式。各省更加强化专业技能导向，加大技能测试和技能大赛结果运用力度，优化“知识＋技能”考试结构，健全完善技能拔尖人才免试入学等政策。全国31个省份620所院校实行了“文化素质＋职业技能”的分类考试招生办法，分类考试招生人数达153.32万人，比2016年增长15.33%。分类考试、综合评价、多元录取的考试招生制度改革积极推进，为社会大众接受职业教育提供了多元化途径。

2. 积极探索学分积累转换制度

教育部继续推进“国家继续教育学习成果认证、积累与转换制度的研究与实践”“继续教育学习成果认证、积累与转换试点”等课题研究，探索充分发挥信息技术的作用，加强终身教育体系的顶层设计。全国学习成果互认联盟开发了涉及信息技术、信息安全、物流、金融、教育、机械等领域认证单元1 500个，形成转换规则30多条，2017年新增成员单位18家，其中，高职院校14所。全国现已建立70个学习成果认证分中心（认证点），覆盖31个省份、20个行业。学分银行在信息服务平台上共为学习者建立学分银行账户4 795 635个，包括学历教育在籍生账户4 285 632个，非学历人员账户510 003个。学分银行信息平台提供学历教育课程、非学历培训课程、5分钟课程和通识课程等丰富的资源，已有数百万在校生获得在线课程学分，社会学习者也可根据自身需求在选学完成之后获得证书，搭建终身学习“立交桥”的成效已初步显现。

3. 行业企业参与职业教育机制更加健全

承担任务的各行指委主动履行职业教育发展责任，在咨询指导、拓展参与职业教育广度和深度、携手院校服务国家战略等方面精准发力，召开行业职业教育工作会议12次、新增行业人才需求预测和专业设置指导报告31份、形成高职专业目录和410个专业标准、承办各类大赛30项，继续深度参与高职院校人才培养和推进高职教育创新发展的重大国家项目，参与职业教育的能力不断提升。国务院办公厅出台《关于深化产教融合的若干意见》，指导校企合作向纵深发展。地方层面出台多项校企合作的地方性政策法规，保障校企合作顺利开展，校企合作的政策环境进一步优化。

4. 高职院校办学自主权逐步扩大

各地纷纷出台相关政策，进一步扩大高职院校的办学自主权，各院校也不断推进内部治理结构改革，现代大学制度体系逐渐完善，政府加强宏观调控与监督，高职院校的办学活力不断激发，办学行为更加规范。按照《关于进一步落实和扩大高校办学自主权完善高校内部治理结构的意见》要求，各地出台实施意见和指导性意见，不断给高职院校松绑放权，激发了院校办学活力，并体现如下特征：

一是各地采取了多部门联合发文的形式，避免了政出多门与多头管理，提高了行政效率，降低了行政成本，强化了政策的配套性与可执行性。

二是简政放权更具综合性，不再仅限于高职院校办学的部分领域，而是在条件成熟的所有领域实行简政放权，破除了高职院校办学自主权的体制机制障碍，显示出各地政府的改革魄力。

三是简政放权的同时注重加强服务，通过优化服务转变政府职能，形成高职院校活力发展的良好生态。在政府简政放权的基础上，高职院校积极发挥办学主体作用，完善内部治理体系改革，保障学术组织相对独立行使职权，不断完善校内民主管理和监督机制，推进现代大学制度建设。

2017年，承接项目的省级行政部门和院校中，共有793所高职院校完成章程的制定和修订，703所高职院校完成章程的核准；303所高职院校自行确定教学科研行政等内部组织机构的设置和人员配置；266所高职院校建立了两级管理制度；324所高职院校设立学术委员会；312所高职院校面向社会依法依规公开招聘教学科研行政管理等各类人员、选聘教职工；280所高职院校自主确定内部收入分配方式。

三、《行动计划》项目收官任重道远

《行动计划》两年来执行效果显著，但在推进过程中也存在着一定问题，引人深思。

（一）认识须深化，亟须高度重视

1. 任务（项目）尚未全部启动

根据《关于2017年〈高等职业教育创新发展行动计划（2015—2018）〉执行情况及有关工作完成情况的通报》（教职成司函〔2018〕51号）显示，截至2018年3月15日，北京2017年未填报（函报），新疆任务启动率低于70%，黑龙江、海南、西藏、宁夏4省项目启动率低于70%，黑龙江、海南、西藏3省启动项目实际布点率低于70%。《行动计划》是各地各学校自愿申报的任务书，要加强契约意识，切实完成承建任务（项目）。

2. 部分省级行政区优质校和骨干专业建设名单尚未确定

截至2018年3月15日，西藏、北京、上海、宁夏、新疆、海南尚未确定优质高等职业院校建设名单；西藏、北京、上海、宁夏、新疆、云南未确定骨干专业建设名单。作为《行动计划》中的两个重点带动项目，《行动计划》进入收官阶段，上述省级行政部门仍未确定其建设名单，势必影响整体建设进程和建设效果，也将无法有效进行省级验收工作，必须尽快启动相关程序确定名单。

3. 部分省级行政部门承诺资金到位率低

虽然《行动计划》总资金执行率达到61%，但部分省级行政部门承诺资金到位率低，如新疆生产建设兵团（4.73%）、江西（5.79%）、海南（5.91%）、西藏（11.36%）、内蒙古（14.75%）两年省级财政投入经费不足本省预估投入总经费的20%。同时一些地方投入的专项经费大而不强，主要集中于优质校或骨干专业建设等，其余试点项目配额较少。各单位的《行动计划》是实施方案和“责任书”，教育部将对照实施方案检验承接地区和行指委执行绩效情况，各地区和行指委应认真履责，确保资金落实到位。

（二）执行有偏差，亟须精准推进

1. 骨干专业布局过于集中

布局会计、机电一体化、电子商务、建筑工程技术和物流管理5个专业的院校数均超过100个；一些服务国民经济支柱产业的专业布点很少，或没有布点；“中国制造2025”提出的十大重点领域中“农机装备”领域尚未布点。个别院校骨干专业布局明显不合理，对854所参与骨干专业建设的院校统计发现，有的院校骨干专业数达到30个，有14所院校骨干专业建设数超过15个，不能体现“骨干”建设。各地各学校要主动服务国家发展战略，紧贴区域产业规划，实现错位发展和特色发展。

2. 过程管理监督仍有不足

北京未填报2017年《行动计划》绩效数据和年度绩效总报告，轻工、环境保护、艺术设计3个行指委未函报绩效数据采集汇总表和年度绩效总报告；报关、餐饮、公安、航空工业、食品工业、新闻出版、中医药、信息化教学8个行指委未填报（函报）。部分省级行政部门（行指委）绩效总报告未能体现地方特色和行业特色；有的省级行政部门绩效总报告只有2000多字，未能涵盖绩效采集要点；少数地区和行指委的绩效总报告相关指标数据和绩效采集数据不一致。各地《行动计划》任务及项目完成情况将作为中央财政改革绩效奖补、国家职业教育改革试验区和国家教育体制改革试点布局和验收的重要依据。

（三）保障待发力，亟须突破藩篱

1. 政策制度落地困难

一些急需的政策进展缓慢，产教融合配套支持政策不充分。如高校办学自主权已有相关的法律、制度、规定明确赋予，但是由于缺少可操作性的实施办法，相当多的改革停留在制度层面。全国高等职业院校生均拨款平均达到1.2万元，但是根据各高等职业院校质量年度报告发布的数据来看，地市级政府和行业企业举办的高职院校生均拨款水平还有很大差距。需要地方协调好发展与改革委员会、财政等部门关系，确保生均拨款水平真正落实到位，同时改善高职院校办学环境，吸引多方资源参与办学，鼓励行业企业积极投入经费。

2. 绩效机制有待健全

地方和行指委要进一步落实主体责任，深化省级统筹作用，尽快建立验收标准和评价机制，高标准、高质量完成项目验收任务。《行动计划》已到冲刺阶段，建设成效需要客观评价，目前，教育部正在研制验收指导方案。地方和行指委要进一步落实主体责任，深化省级统筹，尽早部署相关工作。充分发挥《行动计划》管理平台的三级监督管理作用，提早明确质量标准、检验程序和评价机制，高标准、高质量部署项目验收工作。

来源：《中国职业技术教育》2018年第19期

高职创新发展行动计划：两年成效显著，收官战役打响

温州职业技术学院　童卫军

《高等职业教育创新发展行动计划（2015—2018 年）》（以下简称《行动计划》）是落实国务院《关于加快发展现代职业教育的决定》的纲领性文件，是“十三五”时期高等职业教育的行动指南和路线图。为推进《行动计划》，日前，全国高职高专校长联席会议发布了2016 年至 2017 年《行动计划》执行情况绩效报告。

三级推进：教育部规划管理，省级统筹保障，院校自主实施

为顺应政府职能的转变，《行动计划》创新管理模式，国家、省级行政部门、学校三个层面协同推进，形成高等职业教育高质量发展的良好局面。

在国家层面，教育部在《行动计划》形成 65 个任务、22 个项目后，细化各地分工，搭建管理平台，强化过程监控，建立年度绩效评价制度，督促各地推进落实。同时，在国家层面出台系列文件，为高等职业教育创新发展营造良好的政策环境。

在省级层面，32 个省级行政部门制定了省级实施方案，承接具体项目和任务。数据显示，到 2017 年年底，任务启动率 93%，项目启动率 88%。有 21 个省级行政部门任务启动率达到 100%，河南和新疆两个省级行政部门任务启动率小于 80%，北京未填报数据。有 24 个省级行政部门项目启动率达到 100%，宁夏、海南和黑龙江三个省级行政部门启动率小于 70%，北京未填报数据，西藏的项目启动率是零。

项目启动后，实际布点情况很关键。据统计，2016 年项目布点率达 92%，2017 年项目布点率达到 160%，这是由于各地主动增加布点，很多省级行政区布点率远超原来承诺的布点率。各省级行政区项目实际布点数排在前三名的是广东（1 790 个）、浙江（1 691 个）和江苏（1 582 个）。

项目布点最终要看实际经费投入。项目启动前，各省级行政部门预估总投入 205.9 亿元，2016 年各省级行政部门共投入 45.20 亿元，2017 年投入 80.56 亿元，合计 125.76 亿元，省级财政经费执行率达到 61.08%。两年来，省级财政投入经费排在前三位的是广西

（14.57 亿元）、浙江（13.78 亿元）和福建（10.61 亿元），省级财政投入总额超出预算的有 10 个省份。

除了经费投入外，各地还出台了一系列落实高等职业教育发展的政策，其中统筹区域高职发展的文件 82 个，推动高职院校创新发展的文件 117 个，促进高职院校提高质量的文件 156 个。

在院校层面，各高职院校发挥创新主体作用，主动承接项目任务。通过两年建设，高职院校在体制机制创新、特色专业群建设、双师型师资队伍建设、技术积累、交流与合作、产业服务能力等方面取得了显著成绩，获得感非常强。

两项重点：优质校树起发展新标杆，骨干专业支撑产业发展

《行动计划》中有两个重点项目——优质校建设和骨干专业建设。《行动计划》提出，建设 200 所左右优质专科高等职业院校，为高职战线树立改革发展的“新标杆”。

截至 2017 年，有 26 个省级行政部门立项建设了 403 所优质校。这些优质校中有 80% 来自原来的国家示范校、骨干校，及各省级行政部门确定的示范校，这既体现了“扶优扶强”的总体趋势，也说明“示范”“骨干”不是衡量学校优劣的永久标签。优质校项目的实施，推动了高职院校重新洗牌，传递了“不进则退”的压力，调动了力争上游的发展干劲。

在优质校的遴选形式上，有 10 个省级行政部门采用了梯次建设方案，将优质校明确分为国家级和省级，或者分为重点建设项目和培育项目，在经费投入上体现出差别。各地经费数据显示，用于优质校建设的省级财政专项资金总计投入 41.4 亿元，拉动地方财政投入 23.4 亿元，行业企业投入和学校自筹经费 51.52 亿元，总计达到 116.32 亿元。

优质校的年报数据显示，每所优质校平均在校生规模 9 853 人，平均横向技术服务、纵向科研经费和技术交易到款额达 900 万元，生均教学仪器设备值达 1.18 万元。综合实力的大幅提升，促进了高等职业教育的高质量发展。

《行动计划》明确提出，支持建设一批“紧贴产业发展、校企深度合作、社会认可度高”的高水平骨干专业。各地围绕国家重点战略、区域支柱产业和战略新兴产业，建设了 3 930 个骨干专业，支撑和服务产业发展能力显著提升。数据显示，东、中、西部高职院校骨干专业布点数差距不大，广西、陕西、重庆、山西、云南、四川等西部省级行政区布点数还高于部分东、中部省级行政区。有 854 所院校参与了骨干专业建设，涉及 408 个不同专业，布点数超过 50 个的骨干专业有 17 个。

从专业布局来看，装备制造大类、财经商贸大类和电子信息大类专业布点最多，均在 10% 以上，说明骨干专业的大类布局与产业布局基本吻合。第一产业相关专业占 4.38%，第二产业相关专业占 33.02%，第三产业相关专业占 62.60%，符合我国产业结构升级趋势。有 113 个骨干专业只有一个布点，都是非常有特色的专业，与本地支柱产业密切相关。

三点思考：认识须深化，执行有偏差，保障待发力

《行动计划》执行两年来效果显著，但在推进过程中也存在着一定问题，引人深思。

第一，认识须深化，亟须高度重视。数据显示，还有部分省级行政部门的任务（项目）尚未全部启动实施。北京未填报数据；新疆任务启动率低于70%；黑龙江、海南、西藏、宁夏4省级行政部门项目启动率低于70%，黑龙江、海南、西藏3省级行政部门启动项目实际布点率低于70%；西藏、北京、上海、宁夏、新疆、海南等省级行政部门未确定优质校建设名单，西藏、北京、上海、宁夏、新疆、云南未确定骨干专业建设名单；部分省级行政部门承诺资金到位率低，新疆生产建设兵团、江西、海南、西藏、内蒙古两年省级财政投入不足本省预估投入20%。各地和行指委须认真履责，确保资金落实到位。

第二，执行有偏差，亟须精准推进。一些骨干专业布局过于集中，如会计、机电一体化、电子商务、建筑工程技术和物流管理等5个专业的布点院校数均超过100个；一些服务国民经济支柱产业的专业布点很少或没有布点，“中国制造2025”提出的10大重点领域中的“农机装备”领域尚未布点；个别院校骨干专业布局不合理，如福建船政交通职业学院骨干专业数达到30个，还有14所院校骨干专业建设数超过15个。建议各地和各高职院校主动服务国家发展战略，紧贴区域产业规划，错位发展、特色发展。另外，过程管理监督仍有不足，少数地区和行指委的绩效总报告相关指标数据和绩效采集数据不一致。建议各地区把数据填报情况或执行情况，作为省财政资金拨付的依据。

第三，保障待发力，亟须突破藩篱。一些急需的政策进展缓慢，如关于高校办学自主权，已有相关的法律、制度、规定明确赋予，但由于缺少可操作性的实施办法，相当多的改革停留在制度层面。高职生均财政拨款12000元，但一些地市级政府举办的和行业企业举办的高职院校生均财政拨款水平未达标。各地教育部门要协调好发改、财政等部门关系，确保生均拨款水平真正落实到位，同时改善高职院校办学环境，吸引多方资源参与办学，鼓励行业企业积极投入经费。此外，绩效机制也有待健全，地方和行指委要进一步落实主体责任，深化省级统筹作用，尽快建立验收标准和评价机制，高标准、高质量完成项目验收任务。

来源：《中国教育报》2018年06月19日第9版